Diaspora 9

Cultura mediterranea: variazioni su un tema

Edited by
Antonio Carlo Vitti
Anthony Julian Tamburri

CASA LAGO PRESS
NEW FAIRFIELD, CT

Diaspora
Volume 9

As "diaspora" is the dispersion or spread of people from their original homeland, this book series takes its name in the intellectual spirit of willful dispersion of subject matter and thought. It is dedicated to publishing those studies that in various and sundry ways either speak to or offer new methods of analysis of the Italian diaspora.

COVER PHOTO: Samuele Tocci, "San Donato Val di Camino"

ISBN 978-1-955995-15-3
Library of Congress Control Number: Available upon request

CASA LAGO PRESS
New Fairfield, CT

TABLE OF CONTENTS

Prefazione

Passati ormai quasi due decenni dal nostro primo incontro ad Erice e quattordici dalla nascita della Fondazione *Mediterranean Center for International Studies* (MCIS), questa raccolta di saggi presentati al primo convegno post-COVID — e di persona — a Casalvieri nel 2024, prosegue con il dialogo tra studiosi che operano in tre continenti diversi e da anni si confrontano su argomenti e su temi relativi a qualsiasi aspetto della cultura mediterranea.

Come diversi comuni nella ormai famosa Valle di Comino — luogo di nascita del primo e località di eredità socioculturale del secondo dei due sottoscritti —, Casalvieri sta incrementando le sue attività culturali. Questo volume testimonia le sue attività letterarie più attuali. Mentre scriviamo, intanto, Casalvieri ha annunciato l'edizione inaugurale del suo Casalvieri Film Festival, dedicato al cortometraggio, aperto a tutti e suddiviso in due categorie: corto internazionale (20 min. max) e Smartphone (10 min. max).

Come nelle altre raccolte dei nostri convegni precedenti, questa spazia dagli incontri, agli scontri, ai temi del mare e del razzismo nelle opere di Vincenzo Consolo; alla rappresentazione linguistico-mediatica del conflitto israelo-palestinese; per includere inoltre analisi su articolazioni estetiche come film quali *The Godfather* e *Il primo amore*. Inoltre, discorsi sul Mediterraneo come fenomeno vitale, che sottende ulteriormente concetti di identità e di rappresentazione, si articolano sia dal punto di vista folcloristico che da quello architettonico.

La varietà della raccolta continua il nostro impegno e l'ancor più forte risoluto desiderio di costruire un dialogo attraverso la diversità e la ricchezza multiculturale della cultura mediterranea in tutte le sue manifestazioni.

Questo nuovo volume sottolinea inoltre lo scopo principale della nostra organizzazione nel promuovere il dialogo
tramite una più vigorosa indagine intellettuale per un futuro
più equo e sostenibile per tutti.

Antonio Carlo Vitti
Casalvieri, aprile 2025

Anthony Julian Tamburri
Manhattan, aprile 2025

ITINERARI SCULTOREI MEDITERRANEI
un dialogo di prospettive tra cielo e mare

Eleonora Concetta Amato

I.I.S. "MARIO RAPISARDI" PATERNÒ (CT)

> *"l'arte crea uno spazio ambientale,*
> *nella stessa misura in cui l'ambiente crea l'arte"*
> Germano Celant, 1976

Nati in NORD Europa nel XIX secolo, gli itinerari scultorei sono progetti che scuotono gli equilibri statici e dimensionali degli spazi espostivi tradizionali, suscitando nell'osservatore emozioni che variano a seconda del momento e del contesto.

La Sicilia con il suo vasto patrimonio artistico, ad oggi, vanta la presenza di alcuni di questi percorsi lungo tratte territoriali che dal mare giungono ad alta quota fin quasi a toccare, metaforicamente, il cielo. Si tratta di progetti importanti soprattutto sotto l'aspetto etico, poiché nati per dare non soltanto rilievo e visibilità ai luoghi che li accolgono, ma anche e soprattutto per valorizzarne l'identità, per esaltarne i valori paesaggistici, le materie prime e per ri-educare la collettività all'ascolto, con l'intento di salvare la bellezza e contribuire, attraverso l'arte, a preservare cultura e radici.

Percorrendone anche solo uno si compie un viaggio sinestetico, in bilico tra conoscenza e partecipazione emotiva, sulle tracce di una memoria storico — culturale che dovrebbe riportare ciascuno di noi sulla strada maestra del sapere, alla scoperta di nuovi scenari culturali e spirituali.

Si riportano di seguito alcuni tra i principali percorsi scultorei siciliani, alcuni permanenti, fruibili gratuitamente in qualsiasi momento dell'anno, come il *Grande Cretto* di Alberto Burri a Gibellina (TP), il *Teatro di Andromeda* (AG), le monumentali sculture di *Fiumara d'Arte*, e le *100 Sculture* di Belpasso (CT); altri invece, di natura effimera, allestiti all'interno di eventi espositivi temporanei come quello allestito la scorsa primavera dedicato alla celebrazione dello scultore polacco Igor Mitoraj.

Iniziamo da Gibellina un piccolo borgo medievale sito nella Valle del Belice in provincia di Trapani che, nella notte tra il 14 e il 15 di gennaio del 1968, viene rasa al suolo da un violentissimo terremoto costringendo tutti gli abitanti superstiti ad abbandonare le proprie case e trasferirsi altrove. Il disastroso evento però costituisce per questo paesino l'inizio di una rinascita che, anche attraverso la sensibilità di alcuni artisti contemporanei, ne ha permesso un significativo riscatto d'identità. Numerose le opere d'arte contemporanea e di architettura sperimentale, che ne fanno una meta culturale di rilevanza internazionale.

Tra queste il *Grande Cretto* realizzato tra il 1984 e il 1989 dall'artista Alberto Burri proprio in memoria delle vittime di questo disastro. Si tratta di un'opera grandiosa di particolare impatto visivo. Un reticolo minimalista in cemento, esteso per circa 86.000 metri quadrati di superficie, ingabbia e custodisce per sempre al suo interno le macerie del paese distrutto, restituendo simbolicamente l'assetto viario originario e imponendosi come un'immensa ferita bianca sulla terra, una crepa, simbolo di catastrofe e di memoria.

> Il Cretto di Gibellina di Burri non è solo un gesto umanissimo di pietas. Non si limita a commemorare poeticamente una tragedia. Esso mostra il valore profondo che accompagna l'azione dell'arte in quanto tale: la morte non è l'ultima parola sulla vita, la forma dell'opera salva il mondo dal puro orrore. (Massimo Recalcati, 2018)

Ricordare, conservare e tutelare le esperienze umane per evitarne l'oblio, così Burri ha saputo guardare il passato, preservando per sempre materia e ricordi.

Situato a Santo Stefano Quisquina, sui Monti Sicani, si trova invece il *Teatro di Andromeda* (Fig. 2), interamente pensato e realizzato da un pastore: Lorenzo Reina.

Egli utilizzando pietra locale e materiali poveri costruisce, recintandola, una cavea composta da centootto doppi cubi di pietra che posano sparsi davanti ad un proscenio affacciato sull'infinito. La distribuzione di questi cubi, che hanno forma di stelle a otto punte, è solo apparentemente casuale in quanto gli stessi sono distribuiti in maniera tale da tracciare, se visti dall'alto, l'esatta proiezione terrestre della Costellazione di Andromeda, che prende vita appena ogni spettatore occupa il suo posto.

In prossimità del teatro è collocata una enorme scultura *La Maschera Della Parola* (Fig. 3) la cui forma ricorda le maschere utilizzate durante le rappresentazioni dell'antica Grecia e la cui bocca, ogni 21 giugno al tramonto, è attraversata da un raggio di Sole che segna l'inizio del Solstizio d'estate. Si celebra così, spettacolo nello spettacolo, il fecondo incontro tra uomo arte e natura, tra macrocosmo e microcosmo nelle suggestive varianti che il paesaggio offre anche a seconda del variare di stagioni e condizioni atmosferiche. In qualsiasi momento dell'anno vi si giunge l'esperienza resta, per ciascuno, unica e irripetibile.

Restando sul versante occidentale dell'Isola è possibile apprezzare la *Fiumara d'Arte*, un percorso scultoreo, nato nel 1986 per volontà del mecenate Antonio Presti, composto da dodici sculture, ad oggi considerato, per estensione, il più grande d'Europa. Sei i Comuni coinvolti nella realizzazione di questo progetto: Tusa, Motta d'Affermo, Castel di Lucio, Mistretta, Santo Stefano di Camastra e Reitano.

Presti, ha convocato e selezionato diversi artisti nazionali ed internazionali le cui opere, tutte realizzate in loco, sono state successivamente disposte lungo il letto di un antico fiume che un tempo scorreva per un tratto di territorio, lungo circa 21 chilometri, tra i Monti Nebrodi e la città di Halesa Arconidea. In questa sede si farà riferimento solo ad alcuni tra gli esempi più significativi dell'intero percorso.

Partiamo proprio dall'opera più vicina al mare intitolata *Monumento ad un Poeta morto* (Fig.4) realizzata dall'artista Tano Festa nel 1989. Si tratta di una enorme finestra azzurra in cemento armato, collocata sulla spiaggia di Villa Margi, frazione di Reitano, attraversata da possente parallelepipedo nero che irrompe nel vuoto, ponendosi quale simbolico ponte tra finito e infinito, interferendo con l'armonia e la serenità che l'opera stessa nel suo complesso esprime.

Un po' quel che accade nella vita di ciascun individuo quando qualcosa ne turba la quiete interiore, o apparente, obbligandolo a fronteggiare situazioni non note che richiedono attenzione, riflessione e coraggio.

Lo stesso coraggio del mecenate Presti che non smette di aprire sipari nuovi sulla scena culturale siciliana, chiedendo rispetto e riconoscenza nei confronti dell'arte, spesso screditata perché veicolo di messaggi sociali scomodi ai più. Tutte le sculture di Fiumara, infatti, per diverso tempo sono state oggetto di polemica e di complesse vicende giudiziarie poiché considerate illecite, abusive e dunque da distruggere.

Ma Presti di fronte a tutto ciò non si è mai arreso, portando avanti con tenacia la sua battaglia nella piena consapevolezza che "*l'arte non è mai abusiva, la bellezza non è un reato, non sono i codici di un diritto inapplicato a sancire ciò che è giusto, ma il pensiero che l'arte genera e la gioia di offrire l'emozione nel manifestarsi dell'opera*" (Presti, 2017).

Nel punto più alto del percorso scultoreo di Fiumara d'Arte, su un promontorio del Comune di Castel di Lucio si trova il *Labirinto di Arianna* (Fig. 5) progettato e realizzato, sempre nel 1989, dall'artista Italo Lanfredini.

Per accedere a quest'opera il visitatore deve varcare uno stretto arco ogivale che nella sua forma richiama inevitabilmente un organo genitale femminile e dunque rimanda proprio all'origine della vita.

Una volta all'interno del labirinto si cammina lungo sinuose volute di cemento color terracotta fino al centro dell'opera. Qui la presenza di un piccolo ulivo, albero sacro ad Athena, sottolinea il legame indissolubile con la cultura classica in termini di conoscenza, saggezza e sapienza.

È un percorso fisico ma anche interiore, si entra nel labirinto e se ne esce, così come nel tempo l'uomo è entrato ed uscito dalla vita. Un viaggio che sembra dentro la terra ma è sotto il cielo che induce a riflettere esplorando in profondità il proprio io.

Lanfredini riferendosi al luogo, silenzioso e incontaminato, dove trova spazio l'opera, scrive:

> È in questo subliminale scenario, ed anche per la preziosa sensibilità e rara intelligenza di Presti, che si concretizza la mia idea. È in cima a questo grande ricettacolo luogo delle 'trasformazioni fecondatrici' che diparte il viaggio oltre la 'Soglia', verso l'ignoto, verso un antico-nuovo simbolo archetipo, verso un sotterraneo mistero. In un grembo dove perdersi e ritrovarsi. Non un'operazione di scultura 'cosmetica' sul territorio ma un microcosmo nel macrocosmo, viscera nelle viscere. Una memoria, una traccia che affonda e si fonda nel paesaggio con la consapevolezza di, come dice Calvino, 'non aspettarsi di raggiungere un al di là ma un al di qua'... Noi stessi. (Lanfredini, 1990)

Coeva al *Labirinto di Arianna* interrata nel fianco di una collina in prossimità del torrente Romei, nelle campagne di Mistretta, si trova invece l'opera intitolata *La stanza di barca d'oro* (Fig. 6), dell'artista giapponese Hidetoshi Nagasawa, noto come l'artista del silenzio.

Si tratta di una grande stanza ipogea interamente rivestita da lastre d'acciaio, raggiungibile percorrendo un lungo corridoio. Al centro della stanza si trova una barca rovesciata, minimalista nella sua struttura e rivestita di foglie d'oro. Al pavimento è fissata una colonna di marmo rosso corallo che ne costituisce l'albero maestro.

L'artista concepisce l'opera con l'intenzione di mantenerne l'ingresso sigillato per 100 anni a far data dall'inaugurazione, rendendola così un'opera del tutto concettuale affinché essa possa vivere, "*solo attraverso l'energia mentale della memoria*". (Nagasawa, 1989).

Alla base di questa scelta un principio filosofico di radice orientale, condiviso da Nagasawa, secondo il quale un'opera nascosta alla vista continua a esistere nel pensiero, ricordando così all'uomo quanto sia importante e fondamentale l'esistenza dello spirito.

La barca è protagonista indiscussa di tutta l'installazione, essa si fa mezzo fondamentale per compiere un ideale viaggio nella coscienza e nel tempo.

Il suo ruolo è spiegato così dall'artista giapponese: «*La barca galleggerà nel tempo come se si trovasse nello spazio… E come se l'opera non esistesse, però c'è. Nella scultura un oggetto che si vede può essere toccato, è il tema del sentire, del percepire con i sensi. Ora si deve sentire anche senza toccare.*» (Nagasawa, 1989).

Dal buio dell'opera di Nagaswa si ritorna alla luce con la significativa creazione di Maurizio Staccioli, realizzata nel 2010 e intitolata *Piramide 38° Parallelo* (Fig. 7).

La luce è di fatto la materia prima di quest'opera che si erge maestosa su una leggera altura del territorio di Motta d'Affermo, le cui coordinate geografiche centrano esattamente la consistenza matematica del 38° parallelo. La Piramide bilancia universalmente due opposti: da una parte la Corea, luogo di sofferenza e divisione, dall'altra la Sicilia che diventa così un luogo di unità e di pace.

Alta 30 metri, è stata realizzata con diverse centinaia di lastre d'acciaio corten, un materiale che a contatto con l'aria si ossida e assume un colore bruno intenso.

Parzialmente sprofondata nel terreno roccioso, essa presenta una fessura lungo uno dei tre spigoli e proprio da questa fessura, come un faro introverso, al momento del tramonto passa la luce naturale che si diffonde all'interno della camera interna, cui si accede percorrendo un tunnel che dall'esterno permette di raggiungere il vano.

Al concetto di immortalità, storicamente legato alle piramidi faraoniche, subentra qui il concetto di transitorietà, non più luogo di morte e conservazione ma piuttosto scrigno di vita che si rinnova. Un'esortazione al "risveglio delle coscienze". Un incitamento al viaggio, al cammino, alla trasformazione.

Proprio in questo luogo, ogni anno, come nel caso del Teatro di Andromeda, si svolge il Rito della Luce in concomitanza con il solstizio d'estate. In questa occasione numerosi artisti, poeti, scrittori, danzatori e cultori d'arte in generale, guidati dalla sapiente regia di Antonio Presti, si ritrovano sul posto per celebrare la vita condividendo in modo puro esperienze ed emozioni dall'alba al tramonto.

Belpasso[1] invece, comune in provincia di Catania sito alle pendici dell'Etna, dal 2014 è culla di un Simposio di scultura cui,

---

[1] Nell'epoca degli Aragonesi questo paese era conosciuto con il nome di Malpasso (*Malupasso* in gergo dialettale).

L'etimologia del termine è soggetta a diverse interpretazioni, tutte piuttosto plausibili. Una di queste sostiene che il termine "*Passu*" indicava una zona di passaggio, mentre "*Malu*" si riferiva ad un luogo pericoloso e difficoltoso da percorrere, spesso frequentato da malevoli briganti.

Un'altra invece vuole interpretare ed associare il termine latino "*malus*", alla presenza sul territorio di numerosi alberi di mele ("*malum passu*" – passo delle mele).

Il nome di questo luogo nel corso della storia fu destinato a cambiare diverse volte e sempre per ragioni legate ad eventi tragici. Successivamente al primo devastante terremoto, seguito da eruzione vulcanica, che rase tutto al suolo, nel 1669, in fase ricostruttiva venne ribattezzato Fenicia Moncada.

Circa un trentennio più tardi, nel 1693, un secondo violentissimo terremoto distrusse nuovamente tutto costringendo i superstiti a spostarsi provvisoriamente in territori limitrofi. Grazie agli aiuti di molte famiglie benestanti il paese venne ricostruito per la seconda volta e, ispirandosi all'Araba fenice che rinasce dalle proprie ceneri fu ribattezzato Belpasso, in segno di buon auspicio.

Lo stemma di Città infatti riporta la frase *Melior de cinere surgo*, accompaganta dalla raffigurazione di un Araba Fenice, a dimostrazione che nessuna catastrofe ha potuto scalfire l'indole tenace di questo popolo.

Vulcano, Fede e Cultura sono tre parole chiave che di certo ne valorizzano maggiormente la posizione considerando che ha dato natali ad uno dei più importanti scrittori e commediografi siciliani, Nino Martoglio e che vanta di tradizioni religiose legate ai festeggiamenti della Santa Patrona apprezzate e conosciute in tutto il Mondo.

annualmente partecipano non soltanto artisti e artigiani locali ma anche scultori internazionali le cui opere, anche in questo contesto tutte realizzate in loco, sono state e saranno collocate lungo le vie e le principali piazze del paese.

Promosso dall'Amministrazione Comunale in collaborazione con l'Accademia di Belle Arti di Catania il Simposio è giunto oggi alla sua nona edizione, con l'intento di promuovere e valorizzare il territorio e la materia prima d'eccellenza che lo caratterizza, la pietra lavica, preziosa a tal punto da esser considerata *oro nero* dell'Etna.

Ciascuno scultore ispirandosi liberamente a temi e soggetti che ruotano intorno al Vulcano nonché, ai miti ed alle leggende che hanno fatto la storia di questo paese pedemontano, dà vita a sculture uniche nel proprio genere esaltando, attraverso il mezzo scultoreo, le caratteristiche estetiche di questo particolare materiale.

Attraverso un concerto visivo di opposti, saggiamente orchestrati, convivono in queste opere classicismo e contemporaneità, razionalità e capriccio, significanti e significati che nella maggior parte dei casi ruotano a due parole chiave: *distruzione* e *rinascita*.

Due termini fondamentali per la memoria storica di Belpasso, devastato e distrutto più volte da eruzioni e terremoti catastrofici ma prontamente rinato grazie alla fermezza ed al grande senso di appartenenza dei suoi abitanti, orgogliosissimi di condividere il proprio quotidiano, nel bene e nel male, con le bizzarrie di mamma Etna, come loro stessi amano considerarla.

Anche nel caso di questo itinerario scultoreo si prenderanno in considerazione solo quattro sculture, scelte in questa sede, per la loro valenza semantica in linea con quanto trattato fino ad ora. Si tratta di *Rinascita* (2014, Fig. 8) realizzata da Federico Alibrio, *Terra Madre* (2014, Fig.9) del tedesco Manfred Rheinardt, *Cerchi d'Acqua* (2014, Fig. 10) del giapponese Yoshin Hogata e infine *Fragile Equilibrio* (2024, Fig.11) della scultrice belga Renate Verbrugge.

Alibrio concentra il suo lavoro sulla elegante testa del leggendario uccello, simbolo di rinascita per il luogo etneo. La sua Fenice, dallo sguardo attento e austero, cattura l'attenzione di chi la osserva e lo induce a fermarsi, a girarvi intorno, e riflettere sulla possibilità e sull'importanza di non arrendersi mai di fronte alle avversità, di resistere con coraggio avendo sempre la forza e la dignità di ricominciare.

Rheinardt, riportando alla memoria echi di matrice michelangiolesca, sottolinea invece la lotta continua tra uomo e natura, spirito e materia in un armonioso contrasto tra forme plastiche rifinite alla perfezione e parti di materia volutamente lasciate grezze così da stuzzicare non soltanto un piacere visivo e tattile ma anche un pensiero critico sulla libertà di pensare, di esprimersi e di agire nel bene collettivo e ambientale. Libertà purtroppo ad oggi sempre più limitata e offesa dalla società contemporanea.

Hogata invece insiste su un concetto esistenziale della mitologia giapponese che riguarda il genere umano e ogni forma vivente: quello dell'eterno ritorno. Egli ricava dalla pietra lavica la forma dell'acqua sfruttando l'effetto provocato da una singola goccia che, al contatto con la superficie, si allarga in cerchi concentrici. L'acqua così rappresenta il concetto astratto della vita, che scorre nel tempo e nello spazio, la goccia interviene come elemento di purificazione della natura, e della materia che tocca, su cui scivola, da cui sgorga.

Lo scultore cerca di esprimere due concetti, la natura e l'astrazione, e di metterli a confronto tra loro. Come egli stesso afferma:

Esprimo me stesso attraverso forme dove i movimenti sono difficili da cogliere e si cristallizzano all'interno di costruzioni geometriche, le quali rappresentano la ricchezza dell'essenza espressa dai flussi del tempo e dello spazio. I miei approcci nei confronti dei materiali vanno in due direzioni: da una parte rappresentare una forma concretamente e, dall'altra, idearla astrattamente per evitare la dominanza delle forme nelle mie opere. Cerco di instaurare un dialogo tra due forme artistiche differenti, l'occidente e l'oriente. (Hogata 2014)

La sua scultura della Verbrugge si compone di volumi geometrici triangolari, perfettamente levigati, che si incastrano tra loro in un equilibrio precario che però può resistere nel tempo, consolidandosi, se a far da supporto c'è qualcosa di solido, indistruttibile e duraturo come lo strato di pietra lavica, dalla superficie più grezza, che fa da legante, garantendo così la stabilità di ciascun pezzo e dunque la conseguente durata infinita di questa unione.

Simbolicamente la scultrice vuole sottolineare quanto sia importante e fondamentale l'unione, seppur precaria, tra i cinque Continenti i quali, solo se veramente uniti, nonostante le mille difficoltà, potrebbero far fronte, compatti e solidi come la pietra vulcanica, al dilaniare di guerre disastrose, auspicando una lunga e duratura pace.

Concludiamo accennando ad un ultimo percorso allestito in occasione della mostra a cielo aperto intitolata *Igor Mitoraj: Sguardo, Humanitas e Phisys* e inaugurata, tra la primavera e l'autunno del 2024, per celebrare i dieci anni dalla morte dell'artista polacco Igor Mitoraj.

Le trenta opere esposte sono state collocate in tre siti di particolare rilievo per il territorio siciliano lungo un itinerario, tra mare e cielo, che iniziando dalla piazza antistante il Castello di Maniace ad Ortigia, passando per l'area Archeologica Neapolis di Siracusa, si concludeva nel cuore del Parco dell'Etna, a circa duemila metri di quota.

Tre le parole chiave alla base del progetto espositivo: *Sguardo* quale strumento di espressione emotiva e di connessione sociale; *Humanitas* quale strumento utile all'educazione dell'uomo moderno che da dignità alla sua esistenza, e che induce ad una sempre maggiore libertà di pensiero e nobiltà d'animo; *Phisys* termine che racchiude in sé la natura e la vita, indicando l'ancestrale forza generatrice che ci riporta alla dimensione universale e ineluttabile dei mutamenti del mondo.

Al centro di tutte le sculture esposte c'è sempre l'uomo il quale, avvolto nella precarietà del suo vivere, se da una parte cerca conforto nella perfezione dei modelli di tradizione greco-romana, dall'altra esprime tutta l'inquietudine introspettiva tipica dei nostri giorni.

Teste, volti, occhi, bocche semi aperte, sono da Mitoraj elaborati e restituiti allo spettatore come frammenti, in bronzo e travertino, che pur nella loro imponenza, alludono proprio alla fragilità dell'uomo contemporaneo che non resiste ai colpi di scure del tempo ed al suo scorrere inesorabile. Sempre attento a non invadere lo spazio, lo scultore polacco lascia largo spazio fra sculture e lo spettatore, proprio per creare un dialogo fra loro e fra loro e l'intimo silenzio che caratterizza questi luoghi.

Il critico Giovanni Testori nel definire le creazioni scultoree dell'artista polacco si esprime dicendo: «*Mute come eroi d'un tempo che non ha più tempo, d'un tempo che si snodi dopo ogni tempo, le sculture di Mitoraj possono solo offrirci avvisi, segnali ed allarmi. Ma proprio in tale offerta, sta tutto l'immenso riguardo e l'immenso amore che esse ci ostentano e ci elargiscono*». (Testori, 1987)

Testori sottolinea la valenza profetica dell'opera di Mitoraj: nessuna operazione nostalgica per riportare in vita una bellezza irrimediabilmente perduta, ma memoria viva, ferita e dolente.

Il critico Philippe Daverio scriveva su di lui dicendo che:

tutti gli riconoscono di avere avuto la capacità di creare una icona, che poi è ciò che si chiede oggi ad un artista. Un artista non corrisponde tanto, oggi, a un percorso quanto a una immagine e Mitoraj lascia appunto una immagine, quella di un'antichità che ci è caduta in testa, egli è stato un traghettatore della classicità nel contemporaneo. (Daverio, 2014)

Anche in questo caso faremo riferimento solo alle opere più rappresentative dell'itinerario, ripercorrendone idealmente l'inizio e la fine.

L'imponente *Ikaria* (2001, Fig. 12), collocata, come già ricordato, in prossimità del Castello Maniace di Ortigia segna l'inizio.

Icaro, il cui sguardo è proteso al "mare nostrum", diventa in questo contesto simbolo di un mondo scomparso e stravolto dalla storia, incapace tanto quanto questa umanità contemporanea di spiccare il volo a causa di quella mano che stringe una delle due caviglie e che potrebbe essere interpretata secondo diverse letture accomunate tutte da quel senso di prigionia morale e intellettuale tipica di questo quotidiano contemporaneo.

Di particolare interesse, invece, la scultura intitolata *Il grande sonno* (2002, Fig. 13) collocata all'interno della suggestiva Grotta dei Cordari, nel cuore della Neapolis di Siracusa.

Situata all'interno della latomia del Paradiso questa grotta, per secoli, grazie alla propria lunghezza e alla presenza dell'acqua, ha ospitato l'arte dei fabbricanti di corde, detti appunto cordari.

Suggestivo il suo interno, caratterizzato dal contrasto di luci naturali, e dalla presenza dell'acqua che ne intensifica i riflessi, dove sono collocate due enormi teste dormienti che catturano l'osservatore trascinandolo in una magica dimensione onirica e introspettiva, predisponendolo ulteriormente a godere della visione di tutte le altre sculture posizionate all'interno del sito archeologico.

Il cammino si conclude a quasi 2000 mt di quota, in contrada Serra la Nave, dove è stato collocato il *Teseo screpolato* (2011, Fig. 14).

Qui, incastonato nel silenzio della sciara, il volto dell'uomo che sfidò e sconfisse il Minotauro, liberatore del popolo ateniese che, in questo contesto, sembra voler socchiudere gli occhi per farsi proteggere da un altro gigante, l'Etna, difficile da sfidare.

Rivolto verso Siracusa l'enorme volto crepato osserva e medita, da comune mortale, mostrandosi senza vergogna nella sua imperfezione e fragilità.

Nell'era, dunque, di un presente culturale sempre più mediocre, intraprendere anche solo uno di questi itinerari significa concedersi la possibilità di uscire, anche se per poco, da questa povertà culturale per entrare in un'altra dimensione in cui è piacevole perdersi per poi ritrovarsi e in cui ogni suggestione è concessa. Significa credere ancora nel potere salvifico dell'arte che, nelle sue mille sfaccettature etiche ed estetiche, è capace sempre di riportare quiete anche nell'anima più impaurita e disorientata, elevandola.

LE IMMAGINI

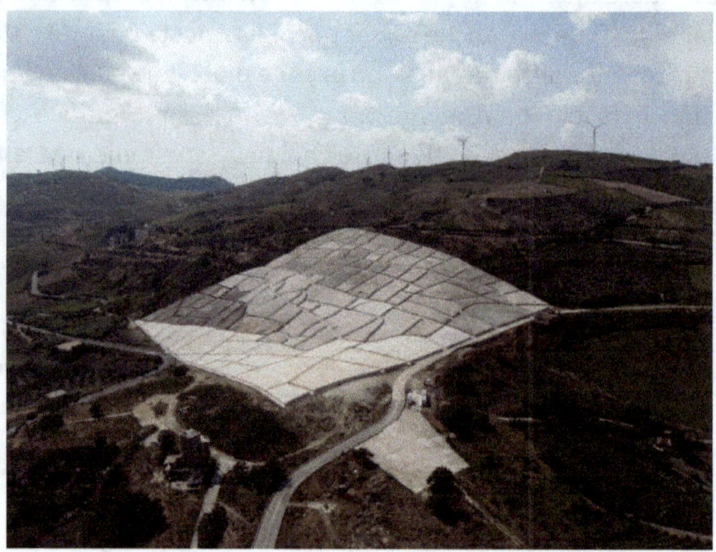

Fig. 1 *Panoramica di Gibellina* (scaricata da
https://www.istockphoto.com/it/immagine/gibellina).

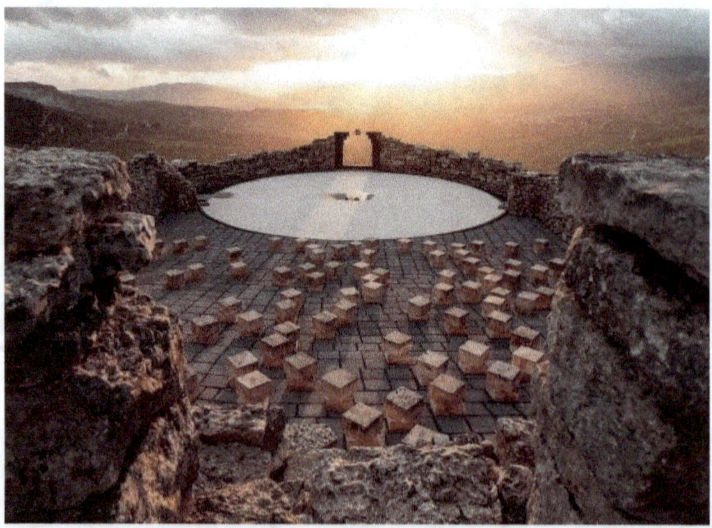

Fig. 2   *Teatro di Andromeda* (scaricata da
https://www.shutterstock.com/it/search/stone-seating?image_type=photo&page=7).

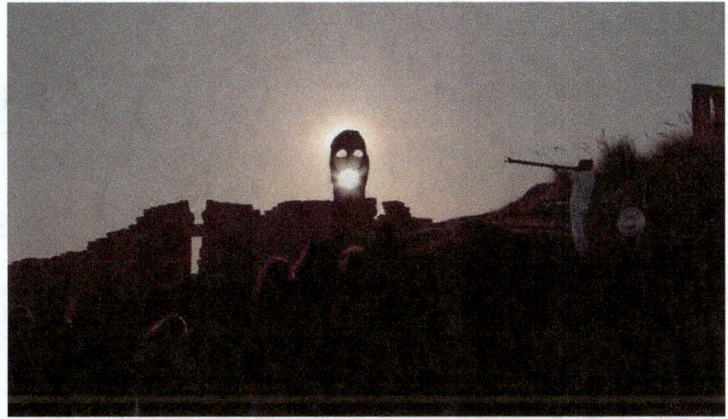

Fig. 3 *Maschera della Parola* (scaricata da https://www.ultimavoce.it/teatro-andromeda-il-suggestivo-incontro-tra-architettura-e-astronomia/)

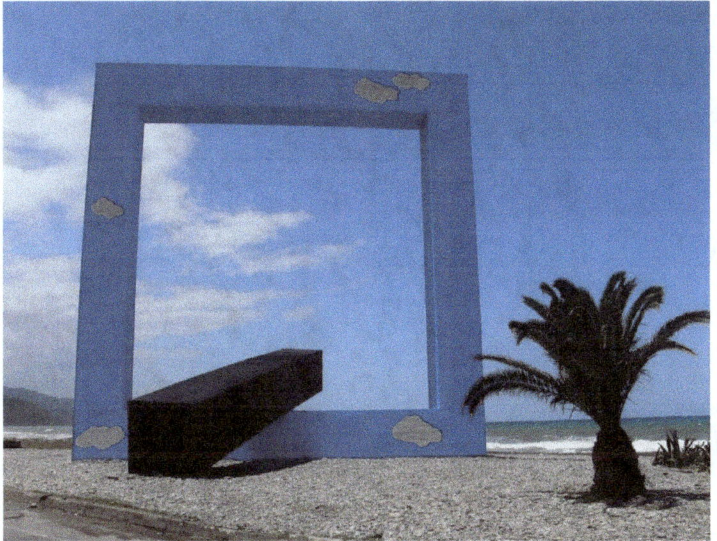

Fig, 4   Tano Festa, *Monumento ad un Poeta morto*, 1989 (scaricata da https://www.fondazioneantoniopresti.org/opera/monumento-per-un-poeta-morto/)

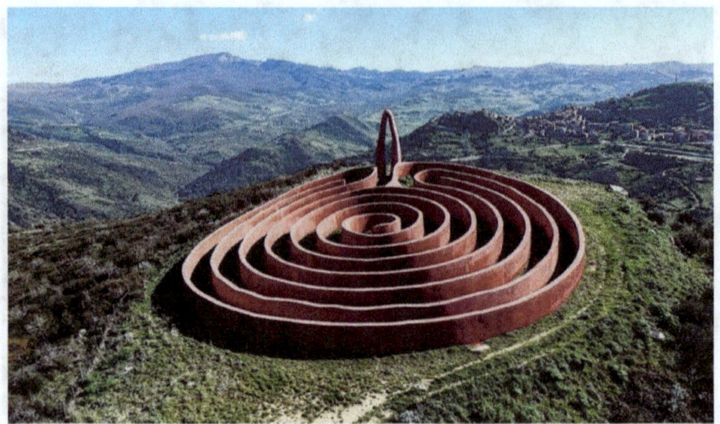

Fig. 5   Italo Lanfredini. *Il Labirinto di Arianna*, 1989 (scaricata da
https://www.fondazioneantoniopresti.org/opera/labirinto-di-arianna/)

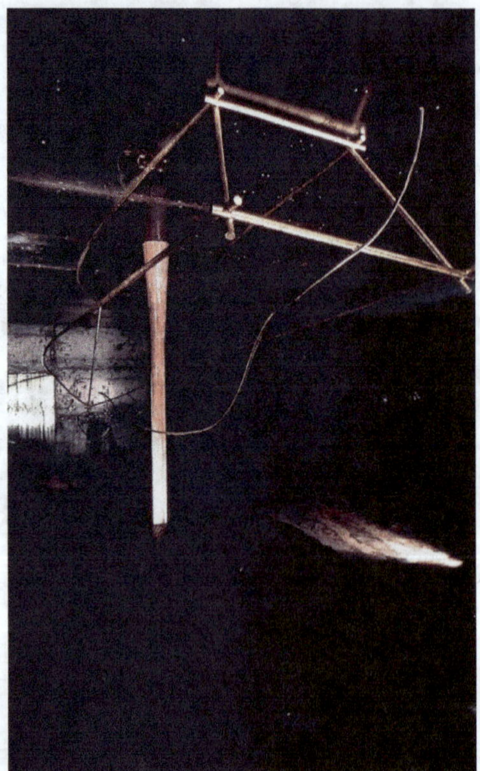

Fig. 6   Hidetoshi Nagasawa, *La stanza di barca d'oro*, 1989 (scaricata da
https://www.fondazioneantoniopresti.org/opera/stanza-di-barca-d-oro/)

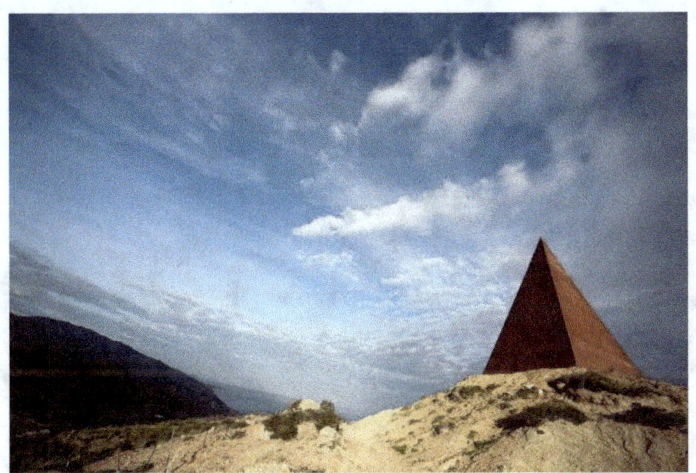

Fig. 7 Mauro Staccioli. *Piramide 38° Parallelo,* 2010 (scaricata da
https://www.fondazioneantoniopresti.org/opera/piramide-38-parallelo/)

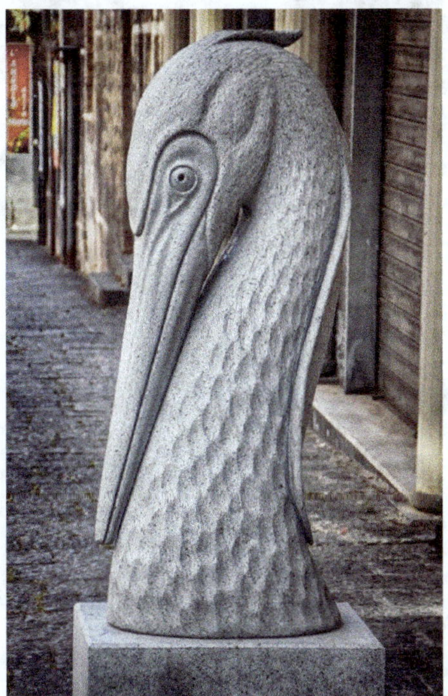

Fig.8 Federico Alibrio. *Rinascita,* 2014
(scaricata da https://www.belpasso100sculture.it/portfolio/rinascita/)

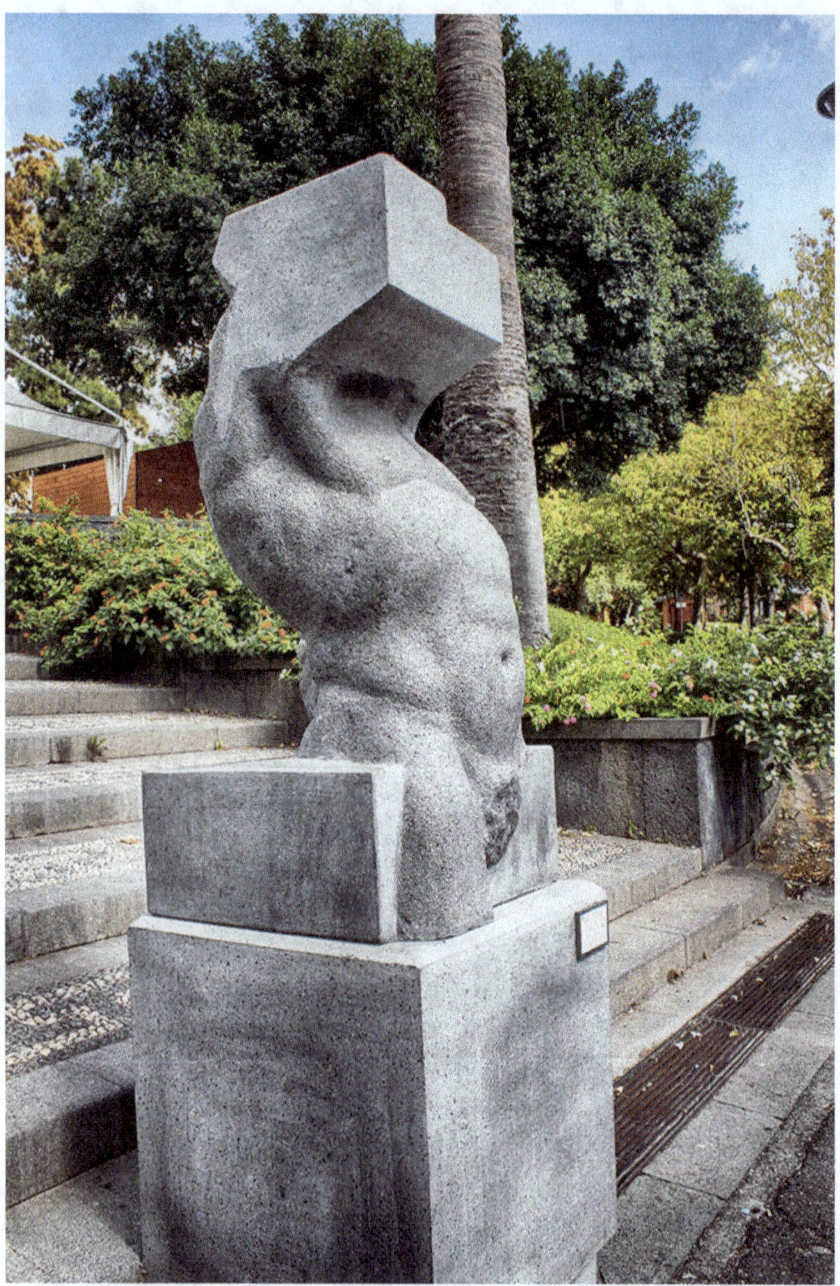

Fig.9 Manfred Reinhardt. *Terra Madre*, 2014
(scaricata da https://www.belpasso100sculture.it/portfolio/terra-madre/)

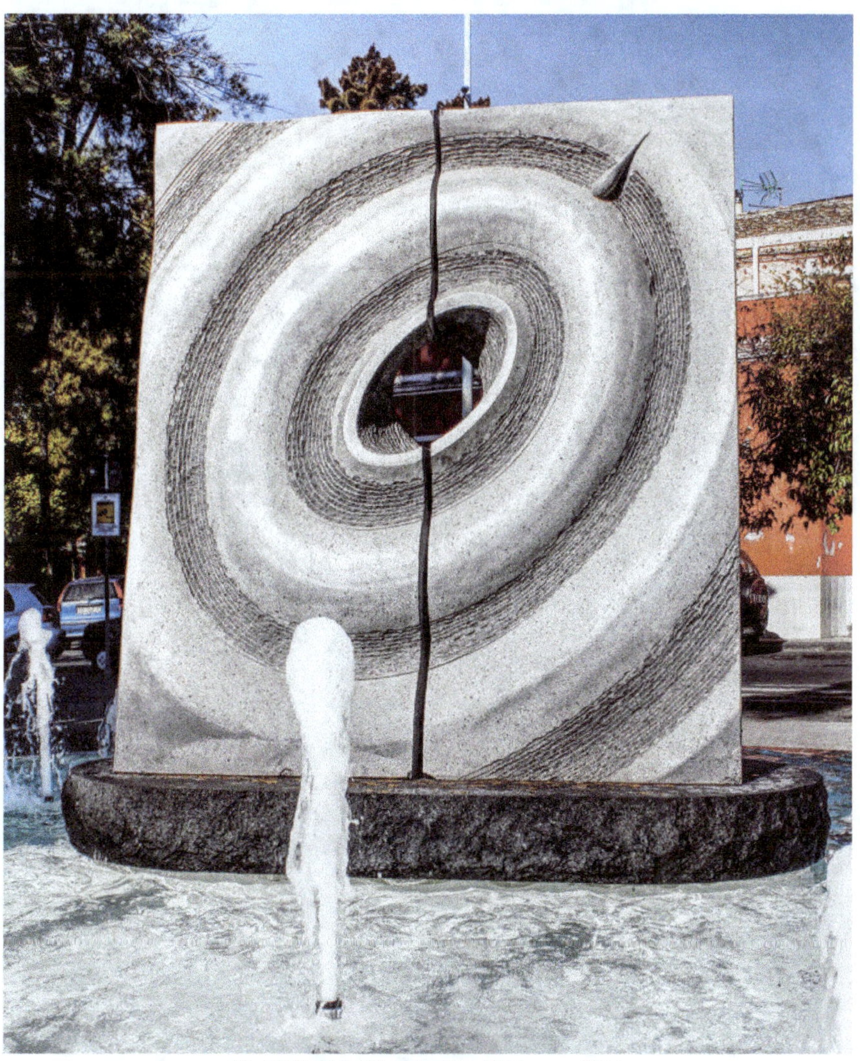

Fig.10 Yoshin Hogata. *Cerchi d'acqua*, 2014
(scaricata da https://www.belpasso100sculture.it/portfolio/cerchi-dacqua/)

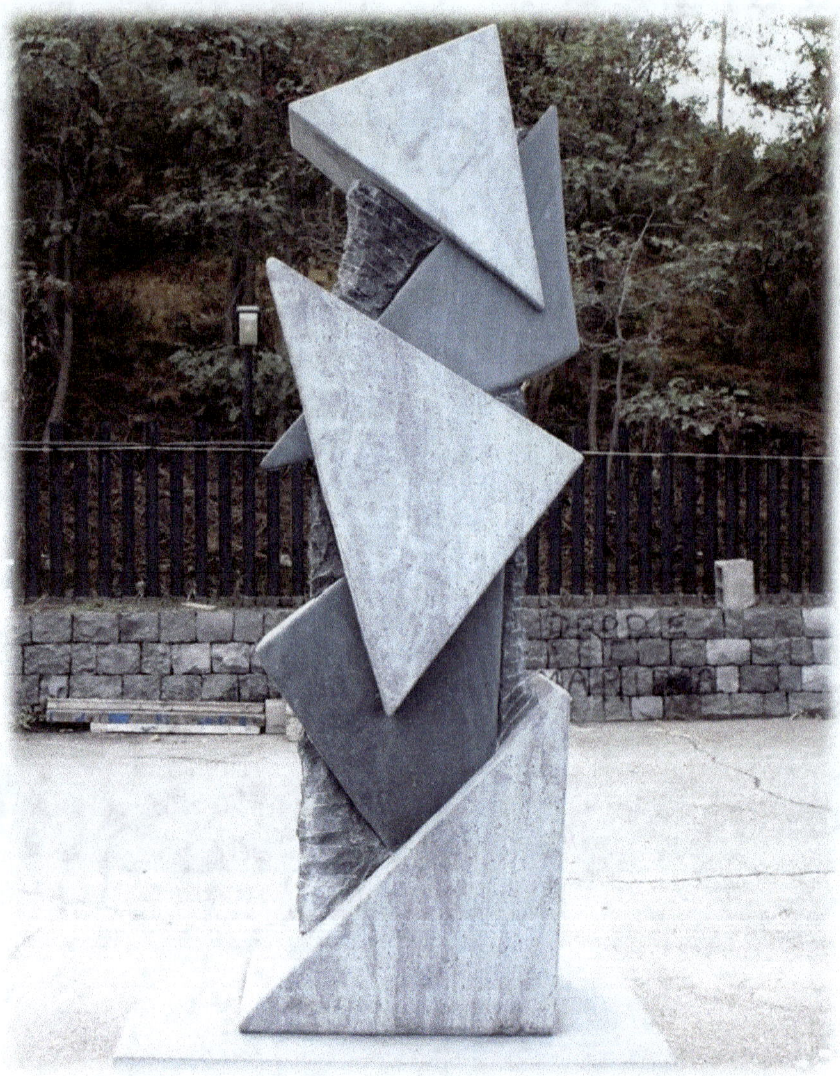

Fig.11 Renata Verbrugge. *Fragile Equilibrium*, 2024 (archivio personale)

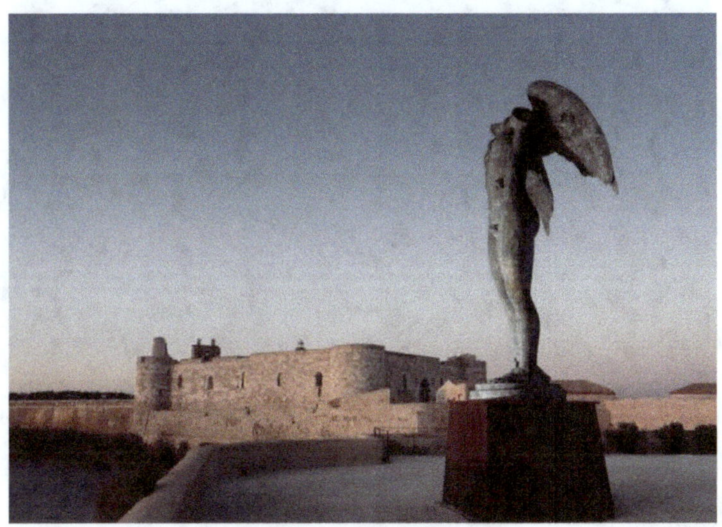

Fig.12 Igor Mitoraj. Ikaria, 2001
(scaricata da https://cultura.tiscali.it/arte/articoli/mitoraj-opere-cielo-aperto-sicilia/)

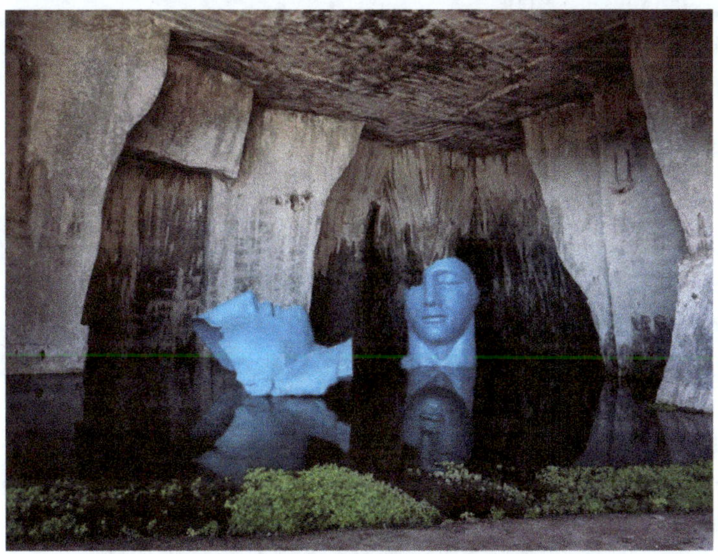

Fig.13 Igor Mitoraj. Grande sonno, 2002
(scaricata da https://www.artein.it/igor-mitoraj-tra-siracusa-e-letna)

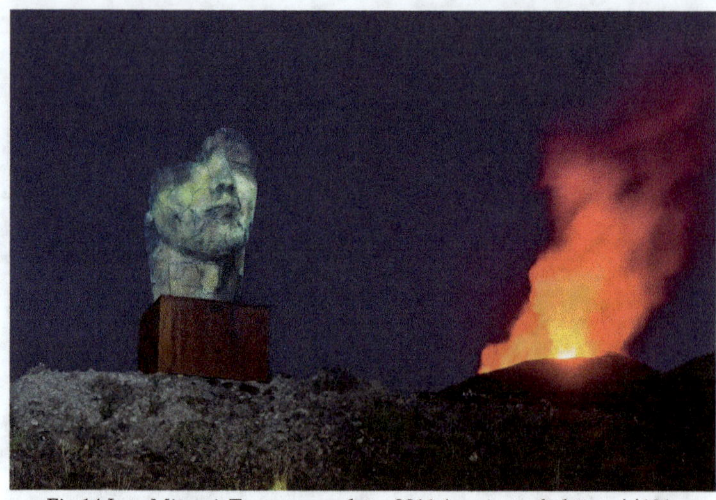

Fig.14 Igor Mitoraj. Teseo screpolato, 2011 (scaricata da https://101-zone.com/2024/08/28/istallazione-sulletna-dellopera-di-mitoraj-il-teseo-screpolato-durante-uneruzione-dal-cratere-centrale/)

BIBLIOGRAFIA

Agamben, Giorgio. *Cos'è il Contemporaneo.* Milano: Ed. Nottetempo – Collana I Sassi, 2008.

Amato, Eleonora C. *Vulcano Mito e Scultura: l'oro nero dell'Etna diventa arte a Belpasso* pubblicato in International Urbis et Artis. Bimestrale di Arte Cultura e Attualità, n. 36 gennaio/febbraio - Roma: 2017.

Bruner, Jerome. *La fabbrica delle storie: diritto, letteratura, vita.* Roma: Laterza, 2002.

Harari, Yuval Noah. *Da animali a Dèi: breve storia dell'umanità.* Milano: Bompiani, 2016.

Bruner, Jerome. *La cultura dell'educazione.* Milano: Feltrinelli, 1998.

Burri, Alberto. *Il Grade Cretto di Gibellina.* Arezzo: Magonza, 2018

Celant, Germano. *Ambiente/arte dal futurismo alla body art.* Venezia: La Biennale di Venezia, 1977.

Cammarone, Davide. *I Maestri di Gibellina.* Palermo: Sellerio Editore, 2011.

Costanzo, Cristina. *Gibellina. Memoria e Utopia. Un percorso d'arte ambientale.* Venezia: Saggi Marsilio, 2022.

Colonnelli, Lauretta. *Teatro di Andromeda. Storia di Lorenzo Reina, artista e pastore che mutò le pecore in stelle.* Venezia: Marsilio Arte, 2023.

Elmo, Ivana. *Fiumara d'arte. Antonio Presti e il suo itineratio ex plena et vacua.* Palermo: Ed. Consorzio Intercomunale Valle dell'Halaesa, 2020.

Pescioli Idana, Cambi Franco, Casini Vieva. *Il metodo della ricerca nella scuola fino dall'infanzia.* Firenze: Morgana, 2010.

Recalcati, Massimo. *Alberto Burri. Il grande cretto di Gibellina.* Ediz. Illustrata. Arezzo: Magonza, 2018.

Testori, Giovanni. *Igor Mitoraj. Sculture.* Milano: Compagnia del Disegno, 1987.

Pizzi, Luca. *Mitoraj, lo Sguardo.* Catalogo della Mostra. Torino: Allemandi Editore, 2024.

SITOGRAFIA

Luoghi d'Arte in Sicilia: un Itinerario tra le Opere più Belle https://melagodoinsicilia.it/luoghi-d-arte-in-sicilia/ (consultato il 29 June 2024)

Museo a cielo aperto: cosa vedere in Italia https://www.elledecor.com/it/viaggi/a38054540/musei-a-cielo-aperto-cosa-sono-cosa-vedere-in-italia/ (consultato il 29.06.2024)

L'influenza della scultura pubblica: "L'ascolto" come fonte di emozioni e conversazione di Lucio Oliveri https://www.oliverilucio.it/post/linfluenza-della-scultura-pubblica-lascolto-come-fonte-di-emozioni-e-conversazione (consultato il 29.06.2024)

Mauro Staccioli: La scultura in dialogo con lo spazio e l'ambiente https://www.agriturismovolterra.net/esperienze-dintorni/mauro-staccioli-scultore-italiano-arte-contemporanea/ (consultato il 5.07.2024)

Arte e sostenibilità ambientale nelle sculture del vento di Elena Parouchevahttps://eicomenergia.it/wind-art-sculture-del-vento-elena-paroucheva/ (consultato il 5.07.2024)

Arte ambientale https://www.treccani.it/enciclopedia/arte-ambientale_(Lessico-del-XXI-Secolo)/ (consultato il 5.07.2024)

Sicilia: una terra ricca di storia, cultura e arte di Caterina Borgato https://www.nationalgeographic.it/viaggi/2020/12/sicilia-una-terra-ricca-di-storia-cultura-e-arte (consultato il 6.07.2024)

Ripartire dal Mediterraneo: storia e prospettive di un dialogo da ricostruire. Sintesi sul dibattito che avvolge la questione mediterranea di Francesca Annetti https://www.juragentium.org/topics/med/it/annetti.htm (consultato il 13.07.2024)

La scultura come monumento dall'animo sociale (consultato l'11.08.2024) https://www.finarte.it/2020/05/la-scultura-come-monumento-dallanimo-sociale/

Il potere dell'arte: educare al possibile, all'immaginazione, alla creatività https://www.boboto.it/it/blog/educazione/183-il-potere-dell-arte-educare-al-possibile,-all%E2%80%99immaginazione,-alla-creativit%C3%A0?srsltid=AfmBOor8qBpaUjS_C24XGM2lLaoYOQbi9y07x88k p8EGdp-77HtBRVXJ (consultato il 23.08.2024)

L'importanza dell'Arte nell'educazione https://opinione.it/cultura/2016/09/14/riboldi_cultura-14-09/ (consultato il 23.08.2024)

L'arte per l'educazione ed il benessere: dalla teoria alla pratica https://isfar-firenze.it/formazione/arte-educazione-benessere/ (consultato il 23.08.2024)

In Sicilia la più grande mostra dello scultore Igor Mitoraj https://www.artribune.com/arti-visive/arte-contemporanea/2024/04/igor-mitoraj-mostra-sicilia/ (consultato il 29.06.2024)

Igor Mitoraj https://www.continiarte.com/it/exhibitions/29-igor-mitoraj-valle-dei-templi-agrigento/ (consultato il 29.06.2024)

Il Teseo sull'Etna: fascino di un monumento in natura https://www.go-etna.it/blog/il-teseo-sulletna-fascino-di-un-monumento-in-natura/ (consultato il 2.07.2024)

Sulla vetta dell'Etna, l'incontro tra mito e natura nel "Teseo screpolato" di Igor Mitoraj https://www.sicilianpost.it/sulla-vetta-delletna-lincontro-tra-mito-e-natura-nel-teseo-screpolato-di-igor-mitoraj/ (consultato il 2.07.2024)

"L'abbraccio" di Mitoraj alla Sicilia: la mostra diffusa tra Noto, Villa Romana del Casale e Piazza Armerina https://gazzettadelsud.

it/foto/cultura/2021/07/29/labbraccio-di-mitoraj-alla-sicilia-la-mostra-diffusa-tra-noto-villa-romana-del-casale-e-piazza-armerina-e39070d6-d6f9-44a3-b3a2-a28eff88d3fa/ (consultato il 2.07.2024)

Le opere di Igor Mitoraj in mostra ad Agrigento: «Nella mia scultura cerco un'eco di antichità» di Valeria Ronzani – *Sole 24 ore* https://st.ilsole24ore.com/art/cultura/2011-04-14/opere-igor-mitoraj-mostra-121804.shtml?uuid=ABgRD8L&refresh_ce=1 (consultato il 13 July 2024)

Lo sguardo, i frammenti giganti di Mitoraj tra Siracusa e l'Etna di Nunzia Velardita https://www.artein.it/igor-mitoraj-tra-siracusa-e-letna/ (consultato il 4.09.2024)

Igor Mitoraj, la scultura alata installata davanti al Castello Maniace di Ortigia https://www.besicilymag.it/2024/03/arte-e-cultura/igor-mitoraj-la-scultura-alata-installata-davanti-al-castello-maniace-di-ortigia/ (consultato il 4. 09.2024)

Incrociare gli sguardi: Mitoraj in Sicilia risignifica l'antico di Martina Esposito https://insideart.eu/2024/04/12/incrociare-gli-sguardi-mitoraj-in-sicilia-risignifica-lantico/ (consultato il 4.09.2024)

In Sicilia meraviglioso percorso mitologico di Igor Mitoraj di Rosanna Anselmi https://ultimabozza.it/in-sicilia-meraviglioso-percorso-mitologico-di-igor-mitoraj/ (consultato il 13.07.2024)

Il Teseo sull'Etna: fascino di un monumento in natura di Grazia Musumeci https://www.go-etna.it/blog/il-teseo-sulletna-fascino-di-un-monumento-in-natura/ (consultato il 6. 09.2024)

Galleria opere Mitoraj https://www.igormitoraj.com/it/opere-monumentali (consultato il 6.09.2024)

Mitoraj, l'arte della memoria: lo scultore del tempo e della bellezza ferita, tra classicità e profezia di Giovanni Gazzaneo https://www.luoghidellinfinito.it/Pagine/Mitoraj.aspx (consultato il 16 09 2024)

Gibellina https://galvalledelbelice.it/gibellina/ (consultato il 3.07.2024)

Gibellina nuova e il Cretto di Burri, itinerario d'arte in Sicilia https://www.veraclasse.it/viaggi/visitare-gibellina-nuova-e-il-cretto-di-burri-itinerario-darte-in-sicilia/

Teatro di Andromeda: arte e spazio magico (consultato il 28.12.2024) https://www.youontour.it/curiosita/teatro-di-andromeda-arte-e-spazio-magico/

Teatro di Andromeda: Un luogo metafisico al centro della Sicilia https://www.modalitademode.com/arte/teatro-andromeda/

Il Labirinto di Arianna, un viaggio alle origini della vita nel cuore dei Nebrodi in Sicilia https://www.finestresullarte.info/viaggi/labirinto-di-arianna-italo-lanfredini-fiumara-d-arte-nebrodi-sicilia (consultato il 5.07.2024)

La bellezza nella valle senza tempo https://www.fondazioneantoniopresti.org/ (consultato il 29.06.2024)

I luoghi di Fiumara d'Arte http://www.centrorestauro.sicilia.it/Read.asp?Id=350HH (consultato il 5.07.2024)

Fiumara D'arte un Patto di Bellezza Lega I Comuni Del Comprensorio https://www.regione.sicilia.it/la-regione-informa/fiumara-d-arte-patto-bellezza-lega-comuni-comprensorio

Il vero significato della "Piramide della luce": l'opera d'arte nel mistero di Doriana Broccoleri https://www.ultimavoce.it/il-vero-significato-della-piramide-della-luce-lopera-darte-nel-mistero-di-viviana-parisi/#google_vignette (consultato il 9.09.2024)

Sicilia, patria dell'arte moderna: LA FIUMARA D'ARTE di Tusa https://www.napolitan.it/2015/05/12/21139/sicilia-patria-dellarte-moderna-la-fiumara-darte-di-tusa/ (consultato il 9.09.2024)

Belpasso 100 Sculture ttps://www.belpasso100sculture.it/le-sculture/ (consultato il 31.08.2024)

Belpasso e le sue cento sculture, un fascinoso museo all'aperto in uno scenario ricco di storia di Luciano Signorello (consultato il 10.08.2024) https://ilvulcanico.it/belpasso-e-le-sue-cento-sculture-un-fascinoso-museo-allaperto-in-uno-scenario-ricco-di-storia/

Platone in Italia e le "sette piaghe" italiane

ENRICO BERNARD

Dal *Platone n Italia* dello storico Vincenzo Cuoco (o Coco) del 1806, romanzo sotto forma dialogica ispirato o — forse — basato sulle testimonianze di una visita in Italia del filosofo greco, alla contemporanea raccolta di saggi e interventi "Le sette piaghe d'Italia" di grandi scrittori come Sciascia, Bernari, Zanzotto, Mastronardi, Domenico Rea, Troisi, Costabile (un autore per ogni "piaga italiana") sembra che il tempo sia rimasto fermo nel nostro Bel Paese. E ciò vale non solo da quel lontano 1806, ma addirittura dai remoti tempi dell'avventurosa esperienza italiana, ricostruita o creata di sana pianta dal Coco, di Platone sbarcato sulle coste calabresi dalla Magna Grecia. L'intervento si propone dunque di cogliere alcuni aspetti in parallelo tra le due opere per segnalare l'immobilismo italiano, l'ombelico del mondo al centro del Mediterraneo che pare perennemente inchiodato ai suoi atavici mali.

Durante l'estate del 2009, lo scrittore Ermanno Rea artist in residence alla Scuola Italiana di Middlebury College, ha assistito ad alcune mie lezioni su Machiavelli e Goldoni. Dalle quali egli prese poi lo spunto per uno dei suoi ultimi saggi editi da Feltrinelli, *La fabbrica dell'obbedienza*: Sottotitolo: *Il lato oscuro e complice degli Italiani*. Nel volume Rea mi dedica questo credito:

> Osserva acutamente Enrico Bernard, grande conoscitore della storia del teatro e autore teatrale lui stesso: a diciassette anni Goldoni legge e rilegge accanitamente "La mandragola". Goldoni — sostiene Bernard — è affascinato soprattutto dalla struttura, dall'eleganza e dai contenuti polemici dell'opera. Tanto da esclamare: come avrei desiderato che gli autori italiani avessero continuato sulla scorta di quella commedia a produrne altre, con caratteri

attinti alla natura.... Insomma per Goldoni — prosegue Bernard — lo scopo del teatro è sì di far ridere, ma non solo: la drammaturgia è lo strumento con cui la realtà si sdoppia e si vede come in uno specchio, paradossalmente capovolta e quindi fonte di divertimento e nello stesso tempo di critica sferzante della società. (Rea, 2013, 83-84)

Cito questa nota di Rea poiché il mio corso spaziava dalla Commedia Italiana di Machiavelli e Goldoni (*La Mandragola* e la *Trilogia della villeggiatura*) al Cinema della Commedia all'Italiana del secondo dopoguerra. Ed era incentrato sull'immutabilità nel corso dei secoli delle numerose e ben note caratteristiche tipicamente italiane stilizzate dai due grandi autori sempre tematicamente presenti nel cinema dei vari Monicelli, Germi, Scola ecc. Proprio questa "immutabilità" secolare, se non addirittura millenaria di quella che viene comunemente definita "italianità", suggerì a Rea un'analisi storica che lo portò ad individuare nella Controriforma la causa di molti attuali italici mali.

Dopo l'uscita del libro andai a trovare Ermanno per ringraziarlo del non atteso né sollecitato riconoscimento. Ad un certo punto del dialogo sollevò dal tavolino un volume che conoscevo bene: l'edizione Oscar Mondadori (2005) di *Tre operai* di Carlo Bernari per confidarmi:

Ho riletto a distanza di anni il romanzo di tuo padre e PER FORMA E CONTENUTO mi sembra scritto non ieri, ma oggi stesso: nell'istante in cui parliamo. Sempre attualissimo. Bada, peró, non so se sia solo un merito di tuo padre, o non anche un grande demerito dell'Italia che non è mai cambiata.

Qualche giorno dopo, mentre spolveravo la libreria per qualche ricerca bibliografica, spuntò da un volume appartenuto a mio padre un appunto manoscritto con stilo blu: riconobbi la calligrafia di Bernari. Il titolo del tomo è *Platone in Italia* di Vincenzo Coco o Cuoco del 1806, considerato da Gioberti nel *Primato* "un libro necessario all'Italia".

Dirò poi del foglietto autografo di mio padre, ma subito mi colpì una frase della prefazione (Bernardino Telesio) che per certi versi ricorda la battuta di Rea.

L'Italia ha veduto ai tempi nostri gli stessi cangiamenti politici che videro l'una e l'altra Grecia, lo stesso lottar di partiti, lo stesso ondeggiar di opinioni, gli stessi funesti effetti che tutte le opinioni producono quando sono spinte agli estremi. (Cuoco 1928, 4)

Dunque — mi chiesi — ha ragione Rea nel sostenere che l'Italia non cambia mai? Cercai risposta nelle pagine del Cuoco trovando subito alcuni temi di grande attualità come, ad esempio, il problema sempre scottante dell'equilibrio e indipendenza dei Poteri, un bilanciamento necessario che proprio in questi giorni viene messo in discussione dall'attuale governo:

Abbiamo già in Roma un ordine di governo fondato sulle leggi che tragge il nome dal re; una monarchia di quelle che noi greci chiamiamo «eroiche»; vi abbiamo un re capo della milizia e della religione, un senato consigliero del re, sostegno nell'esercizio, freno nell'abuso della di lui autorità, un popolo sobriamente consultato per l'elezione dei magistrati, per la guerra, per i delitti capitali de' cittadini [...] Che ci rimane a fare? Vogliam corrompere questi ordini, onde la storia sia maestra non solo di ciò che è da imitarsi, ma anche di ciò che è da fuggirsi? [...] Io ritrovo ammirabili gli ordini che regolano i giudizi e dividono i poteri. (Cuoco 1806, 532)

Secondo il Platone di Coco lo sbilanciamento dei Poteri comporterebbe la scarsa partecipazione e lo scarso interesse alla politica e alle questioni di governo da parte del popolo. Oltretutto venendo meno alla necessità di istruire i cittadini e quindi di selezione della classe politica, ecco sorgere il problema del falso populismo e della corruzione.

> Incapacità del popolo a giudicar cose che richiedano animo scevro da passioni: il popolo non è mai atto a decidere quelle cose che richiedono animo non occupato da veruna passione. Le numerose assemblee servon solo a render comuni le passioni di pochi. Proponete alle assemblee popolari que' soggetti nei quali l'entusiasmo non può produrre verun dannoso effetto: parlate di pace e di guerra, e fate che il popolo stesso le risolva o le sancisca; così voi lo avrete ed in pace più tranquillo ed in guerra più coraggioso e più sofferente de' disagi; parlategli della scelta de' suoi magistrati, perché non s'inganna mai ne' particolari. Ma non sia permesso a chiunque di parlargli di tutto. Credimi, e non sarà mai superfluo il ripeterlo oggi che tanta abbondanza abbiamo di quegli uomini i quali pensano che si possa render migliore la città senza render migliori i cittadini: i migliori ordini pubblici sono inutili se non vengono affidati ai migliori cittadini. Quelli sono, in parole ed in fatti, ottimi tra gli ordini, i quali fan sì che la somma delle cose sia sempre in mano degli uomini ottimi. Ma dove sono gli uomini ottimi? Essi non son mai per l'ordinario né tra i massimi, corrotti sempre dalle ricchezze, né tra i minimi di una città, avviliti sempre dalla miseria. (Cuoco 1806, 532-533)

Gli appunti inediti di Carlo Bernari vergati con biro blu su foglietti di carta velina metà A4 conservati nel volume contengono alcuni spunti di grande attualità. Sembra un paradosso, ma parrebbe proprio che alcuni rilievi del Cuoco datati 1806 e riletti e notati da Bernari un secolo e mezzo dopo siano ancora oggi, due secoli e qualche decennio dopo, ancora scottanti.

Bernari annota infatti un passo sull'eguaglianza donna-uomo.

Nel *Platone in Italia* di V. Coco (o Cuoco) VI cap., Discorso di Platone, si legge: Se mai io fossi fondatore di città, prima di tutto vorrei eguagliare la condizione dei due sessi. Taluni han riso di questo mio detto, ed han domandato, se io credeva seriamente che una donna potesse brandire l'asta, e correr tra le prime file in faccia all'inimico? Ma qual necessità che vi corra ho? Io parlavo di giustizia eterna, ed essi mi parlavano di quella convenienza che cambia a seconda de' tempi e de' luoghi. È questo che una metà del genere umano pensa forse al pari dell'... (manca la continuazione).

Nel secondo foglietto troviamo segnati alcuni concetti con numero di pagina dei quali riporto i più attinenti:

Nazione p. 43, Esterofilia p. 50/1, Ciarlatori, Libertà 53, Fame 57, Ignoranza e Sapere 64, Filosofo 74, Verità 75, Lusso e Lussuria 76/7, Eguaglianza 119, Riformatori 139.

Non posso soffermarmi su tutti i punti citati da Bernari, mi bastano alcuni passi peraltro segnati a matita da Bernari stesso:

Voi passerete di guerra in guerra finché diventerete preda di un signore straniero; passerete da rivoluzione in rivoluzione, finché stanchi degli errori e dei delitti di coloro che vi hanno strascinati, giungerete all'ultimo grado di avvilimento in cui possa cadere un popolo, quello cioè di credere chimera la libertà. (Cuoco, 1806, 51)

A proposito di Lusso e Lussuria Bernari sottolinea una visionaria anticipazione e critica del consumismo sfrenato da parte di Platone:

Noi avevamo tutto ciò che il lusso ha di più pazzo e la lussuria di più schifoso; amavamo consumar la vita, e non sapevamo dilettarla col gusto delle arti belle. L'ineguaglianza delle fortune e le cupidigie sfrenate turbarono, prima gli ordini interni delle Città e poscia la loro pace esterna, ispirando a ciascuna pensieri di conquista e di vicendevoli oltraggi e vendette. Dentro le mura, voi non vedevate che usurpatori e tiranni; moltissimi vili che

vendevan la patria o per arricchirla, pochissimi buoni i quali per-
devano per difender la patria: per tutta Italia guerra, saccheggi,
desolazione e morte. (Cuoco 1806, 77)

C'è da chiedersi ovviamente per quale motivo e a che fine Bernari portasse avanti uno studio così approfondito dell'opera dello
storico suo predecessore e concittadino napoletano. Non mi è difficile datare i foglietti volanti su carta velina che mio padre ritagliava
dalle seconde copie e scarti della poderosa sceneggiatura delle
Quattro giornate di Napoli dei primi anni Sessanta; e che andava de-
positando accanto al telefono di casa per le note, spillate per i miei
disegni e primi compiti a casa, addirittura imposti alla famiglia per
risparmio, in tempi di magra! — della carta igienica! Siamo dunque
ai primi Anni Sessanta, proprio quando lo scrittore Giancarlo Vigo-
relli su commissione della *Comunità Europea degli Scrittori*, incarica
Bernari di redigere il saggio di apertura di una raccolta dal titolo
emblematico di *Sette piaghe d'Italia,* che viene pubblicata dalla
Nuova Accademia Editrice (Milano) nel 1964. Con Bernari inter-
vengono: Leonardo Sciascia, Lucio Mastronardi, Domenico Rea,
Dante Troisi, Andrea Zanzotto e Franco Costabile. Ognuno dei
quali prende spunto da una "atavica" e insanabile "piaga italiana".
Domenico Rea (non parente di Ermanno) si occupa della questione
dei "vecchi", ossia dell'invecchiamento anagrafico e morale degli
Italiani. Costabile se la prende in due poemetti col "maledetto" 1861
e con il Nord invasore che costringe all'emigrazione. Andrea Zanzotto narra le peripezie personali della ricerca di un tetto e delle
truffe abitative legate alle prime forme cooperative. Dante Troisi,
magistrato-scrittore, trae spunto dalla questione giustizia notando
come due italiani possono dare in una testimonianza versioni dia-
metralmente opposta generando inaffidabilità e confusione per
concludere: non ci sono mai due italiani che la pensano allo stesso
modo e che vanno nella stessa direzione. Mastronardi vede la "piaga" nell'imperante consumismo dell'Italia del boom economico.

Leonardo Sciascia dedica un dialogo filologico sul termine "mafia" che riporta all'arabo *Maffiah,* ovvero "proteggere" che solo con l'invasione garibaldina si trasforma nella definizione di un'organizzazione di stampo criminale. Aggiunge poi che si estende l'ombra della mafia a qualsiasi attività civile, allora se tutto è mafia, resta inutile discutere di mafia e antimafia.

E Bernari? Il suo saggio è assai più ampio e complesso degli altri interventi. Esso verte sulla "questione meridionale". Il Sud è dunque bloccato, scrive Bernari, da una burocrazia che soffoca qualsiasi iniziativa, epperò direttamente collegata alla corruzione. Perché col sistema burocratico si crea dipendenza e necessità di ricorrere a sistemi "alternativi", a scappatoie, raccomandazioni, inciuci, scambi di favori e di voti. L'analisi impietosa di Bernari parla di disservizi, mancanza di strutture, difficoltà di spostamenti, assenza di strade e ferrovie, totale abbandono. Tutti temi che Bernari riprende nel romanzo del 1965 *Era l'anno del sole quieto* (Mondadori) in cui si narrano le inenarrabili e kafkiane disavventure di un imprenditore che vorrebbe (pia illusione) aprire un'industria nel Sud finendo per perdersi in un mare di controversie e contrattempi.

Rimando dunque al romanzo del 1965 per concludere con un brano, mi si consenta di allungarmi perché troppo divertente e simbolico, del saggio di Bernari che ha sicuramente anticipato e forse — sottolineo candidamente il *forse* — ispirato *La concessione del telefono* di Andrea Camilleri.

Una curiosa storia di sapore gogoliano. Una grande azienda — attratta dai benefici di legge per l'industrializzazione del Mezzogiorno — decide, sul finire del 1959, di impiantare un opificio in territorio di Alife (prov. di Caserta). Però, al pari dell'acqua, dell'energia, e delle macchine, aveva bisogno del telefono. Credendo che per ottenere un telefono bastasse inoltrare regolare domanda alla Società competente di zona, così fece. E si mise in attesa, mentre (siamo agli inizi del 1960) la SET, per suo conto, sfogliava alla rovescia il calendario delle leggi e dei regolamenti sino a trovare la disposezione qel 1865 che faceva al suo caso; che la obbligava cioè a richiedere esplicita autorizzazione alla locale prefettura sul cui territorio intende-va conficcar pali o stendere fili.

Edotti della questione, proprietari e coloni si consorziarono per far fronte alla minacciata imposizione di pali a sostegno di cavi sui loro terreni; sinché irretirono il competente ufficio prefettizio; che, per non aver noie, girò per competenza la faccenda al competente ministero.

Trascorsero così mesi e mesi; sino a quando il competente ministero decise per il st Senza tener conto della caparbia, delle maniglie, dei sostegni a disposizione d i proprietari e coloni; i quali minacciando nuovi fulmini sul capo del locale travet prefettizio lo costrinsero ad interpellare più specificamente il ministero.

Frattanto dai mesi si passava all'anno; perché anche al ministero, fra girotondi di ministri, sottosegretari, direttori generali e ispettori, le cose non correvano precisamente e celermente come vorrebbe il titolo di cui si fregia il dicastero.

Bolli tondi, quadrati e sigle e paraffi andavano e venivano dagli archivi ministeriali a quelli prefettizi: sino a quando saggiamente la SET non decide d'interrompere quell'arcadico dialogo con una perentoria richiesta di agire in base al decreto "di pubblica utilità".

Ma occorsero altri mesi; e al termine dei due anni, finalmente, il competente ministero emette la sua competentissima sentenza. Senza indugi, su carta a mano con tanto di stemma filigranato della Repubblica Italiana, nel rimettere tutti gli atti alla SET le faceva presente che fra essi non figurava regolare domanda in carta da bollo da L. 100, non potendosi intendere domanda quella stilata in carta libera allegata al fascicolo.

Così, per cento lirette — di quelle che appena bastano ad un nostro figliolo per comperarsi un pacchetto di patatine fritte il competente ministero fa dispetto alla non meno competente Società Telefonica, azienda anch'essa di Stato, la quale non esita a girare il dispetto alla povera azienda privata; privata anche perché priva di compiacenti protezioni, e che ha creduto scioccamente che fra i mille miliardi spesi dallo Stato — sino a quel momento — per le cosiddette infrastrutture ci potessero scappare le 100 lirette per la "regolare domanda". Il risultato fu che coloni e proprietari potettero dormire i loro secolari sonni feudali: il diavolo telefonico, almeno per quel momento, — la storia non è ancora conclusa fra il Natale del 1962 e l'inizio del 1963 — è stato messo in fuga dalle loro terre. Intanto l'azienda, coi suoi impianti e le sue produzioni, rimane isolata dal mondo. Sembra una storiella, ed è indizio di un sistema, forse italiano, ma che qua trova una sua plastica glorificazione. (Bernari 1965, 14-15)

BIBLIOGRAFIA

Bernari, Carlo. "Rapporto su Napoli oggi," in *Sette piaghe d'Italia*. Milano: Nuova Accademia, 1965.

Cuoco, Vincenzo. *Platone in Italia*, prefazione di B. Telesio. Bari: Laterza 1928.

Rea, Ermanno. *La fabbrica dell'obbedienza, il lato oscuro e complice degli italiani*. Milano: Feltrinelli, 2013.

L'antropologia storica del Mediterraneo di Ernesto de Martino

Floriana Ciccodicola

Università degli Studi di Cassino e del Lazio Meridionale

Introduzione

Ernesto de Martino si interessa del Mediterraneo quando svolge ricerche nel Meridione d'Italia. Nelle sue riflessioni rappresenta questo spazio come una regione di antiche civiltà profondamente interconnesse.

Negli anni Cinquanta, de Martino condusse ricerche sul campo in quelle terre che i gesuiti del Cinquecento avevano definito "los Indias por aça", le Indie di quaggiù, abitate, secondo loro, da selvaggi. Nella loro visione, un missionario che riusciva a operare in Calabria era considerato pronto per evangelizzare le popolazioni dei nuovi continenti allora appena scoperti. Questa rappresentazione del Sud Italia persisteva ancora nel secondo dopoguerra. Ricordiamo, a questo proposito, le parole di Gramsci che evidenziava la percezione delle classi subalterne da parte di quelle dominanti, scrivendo: "... per una élite sociale, gli elementi dei gruppi subalterni hanno ... alcunché di barbarico e di patologico" (Gramsci 1975, Q25§1).

de Martino venne a contatto con le "plebi rustiche" meridionali, anche attraverso il suo impegno politico: nel 1945 fu segretario della federazione del Partito Socialista (PSIUP, poi PSI) a Bari, e successivamente a Molfetta e Lecce. Questo incontro gli permise di comprendere la drammatica condizione esistenziale, socio-economica, culturale e politica in cui versavano le "classi subalterne", una condizione che descrisse ampiamente nei suoi scritti.

Divenne così il portavoce di contadini e braccianti, narrando la durezza della loro vita quotidiana e mettendo in luce le loro visioni del mondo e le pratiche rituali attraverso cui riaffermavano la propria presenza in "crisi", in un contesto esistenziale segnato da un profondo dramma storico.

I contenuti dell'immaginario collettivo e della memoria storica che caratterizzavano i gruppi sociali meridionali studiati da de Martino non erano, come egli dimostrò, esclusivi del Meridione d'Italia. Come emerge, ad esempio, dal *Commentario storico*, inserito nella sua opera del 1961 *La terra del rimorso*, tali elementi si riscontravano anche in altre comunità del Mediterraneo e dell'area euromediterranea, nonché in culture extra-occidentali. Entrare nelle maglie profonde e intricate della cultura delle comunità meridionali fu possibile grazie all'elaborazione e all'impiego da parte di de Martino dell'antropologia storica e l'utilizzo del metodo storico-comparativo.

1. L'ANTROPOLOGIA STORICA DI ERNESTO DE MARTINO

Nelle sue monografie meridionalistiche, de Martino mise alla prova la prospettiva di ricerca che aveva sviluppato fin dalla sua prima opera del 1941, *Naturalismo e storicismo nell'etnologia*, e che gli consentiva di non isolare la storia, la cultura e la dimensione magico-religiosa delle comunità meridionali, che intendeva contribuire a ricostruire, rispetto a quelle del Mediterraneo e dell'area euromediterranea.

Nelle opere dedicate al Sud d'Italia, de Martino si interessa ad alcuni aspetti specifici delle culture meridionali, come la magia cerimoniale, il lamento funebre lucano, il tarantismo salentino e le pratiche magico-religiose ancora presenti seppure in modo frammentario tra i gruppi sociali del Sud Italia, che compara con quelle presenti nell'antichità, come desume dai documenti testuali e fonti iconografiche, e con quelli allora presenti nelle comunità dell'area euromediterranea. de Martino amplia i confini del Mediterraneo, di quel mare che, come scrive Platone nel *Fedone*, rappresenta una piccola parte del mondo, in cui gli uomini dimorano "sulle rive, come formiche e rane intorno a uno stagno" (Platone, 1953, 109, a-b.).

Nella sua opera del 1941, de Martino, sottolinea la necessità di dover elaborare una etnologia storicista e ne definisce il "codice" (de Martino 1941, 201). de Martino rivendica il carattere storico dell'etnologia in *Naturalismo e storicismo nell'etnologia* (de Martino 1941), e si oppone fermamente alle "illegittime esorbitanze" del procedimento naturalistico, fondando l'etnologia storicista sulla tradizione dello storicismo vichiano-crociano. Un approccio che arricchì, come si può notare nella lettura delle sue opere successive, in particolare in *Il mondo magico* del 1948 (de Martino, 1973; Giusti 2018), con elementi tratti da altre tradizioni filosofiche e culturali.

L'etnologia storicista proposta da Ernesto de Martino rappresenta una svolta decisiva rispetto alle correnti antropologiche predominanti del suo tempo, come l'evoluzionismo culturale, la scuola storico-culturale e il funzionalismo.

de Martino utilizza il termine etnologia poiché, all'epoca in Italia, era questa la denominazione della disciplina che si occupava delle popolazioni "altre". Come egli stesso chiariva: "L'antropologia, o scienza delle razze, è disciplina naturalistica: come tale è da tenersi rigorosamente distinta dall'etnologia, che è storia" (de Martino 1941, 206).

Per lo studioso italiano, l'etnologia è una disciplina storica, e il suo carattere scientifico deriva interamente dalla prospettiva storica che la informa e dalla capacità di ricostruire i processi culturali all'interno dei diversi gruppi sociali, seguendone il divenire storico.

L'etnologia storicista affermata da de Martino si fonda sul principio vichiano secondo cui *verum et factum convertuntur*, ossia che il vero e il fatto coincidono, e sul reintegro nella storia di popoli spesso esclusi da essa. Secondo Vico, possiamo conoscere realmente qualcosa solo se l'abbiamo creato o prodotto noi stessi. Ciò implica che la verità (*verum*) si identifica con il fatto (*factum*), cioè con ciò che è stato fatto dall'uomo (Vico 1993, 1911). Applicato alla storiografia, questo principio significa che la conoscenza della storia e della cultura umana è possibile perché l'essere umano stesso ne è il creatore. Per Vico, possiamo comprendere la storia e le azioni umane meglio di quanto possiamo comprendere le leggi della natura, perché siamo noi a fare la storia e a costruire le istituzioni culturali. In questo senso, la storia è il prodotto della mente umana e, quindi, comprensibile attraverso lo studio critico e riflessivo.

de Martino riprende questo principio per sottolineare che anche i popoli e le culture tradizionalmente marginalizzate nella narrazione storiografica sono protagonisti attivi nella creazione della propria storia, e pertanto possono e devono essere oggetto di studio storico per comprendere l'opera di "appaesamento" del mondo compiuto attraverso l'affermazione dell'*ethos trascendentale del trascendimento* (de Martino 1977), dai diversi gruppi sociali nella storia dell'umanità. Con de Martino, la distinzione tra preistoria e storia viene superata, era già accaduto con il pensiero di Vico. La preistoria diventa parte integrante della storia, acquisendo pieno valore all'interno del percorso culturale e umano.

L'etnologia storicista di derivazione vichiana e crociana si evince nell'atteggiamento demartiniano di fronte alle fonti, quando sostiene che la semplice raccolta e classificazione dei dati etnografici (*eurisi*) non corrisponde a una vera ricostruzione storica (*anamnesi storiografica*). È fondamentale andare oltre la mera organizzazione dei fatti per comprendere i processi storici profondi che hanno plasmato le diverse culture. La distinzione tra cronaca e storia è, come aveva affermato Benedetto Croce (Croce 1917, 1966), per lui, essenziale: ogni atto di conoscenza è una ricostruzione sempre *in fieri* che lo studioso effettua del passato e risponde a una necessità presente, ciò rende la conoscenza storica sempre attuale e viva, cioè contemporanea.

Nella sua opera del 1948, de Martino definirà il suo approccio come uno "storicismo eroico", che consisteva nella capacità di riconoscere il valore storico a tutte le culture, anche quelle primitive, quelle subalterne e marginalizzate, determinando così un allargamento della coscienza storiografica dell'Occidente. Uno storicismo che definì "eroico" (de Martino 1973, 14), in opposizione ad uno storicismo crociano degli epigoni che definì "pigro" e "sermoneggiante", che non aveva accolto la "lezione" di Croce.

La prospettiva di ricerca rappresentata dallo "storicismo eroico" rimase sempre lo strumento con cui de Martino analizzò l'oggetto dei suoi studi. Questa prospettiva gli permise di sviluppare un'etnologia storicistica (Giusti, 1975, Seppilli 1995, 147-156; Gallini 1998; Pastina, 2005; Musté 2012, F. Ciccodicola 2012, 2013; S. F. Berardini, 2013, Di Donato, 2023), in cui tenne conto anche del pensiero di Gramsci (Pizza 2013, 75-120) e del metodo storico-comparativo di Raffaele Pettazzoni (Pettazzoni 1953, 1-14; Giusti 1988). Questo storicismo si apriva alla conoscenza delle culture "altre", storicizzandole, considerando i tratti culturali come prodotti storici, determinando un "allargamento della nostra autocoscienza storiografica" e sollecitando l'affermazione di un "nuovo umanesimo".

Scrive de Martino: "lo 'storicismo eroico' il vero storicismo. Esso affonda le sue radici nella chiara coscienza che ogni 'dato', ogni 'immediato', ogni 'incompreso' risveglia la vocazione naturale della ragione storica, le segnala una limitazione attuale e le prospetta un compito di umanizzazione, di mediazione e di comprensione che può essere assolto unicamente mercé un allargamento della consapevolezza storiografica. E appunto per questo esso comporta un eroismo mentale che non conosce sosta, e che mette capo a una *humanitas* sempre più intima e universale" (de Martino 1973, 14).

Lo storicismo che de Martino afferma è "eroico" perché "Tale storicismo si nutre di succhi che qui appaiono per la prima volta e che storicistici non sono: la parapsicologia (su cui l'autore aveva pubblicato nel frattempo qualche contributo), l'esistenzialismo (che influenza profondamente la terminologia del libro) e la psicoanalisi" (Cases 1973, XVI).

L'etnologia, scrive de Martino, si occupa della storia delle civiltà più lontane dalla nostra, sia dal punto di vista geografico che culturale, di quelle culture che indica come "Idealmente lontane".

de Martino ridefinisce con il suo approccio il concetto di "primitivo", che considera non in termini cronologici, ma in chiave ideale, evidenziando che elementi primitivi possono esistere anche nelle società moderne. In questo contesto, il primitivo non viene visto come una fase superata della storia dell'umanità, ma come una dimensione sempre presente, caratterizzata dalla predominanza della fantasia nel pensiero teoretico e dalla mera vitalità nell'ambito pratico, indipendentemente dal momento storico. In ciò notiamo l'influenza di Giambattista Vico, che sosteneva l'importanza delle categorie mitico-poetiche nella formazione delle culture. Questa concezione rompe con l'idea tradizionale che associa il "primitivo" a un passato remoto, dimostrando che elementi primitivi possono coesistere anche nelle società moderne.

Questa prospettiva amplia la comprensione dell'esperienza umana, riconoscendone la complessità e la continuità, superando rigide categorizzazioni temporali e culturali. Del resto, anche all'interno della civiltà occidentale persistono tracce di atteggiamenti culturali idealmente lontani, che possono essere analizzati attraverso il folklore.

La designazione di civiltà "idealmente lontane", dunque, non si riferisce a una distanza cronologica, ma piuttosto a una distanza percepita, specialmente da chi non è etnologo. Per l'etnologo-storico, il mondo primitivo è tanto vicino e presente quanto lo sono il Rinascimento o la Rivoluzione Francese per lo storico di quei periodi (de Martino 1941, 204). Infatti, la storia di un'istituzione primitiva può apparire all'etnologo con una vivacità e un'intimità persino maggiori rispetto a episodi della propria biografia.

Questa definizione di civiltà "idealmente lontane" ha il vantaggio di chiarire il compito dell'etnologia: ampliare la nostra autocoscienza attraverso l'inclusione di un ambito storiografico solitamente escluso dal pensiero e dall'azione contemporanea.

de Martino adotta il concetto crociano di "contemporaneità della storia", sottolineando che l'interesse per il passato nasce dal bisogno di risolvere un problema del presente (Dondoli 2001). Questo approccio consente di esplorare le connessioni storiche interne e di illuminare le radici culturali che collegano il presente al passato, contribuendo a una comprensione più profonda dei contenuti della nostra memoria storica, del nostro immaginario collettivo, della nostra capacità di progettare il presente e il futuro. Per de Martino, il presente è centrale nel processo di ricostruzione storiografica. Questo significa che, quando si guarda al passato, lo si fa non solo per studiare ciò che è accaduto, ma soprattutto per rispondere alle esigenze e ai problemi del presente. Di conseguenza, il passato viene interpretato alla luce delle necessità attuali, e ogni ricostruzione storica serve a comprendere meglio il nostro "essere" attuale e il "dover essere" della nostra civiltà. La storia è sempre 'contemporanea' perché viene costantemente rivisitata per comprendere meglio il nostro presente e orientarci verso il futuro (Croce 1966, 11).

Pur consapevole dell'inevitabile eurocentrismo nell'etnologia, de Martino invita a una riflessione critica sul significato di appartenere alla civiltà occidentale. Egli avverte dei pericoli di visioni riduttive delle altre culture e dei pregiudizi che ostacolano una reale comprensione delle diverse civiltà. L'etnologia, dunque, dovrebbe superare sia l'etnocentrismo che il relativismo culturale, promuovendo un dialogo interculturale basato sul rispetto e sulla comprensione storica, sull'etnocentrismo critico come strumento essenziale per affermare il neo-umanesimo etnografico.

L'etnologia, nella prospettiva teorico-metodologica di de Martino, diventa un sapere vivo e dinamico, capace di influenzare positivamente il progresso della civiltà occidentale. Se si concentra sull'incremento della consapevolezza storica, può svolgere un ruolo cruciale nell'orientare la nostra civiltà verso una maggiore comprensione di sé e degli altri, favorendo un dialogo interculturale e una più profonda autocoscienza storica.

Per lo studioso italiano, l'etnologia deve contribuire a rafforzare l'autocoscienza della nostra civiltà, Identificando i momenti in cui il processo storico ha preso direzioni diverse (de Martino 1941, 209), possiamo comprendere meglio la nostra identità attuale e valutare le alternative di sviluppo che si sono presentate lungo il cammino della storia. In questo contesto, l'etnologia deve contribuire a migliorare la consapevolezza del nostro *essere* e del nostro *dover essere*.

Scrive de Martino nel suo lavoro del 1941, che "qui si intende promuovere, mercé l'etnologia, un allargamento della nostra auto-coscienza storica, una migliore determinazione dell'essere e del do-ver essere nella nostra civiltà" (de Martino 1941, 10). Un allarga-mento della nostra coscienza "per rischiarare l'azione".

È chiaro fin da subito come in de Martino l'impegno politico sia strettamente legato al suo lavoro di antropologo, che si rafforzerà nel contatto diretto con i braccianti del Meridione.

L'antropologia affermata da de Martino è un'etnologia storici-sticamente rinnovata e riformata. de Martino sostiene che, per com-prendere veramente la storia e aspetti significativi della cultura di una comunità, l'antropologo, lo storico delle religioni, deve assu-mere un ruolo attivo e interpretativo dei fatti che osserva. Questo implica immergersi nel contesto culturale e simbolico dei gruppi studiati, riconoscendo che i fatti storici sono profondamente in-fluenzati dalle percezioni e dalle azioni umane, in quanto per lui:

- La conoscenza storica si basa sulla capacità dello storico di interpretare i fatti umani. Lo storico deve andare oltre la sem-plice cronaca degli avvenimenti. Deve interpretare le azioni umane considerando il contesto culturale e simbolico in cui sono avvenute.

- Lo studioso non si limita a registrare ciò che è accaduto. Re-gistrare i fatti senza comprendere il loro significato profondo offre una visione incompleta della storia. Lo storico deve in-dagare le ragioni sottostanti agli eventi.

- Lo storico deve comprendere le motivazioni, i significati e le rappresentazioni simboliche. È fondamentale capire perché

> le persone hanno agito in un certo modo, quali valori e credenze hanno influenzato le loro decisioni e come hanno simbolicamente rappresentato la loro esperienza del mondo e rivendicando la centralità dell'azione umana nel dare significato al mondo.

- Gli esseri umani non sono semplici spettatori della realtà; attraverso le loro azioni e interpretazioni, costruiscono il mondo in cui vivono.

- I fatti storici sono il risultato della creatività e dell'esperienza collettiva di una società. La storia è plasmata dall'interazione delle persone all'interno di una cultura. Le loro esperienze condivise e la creatività collettiva danno forma agli eventi storici.

La prospettiva teorico-metodologica dell'antropologia storica consente a Ernesto de Martino di non "tribalizzare" le culture del Mediterraneo (Boissevain, Aceves, Beckett, Brandes, Crump, Davis, Gilmore, Griffin, Padiglione, Pitt-Rivers, Schönegger, Wade, 1979, 81-93; Giordano 1990, 109-124).

2. L'ANTROPOLOGIA DEL MEDITERRANEO

L'antropologia del Mediterraneo si sviluppò soprattutto negli anni Cinquanta dello scorso secolo. Con l'aumentare dell'interesse degli antropologi per la società complessa occidentale, il Sud d'Italia e le comunità mediterranee ed euromediterranee divennero, nel secondo dopoguerra, per molti studiosi, un rilevante campo di studio e di ricerca. Il Meridione d'Italia attirò l'attenzione di molti studiosi italiani e stranieri, nonché di politici intenti a promulgare leggi per lo sviluppo socio-economico del Mezzogiorno d'Italia e imprenditori "visionari" come Adriano Olivetti, che si recò a Matera con progetti innovativi per cambiare le sorti di quelle comunità descritte da Carlo Levi in *Cristo si è fermato a Eboli* (Testa 2005-2006).

Numerosi studiosi, soprattutto anglo-americani, iniziarono a concentrarsi sulle piccole comunità all'interno della società occidentale, con un particolare interesse per il Meridione d'Italia, che divenne una destinazione privilegiata per le loro ricerche. Alcuni ricercatori, in particolare, cominciarono ad applicare le teorie e le metodologie della ricerca etnografica non più esclusivamente ai popoli extra-occidentali, ma anche allo studio delle culture rurali dell'Europa meridionale, dell'Africa settentrionale e del Medio Oriente. Le loro indagini etnografiche contribuirono alla nascita di un nuovo settore disciplinare, noto come *Antropologia del Mediterraneo*.

Molti studiosi concordano nel riconoscere che l'*Antropologia del Mediterraneo* ebbe inizio con la pubblicazione, nel 1954, del lavoro di Julien Pitt-Rivers, *The People of the Sierra* (Pitt-Rivers 1961; Boissevain, Aceves, Beckett, Brandes, Crump, Davis, Gilmore, Griffin, Padiglione, Pitt-Rivers, Schönegger, Wade, 1979, 81).

L'Antropologia del Mediterraneo, tuttavia, non è una novità: come ricorda David Gilmore (Gilmore 1987, 175), alcuni dei primi studi etnografici sulla società occidentale furono condotti già negli anni '20 proprio nel Meridione d'Italia. Ricordiamo la ricerca sul campo di Charlotte Gower, antropologa statunitense, che si recò nel 1928 a Milocca, oggi Milena città in provincia di Caltanisetta, il lavoro della Gower, oggi Charlotte Gower Chapman, fu ritrovato negli anni '60 e pubblicato solo nel 1971.

Negli anni Cinquanta dello scorso secolo aumentò l'interesse per le comunità del Mediterraneo. Gli antropologi anglo-americani concentrarono la loro attenzione su piccoli villaggi del Mediterraneo, su comunità considerate isolate e "particolarmente marginali" rispetto ai centri politici e culturali nazionali dei vari paesi mediterranei. Il loro obiettivo era scoprire il "primitivo", l'arcaico vicino a casa, sulla "soglia di casa" (Giordano 1990, 111), cercando tracce di autenticità culturale.

Nei loro studi, emergevano immagini di comunità rurali arretrate, la cui visione del mondo era pervasa da credenze magiche e da aspetti religiosi considerati antichi e pagani, in netto contrasto con i valori della società moderna europea e occidentale. Queste comunità erano descritte come chiuse in un "familismo amorale" e clientelare, una caratteristica che Edward C. Banfield attribuì alle comunità meridionali (Banfield 1958). Qui, il potere era ancora dominato da vecchi "signori" e latifondisti, spesso legati alla malavita, in un contesto privo di libertà e autodeterminazione per gli abitanti, con uno sviluppo socio-economico squilibrato.

L'approccio di studio adottato da questi ricercatori portò a quella che Jeremy Boissevain definisce la "tribalizzazione" delle comunità del Mediterraneo. Concentrandosi su testi, articoli e monografie dedicate a singoli villaggi, questi studiosi enfatizzarono le differenze piuttosto che le somiglianze rispetto ai centri culturali e politici della società euromediterranea, trattando il Mediterraneo come se fosse largo solo mille miglia.

3. ANTROPOLOGIA STORICA DEL MEDITERRANEO DI DE MARTINO: IL MEDITERRANEO COME REALTÀ STORICO-CULTURALE COMPLESSA

de Martino non commette l'errore nelle sue opere dedicate al Meridione d'Italia di "tribalizzare" le comunità del Sud d'Italia che conosce direttamente attraverso l'organizzazione di ricerche sul campo. L'interesse di Ernesto de Martino per la storia magico-religiosa e culturale dei gruppi sociali meridionali si distingue per la sua specificità e ricchezza, proprio perché non perde mai di vista la dimensione storica complessa e articolata che la contraddistingue, frutto di un processo storico complesso e di contaminazioni che riguardano ogni fenomeno esaminato. Nei suoi studi, de Martino fa emergere la complessità culturale dei gruppi sociali meridionali come parte integrante di una storia più ampia e antica, quella euromediterranea. La storia culturale delle comunità lucane, salentine o calabresi, oggetto delle sue ricerche etnografiche, viene storicamente inserita e confrontata con quella delle altre comunità mediterranee ed euromediterranee, e comparata anche con tratti culturali, pratiche rituali simili dei gruppi sociali residenti in altre parti del mondo. Questa prospettiva è chiaramente presente nei suoi lavori.

Nei suoi lavori troviamo espressa anche la motivazione che spingeva molti studiosi a considerare e rappresentare le comunità meridionali e del Mediterraneo come isolate e "primitive". Come osservava de Martino, c'era difficoltà nel comprendere il vero valore culturale delle tradizioni popolari del Mezzogiorno e delle isole. In questo atteggiamento si riscontrano due posizioni estreme: da un lato, queste tradizioni vengono considerate come semplici resti di un passato arcaico, segni dell'arretratezza delle popolazioni meridionali, un insieme di "stranezze" e superstizioni che si augura scompaiano al più presto. Dall'altro lato, c'è una tendenza a idealizzare romanticamente il vivace e festoso splendore delle celebrazioni popolari del Sud, le antiche usanze della Lucania o della Sardegna, e il fascino dei canti della Gallura o del Logudoro, quasi rimpiangendo che questo mondo stia per scomparire o sia già in parte disgregato o scomparso. Entrambe queste posizioni estreme, tuttavia, vanno respinte, poiché derivano da un'impostazione errata del problema. Le tradizioni popolari del Mezzogiorno devono essere considerate come documenti storici, da inserire nel contesto di specifici interessi storici e culturali. de Martino con la sua prospettiva afferma che non esiste una sorta di storia comparativa della vita culturale delle classi popolari separata o contrapposta al resto della società meridionale e al contesto nazionale (de Martino 1961, 25). Esistono piuttosto problemi storico-culturali che possono essere meglio compresi e illuminati attraverso l'analisi dei documenti comunemente chiamati "folkloristici" (de Martino 1956, 77).

Qui è forte anche la lezione di Gramsci che ritiene il folklore non semplicemente un insieme di tradizioni popolari, credenze o pratiche culturali arcaiche, ma una "concezione del mondo e della vita" propria delle classi subalterne(Gramsci 1987). Questa concezione è il risultato di secoli di oppressione e marginalizzazione, che ha portato le classi popolari a sviluppare una visione del mondo alternativa a quella dominante.

Negli studi di de Martino, le comunità lucane e salentine non vengono considerate in isolamento, ma sono inserite in un discorso storiografico ed etnografico più ampio, che evidenzia somiglianze e differenze nei tratti culturali, nell'organizzazione sociale e nella visione del mondo, soprattutto magico-religiosa. Questo approccio tiene conto del passato e del presente delle comunità del Mediterraneo e dell'area euromediterranea. De Martino propone un'analisi in cui le comunità del Sud Italia non sono mai isolate, ma sempre connesse a una più vasta area storico-culturale, politica ed economica, quella euromediterranea, con la quale condividono una profonda interconnessione storico-culturale.

Ciò si nota anche nella metodologia adottata nell'*Introduzione* a *La terra del rimorso*, dove l'Autore. si serve di documenti d'archivio testuali, iconografici e visuali utili alla storicizzazione dell'oggetto di studio fin dalla preparazione della ricerca che si è avvalsa anche dell'osservazione partecipante, condotta, data la complessità dell'oggetto di studio, con un'équipe interdisciplinare. Infatti, scrive: "... il metodo di ricerca storica che qui viene proposto, ... pur mantenendo allo storico la funzione di guida, si avvale in via sussidiaria di altre competenze e di altre discipline, nel tentativo di superare l'antitesi tradizionale tra umanesimo e naturalismo" (de Martino 1961, 14).

L'antropologia storica è espressa chiaramente nel metodo utilizzato da de Martino, che è, come ha evidenziato Sonia Giusti: "il risultato dell'incontro fra storia e antropologia: da una parte l'impostazione storicistica della storiografia, dall'altra l'esperienza antropologica del fieldwork" (Giusti 2018; Ciccodicola 2012, 2013).

Il metodo proposto da de Martino è un percorso teorico-metodologico fondato sull'etnocentrismo critico, uno strumento che gli consente di attivare un confronto tra le culture attraverso la modalità del "doppio sguardo" (Massenzio 2012; Giusti 2018), che in effetti è un unico sguardo. Questa modalità permette allo studioso di conoscere culture 'altre' e di prendere coscienza dei limiti e dei nodi irrisolti della propria cultura.

de Martino attua nelle sue ricerche meridionalistiche la metodologia del "doppio sguardo" nel senso che, nell'incontro etnografico, l'etnologo interviene con le categorie e i valori della propria civiltà, mettendoli alla prova nel confronto con le categorie e i valori dell'"altro", nella consapevolezza che l'incontro determina l'incremento dell'autocoscienza storiografica dello studioso che osserva, «un incremento del conoscere, non solo rispetto all'*ethnos* ma anche rispetto al *telos* della civiltà occidentale» (de Martino 1980, 142). Ciò gli permette di cogliere anche la diversità, come le interconnessioni e le contaminazioni presenti nella storia dei diversi gruppi sociali.

Il "doppio sguardo" è in realtà è uno sguardo in cui esterno e interno sono simultaneamente presenti e si completano a vicenda. L'etnologia, caratterizzata dal viaggio verso l'altro da sé (un viaggio mentale più che fisico), acquisisce pieno significato culturale quando facilita il ritorno al punto di partenza. Questo ritorno metaforico rappresenta la riappropriazione consapevole della propria civiltà — la "patria culturale" — le cui caratteristiche storiche e potenzialità inespresse diventano evidenti proprio attraverso il confronto con il culturalmente alieno. Secondo de Martino, l'etnologia è la scienza delle civiltà extra-occidentali che promuove una nuova consapevolezza critica dell'Occidente e della sua storia; senza il 'doppio sguardo', l'interesse per l' "alieno" si riduce a una semplice collezione di curiosità esotiche, rientrando nell'ambito del naturalismo (Massenzio 2012).

Il Mediterraneo di de Martino si presenta come "il più dinamico luogo di interazione delle culture"; come spazio storico-culturale dai confini amplificati, da ridefinire volta per volta.

Le contaminazioni culturali tra le comunità del Mediterraneo erano già note a Erodoto, che ne parla anche in relazione alle divinità. Nel secondo libro delle Storie, egli scrive: "Quasi tutte le divinità sono giunte in Grecia dall'Egitto. Ho scoperto che provengono dai popoli stranieri grazie alle informazioni raccolte, e ritengo che siano originarie soprattutto dell'Egitto. Infatti, ad eccezione di Poseidone, dei Dioscuri, di Era, Estia, Temi, delle Cariti e delle Nereidi, tutte le altre figure divine sono presenti da sempre presso gli Egiziani ..." (Erodoto 1998, 337).

A proposito della contaminazione culturale del Mediterraneo ricordiamo quanto scriveva Fernand Braudel: "Mediterraneo significa, infatti, Europa, Asia, Africa: una molteplicità di uomini in movimento che ha attraversato il passato e valicato la frontiera, ha mescolato usi, costumi, credenze, idee e merci, modellando uno spazio nel quale ancora oggi viviamo" (Braudel 1973, 244; Cancila 2008, 243-254).

Sottolinea Christian Giordano: "Braudel pointed out the various difficulties involved in the historico-geographical and therefore also social and cultural definition of the Mediterranean area. However, he never tired of insisting on the essential unity of this area ..." (Giordano 1990, 113).

Il Mediterraneo non è solo una realtà geografica, ma storico-culturale, ci ricorda Predrag Matvejević nel suo *Breviario del Mediterraneo*: "Il Mediterraneo non è solo geografia. I suoi confini non sono definiti né nello spazio né nel tempo. Non sappiamo come fare a determinarli e in che modo: sono irriducibili alla sovranità o alla storia, non sono né statali né nazionali: somigliano al cerchio di gesso che continua a essere descritto e cancellato, che le onde e i venti, le imprese e le ispirazioni allargano o restringono. Lungo le coste di questo mare passava la via della seta, s'incrociavano le vie del sale e delle spezie, degli olii e dei profumi, dell'ambra e degli ornamenti, degli attrezzi e delle armi, della sapienza e della conoscenza, dell'arte e della scienza. Gli empori ellenici erano a un tempo mercati e ambasciate. Lungo le strade romane si diffondevano il potere e la civiltà. Dal territorio asiatico sono giunti i profeti e le religioni. Sul Mediterraneo è stata concepita l'Europa" (Matvejević 1987).

Leggiamo in *Civiltà e imperi del Mediterraneo nell'epoca di Filippo II* di Braudel: "Il Mediterraneo non è neppure un mare, è un complesso di mari, e di mari ingombri di isole, tagliati da penisole, circondati da coste frastagliate. La sua vita è mescolata alla terra, la sua poesia è più che a metà rustica, i suoi marinai sono contadini; è il mare degli oliveti e delle vigne quanto degli stretti battelli a remi o dei navigli rotondi dei mercanti, e la sua storia non è separabile dal mondo terrestre che l'avvolge più di quanto non lo sia l'argilla dalle mani dell'operaio che la modella ..." (Braudel 1973, XXIV-XXV).

È questa l'immagine del Mediterraneo che ci restituiscono i lavori di de Martino, come si evince, ad esempio, dalla lettura delle sue opere del 1958, *Morte e pianto rituale. Dal lamento funebre antico al pianto di Maria*, e *La terra del rimorso* del 1961.

Per De Martino, il Meridione d'Italia era la terra del lamento funebre, tributato agli uomini e alle donne, agli dèi e ai numi dei vegetali; era la terra del "ri-morso" della tarantola o del "ri-mosso", che rappresentava il dramma esistenziale e storico vissuto dalle donne salentine, alle quali la tradizione e le condizioni socio-economiche negavano la possibilità di autodeterminazione. Era la terra in cui i valori della società occidentale trovavano limiti alla loro espansione e dove si manifestava lo scandalo dell'incontro con quelle che De Martino definisce "plebi rustiche", composte da braccianti e contadini, rappresentanti le classi subalterne relegate ai margini della vita socio-economica e politica del paese. Queste pratiche rituali e visioni del mondo, tuttavia, erano riscontrabili non solo nel Meridione d'Italia, ma anche in tutta l'area euromediterranea e nelle pratiche rituali presenti in molti gruppi sociali residenti in altre parti del mondo, come emerge dalla letteratura etnologica. Senza dimenticare il suo impegno politico, il Sud d'Italia era per de Martino il luogo in cui valeva la pena intraprendere un percorso per il riscatto storico-culturale e politico-economico dei contadini e dei braccianti.

In *Morte e pianto rituale. Dal lamento funebre antico al pianto di Maria*, de Martino compara il lamento funebre lucano con quello delle antiche civiltà del Mediterraneo, con il modo di piangere i morti proposto dal Cristianesimo. Attraverso la figura della Mater dolorosa, cercò di scalzare l'antica tradizione del lamento funebre, e con elementi contenuti, anche se frammentari nel folklore euromediterraneo, elementi che considera essenziali per comprenderlo come istituto storico-culturale e come tecnica destorificatrice di reintegrazione magico-religiosa nei momenti luttuosi.

Come ci ricorda Marcello Massenzio, l'esperienza etnografica spinge de Martino a intraprendere una duplice esplorazione: da un lato, è motivato ad ampliare, per fini comparativi, lo studio delle sopravvivenze folkloriche presenti nell'area euromediterranea; dall'altro, sente la necessità di estendere l'analisi storico-religiosa alle antiche civiltà agrarie del Mediterraneo, dove il pianto rituale ha raggiunto il suo massimo splendore. *In Morte è pianto rituale* ciò è evidente, ad esempio, nel paragrafo dedicato al lamento funebre del Cairo, al lamento funebre folklorico euromediterraneo, al lamento funebre antico e alla passione del grano e del lino.

In *La terra del rimorso*, il tarantismo è analizzato come un fenomeno storico-culturale, che affonda "le radici [ed] è comune a fenomeni parzialmente affini riscontrati in numerose civiltà affacciate sulle sponde opposte del Mediterraneo" (de Martino 1973, 14). Inoltre "l'applicazione del metodo storico-comparativo lascia emergere le peculiarità del tarantismo pugliese. Quest'ultimo, sorto in una terra di confine tra il mondo cristiano e il mondo islamico, è stato esposto a una moltitudine di stimoli culturali di diversa provenienza, assorbiti e rielaborati in modo originale" (Massenzio, Dei 2023).

Nel *Commentario storico* del volume *La terra del rimorso*, i confini degli oggetti analizzati si amplificano ancora di più, poiché per esplicitare meglio l'istituto culturale magico-religioso del tarantismo salentino, de Martino fa riferimento anche ai lavori su *Dioniso* di Henri Jeanmaire e quelli di Alfred Métraux dedicati al vodu, solo per citarne alcuni. In effetti: "I paralleli etnologici africani e afroamericani del tarantismo non sono gli unici che, in una prospettiva storica di indagine, valgono a sottrarre questo fenomeno dal suo isolamento pugliese e a inserirlo in una più vasta rete di rapporti culturali: è possibile, infatti, utilizzare per lo stesso scopo i paralleli folklorico-religiosi, cioè i fenomeni simili rintracciabili nella vita religiosa minore delle plebi rustiche europee" (de Martino 1961, 196).

Facendo riferimento alla produzione scientifica di Ernesto de Martino, si evince che il termine e il concetto storico-culturale di Mediterraneo e euromediterraneo compare negli studi di de Martino fin dal 1955, quando affronta e pubblica il saggio intitolato *La ritualità del lamento funebre antico come tecnica di reintegrazione*, un argomento che egli ricomprenderà, analizzandolo e interpretandolo in tutta la sua complessità di tecnica reintegratrice della presenza messa in crisi dall'angoscia determinata dall'esperienza della morte, nel volume del 1958.

Nel saggio *La messe del dolore* del 1957, de Martino continua a concentrarsi sulle culture del Mediterraneo. L'analisi che egli propone rappresenta, come lui stesso afferma, "un esempio di un metodo di ricerca storico-religiosa specifico", basato sull'"analisi ierogenetica". Tale approccio viene applicato per esaminare il processo che collega l'evento tecnico-economico della raccolta dei prodotti agricoli all'aspetto "mitico-rituale della passione vegetale di una divinità" in una specifica area, quella mediterranea (de Martino 1957, 7).

Nel saggio *Tarantismo e coribantismo* del 1961, scrive de Martino che prima di tutto si deve analizzare il rapporto del tarantismo "con varie epoche mentali e morali della civiltà occidentale", ma ciò non esclude la necessità di analizzarlo e interpretarlo attraverso "paralleli" folklorici ed etnologici, sul confronto con forme simili ancora osservabili etnograficamente nel mondo mediterraneo (Sardegna, Spagna) e con i culti di tipo *zar* e *bori* in Africa, nonché con i loro adattamenti e riplasmazioni nel mondo afro-americano (macumba, santeria, vodù, ecc.). È importante considerare, applicando questa prospettiva, una avvertenza metodologica: la comparazione proposta racchiude due questioni ben distinte, quella delle semplici affinità strutturali e funzionali, motivate dall'omologabilità dei regimi esistenziali corrispondenti, e quella – di assai più difficile soluzione – delle influenze culturali trasmesse secondo un *iter* geografico dimostrabile e una determinata successione di rapporti nel tempo. Infine, è necessario tener conto degli antecedenti classici – o antico-mediterranei – del tarantismo, anche qui con la precisazione metodologica che non si tratta di una "riduzione" del tarantismo a "relitto" di questi antecedenti (de Martino 1961, 192-193).

Nel saggio *Il gioco della falce* del 1960, de Martino analizza alcune cerimonie e pratiche che osserva durante la ricerca sul campo in Lucania, considerate come relitti folklorici. Egli identifica e compara questa cerimonia, o frammenti di essa, con pratiche simili presenti nelle società mediterranee ed euromediterranee, mantenendo costantemente una prospettiva storica come guida della sua indagine. Scrive a questo proposito che: "Considerate nel loro isolamento folkloristico queste cerimonie costituiscono una curiosità pittoresca o un' oziosa stranezza: congiunte con tutti gli altri livelli della vita religiosa e culturale del Mezzogiorno esse acquistano il significato di documenti per una storia religiosa del sud che non voglia essere soltanto una storia dei vertici trasmessa da coscienza geniale a coscienza geniale, ma che intenda anche misurare la potenza di espansione del moto culturale e identificare le ragioni di ciò che oggi appare deposito alluvionale, stagnazione, frammento e disgregazione. Nel quadro di questa dimensione storico-religiosa della cosiddetta questione meridionale anche la "passione del grano" di S. Giorgio Lucano trova il suo posto di testimonianza" (de Martino 1960, 56-65).

Negli studi dedicati al Sud d'Italia de Martino non isola le culture meridionali, ma le colloca all'interno di una storia comune e stratificata più complessa, pur mettendone in luce le specificità dei tratti culturali.

de Martino, nei suoi studi dedicati alle comunità del Meridione d'Italia e del Mediterraneo, fa costante riferimento al concetto di euromediterraneo, collegando i tratti culturali delle comunità meridionali e mediterranee con quelli presenti in gruppi sociali extra-occidentali. Tale approccio fonda una prospettiva di ricerca in cui si afferma un neo-umanesimo, incentrato sul concetto di etnocentrismo critico, riconoscendo ad ogni gruppo sociale la capacità di creare la propria storia, fondata anche su prestiti e contaminazioni. Per de Martino, la capacità di creare la propria storia non si limita alla semplice trasmissione delle tradizioni, ma risiede nella capacità delle comunità di rielaborare il proprio passato per affrontare le sfide del presente. In questo processo, i gruppi sociali non subiscono passivamente la storia, ma la modellano, utilizzando la cultura e i rituali per rispondere alle crisi esistenziali e politiche. Tale visione è centrale nel pensiero di de Martino, che riconosce alle classi subalterne il potere di reinterpretare la propria identità e di riprendere il controllo sulla narrazione del loro percorso storico.

Le ricerche condotte nel Meridione offrono un approccio multidimensionale, storicista e storico-comparativo allo studio degli aspetti storico-culturali delle comunità dell'area euromediterranea e dei gruppi sociali extra-occidentali. I tratti culturali e i contenuti dell'immaginario collettivo di queste comunità sono il risultato di contaminazioni e scambi, comprensibili solo attraverso una visione complessiva dei contatti reciproci tra i popoli, che nel tempo e nello spazio hanno plasmato queste realtà.

Lo "storicismo eroico" proposto da de Martino rappresentò lo strumento che gli permise di non isolare le comunità meridionali dalla storia globale delle comunità mediterranee ed euromediterranee, e dagli aspetti della storia dei gruppi sociali extra-occidentali, considerando il Mediterraneo come "un mare di storie" (Giusti 2018b, 9-18; Abulafia 2014; Horden e Kinoshita, 2014). Storie complesse, i cui elementi sono stati esportati e imposti a gruppi sociali con i quali i popoli euromediterranei sono entrati man mano in contatto. Del resto, come ha scritto Clifford Geertz, "I problemi, essendo esistenziali, sono universali; le loro soluzioni, essendo umane, sono diverse" (Geertz 1987, 342).

BIBLIOGRAFIA

Abulafia, David, *Il grande mare. Storia del Mediterraneo*, Milano, Mondadori, 2014.

Banfield, Edward C., *The Moral Basis of a Backward Society*, Glencoe (Ill.), The Free Press, 1958 (trad. it., *Una comunità del Mezzogiorno*, Bologna, Il Mulino, 1961).

Berardini, Sergio Fabio, *Ethos Presenza Storia. La ricerca filosofica di Ernesto de Martino*, Trento, Università degli Studi di Trento, 2013.

Boissevain, Jeremy. Aceves, Joseph B. Beckett, Jeremy. Brandes, Stanley. Crump, Thomas.

Davis, John. Gilmore Davis D. Griffin, C. C. M. Padiglione, Vincenzo. Pitt-Rivers, Julian. Schönegger, Dimitra. Wade, Richard."Towards a Social Anthropology of the Mediterranean [and Comments and Reply]", in *Current Anthropology*, vol. 20, n. 1, marzo 1979. 81-93.

Braudel, Fernand, *Civiltà e imperi del Mediterraneo nell'età di Filippo II*, Torino, Einaudi, 1973, voll. I e II.

Cancila, Rossella, "Il Mediterraneo storia di una complessità", in *Mediterranea. Ricerche storiche*, a. V, agosto 2008. 243-254.

Cases, Cesare, *Introduzione a Il mondo magico*, Torino, Boringhieri, 1973.

Ciccodicola, Floriana, *Ernesto De Martino: storicismo critico e ricerca sul campo*, Quaderni N. 14 di *Storia, antropologia e scienze del linguaggio* Roma, Domograf, 2012.

Ciccodicola, Floriana, *Ernesto De Martino: storicismo critico e ricerca sul campo*, Quaderni N. 17 di *Storia, antropologia e scienze del linguaggio*, Roma, Domograf, 2013.

Croce, Benedetto, *Teoria e storia della storiografia*, Bari, Laterza, 1917.

Croce, Benedetto, *La storia come pensiero e come azione*, Bari, Laterza, 1966 (ed. orig. 1938).

Dondoli, Luciano, "Natura e insegnamento della storia", in *Quaderni N. 7 di Storia, antropologia e scienze del linguaggio*, Roma, Domograf, 2001.

de Martino, Ernesto, *Naturalismo e storicismo nell'etnologia*, Bari, Laterza, 1941.

de Martino, Ernesto, *Il mondo magico*, (I ed. 1948), Torino, Boringhieri, 1973.

de Martino, Ernesto, "La messe del dolore", in *Studi e Materiali di Storia delle Religioni*, a. XXVIII, 1957. 21-53.

de Martino, Ernesto, "Il gioco della falce", in *L'Espresso Mese*, vol. I, n. 4, agosto 1960. 56-65.

de Martino, Ernesto, *La terra del rimorso*, Milano, Il Saggiatore, 1961.

de Martino, Ernesto, "Tarantismo e coribantismo", in *Studi e Materiali di Storia delle Religioni*, vol. XXXII, n. 2, 1961. 187-203.

de Martino, Ernesto, *La fine del mondo*, Torino, Einaudi, 1977.

de Martino, Ernesto, *Furore, Simbolo, Valore*, Milano, Feltrinelli, 1980.

Di Donato, Riccardo, *I greci selvaggi. L'antropologia storica di Ernesto de Martino*, Roma, Meltemi, 2023 (II ed.).

Erodoto, *Storie*, libro II, 50, 1-2, Torino, Utet, 1998.

Galasso, Giuseppe, "Mediterraneo, ponte e barriera (secoli VII-XIII)", in *Mediterranea. Ricerche storiche*, a. X, n. 29, dicembre 2013. 437-446.

Gallini, Clara, *Ernesto De Martino nella cultura europea*, Napoli, Liguori, 1988.

Geertz, Clifford, *The Interpretation of Cultures*, New York, Basic Books, 1973 (trad. it., *Interpretazioni di culture*, Bologna, Il Mulino, 1987).

Gilmore, David D., "Anthropology of the Mediterranean Area", in *Annual Review of Anthropology*, vol. 11, 1982. 175-205.

Gilmore, David D., *Honor and Shame and the Unity of the Mediterranean*, Washington D. C., American Anthropological Association, 1987.

Giordano, Cristian, "Is There a Mediterranean Anthropology? The Point of View of an Outsider", in *Anthropological Journal on European Cultures*, vol. 1, n. 1, 1990. 109-124.

Giusti, Sonia, *La prospettiva storicistica di Ernesto de Martino*, Roma, Bulzoni, 1975.

Giusti, Sonia, *Storia e mitologia. Con antologia di testi di Raffaele Pettazzoni*, Roma, Bulzoni, 1988.

Giusti, Sonia, "Che cosa chiedere all'antropologia storica", in *Storia, antropologia e scienze del linguaggio*, a. XXXIII, fasc. 1, Roma, Domograf, 2018.

Giusti, Sonia, "Un mare di storie", in Ciccodicola, Floriana (a cura di), *Il Mediterraneo. Un mare di storie*, in *Storia, antropologia e scienze del linguaggio*, a. XXXIII, fasc. 2-3, 2018b. 9-18.

Gramsci, Antonio, *Quaderni del carcere*, Torino, Einaudi, 1975.

Gramsci, Antonio, "Osservazioni sul folklore", in *Letteratura e vita nazionale*, Roma, Editori Riuniti, 1987.

Horden, Peregrine e Kinoshita, Sharon, *A Companion to Mediterranean*, Hoboken (New Jersey), Wiley Blackwell, 2014.

Massenzio, Marcello, "Ernesto de Martino e l'antropologia", in *Enciclopedia Treccani*, 2012.

Massenzio, Marcello. Dei, Fabio "Premessa", a *La terra del rimorso*, Torino, Einaudi, 2023.

Matvejević, Predrag, *Breviario del Mediterraneo*, Milano, Garzanti, 1987.

Musté, Marcello, "Lo storicismo nel secondo dopoguerra", in *Enciclopedia Treccani*, 2012.

Pastina, Roberto, *Scritti filosofici. Ernesto de Martino*, Bologna, Il Mulino, 2005.

Pettazzoni, Raffaele, "Il metodo storico-comparativo", in *Numen* 6, fasc. 1. 1-14.

Pizza, Giovanni, "Gramsci e de Martino. Appunti per una riflessione", in *Quaderni di Teoria sociale*, n. 13, 2013. 75-120.

Platone, *Fedone*, in *Opere complete*, vol. I, Bari, Laterza, 2013.

Pitt-Rivers, Julian, *The People of the Sierra*, Chicago, The University of Chicago Press, 1961.

Seppilli, Tullio, "Ernesto de Martino e la nascita dell'etnopsichiatria italiana", in *Storia, antropologia e scienze del linguaggio*, a. X, fasc. 3, Roma, Domograf, 1995. 147-156.

Testa, Eugenio, *Presenze in Lucania*, cfr. cfr. http://www.etesta.it/materiali/2005_06_lucania.

Vico, Giambattista, *La scienza nuova*, Bari, Laterza, 1911.

Vico, Giambattista, *De antiquissima Italorum sapientia*, Milano, Rizzoli, 1993.

Dall'Etna al Vesuvio di Carlo Bernari, un *reportage* di viaggio nel cuore del Mediterraneo

CARMELA LUCIA

ABSTRACT: Oggetto di questa ricerca è un itinerario d'autore di Carlo Bernari intitolato *Dall' Etna al Vesuvio* (Gremese Editore, Roma, 1978), un *reportage* di viaggio che completa con *Dal Tevere al Po* (Gremese Editore, Roma, 1989), un dittico di straordinaria suggestione e modernità. Bernari riflette sul processo di cambiamento dalla civiltà rurale al mondo operaio e moderno che avviene nel paesaggio antropizzato; analizza, con lo sguardo dell'antropologo, i modi di vita e le tradizioni di cui l'Italia sperimenta la perdita nella grande mutazione sociale ed economica dalle civiltà e comunità arcaiche fino agli anni Ottanta. Proprio considerando come punti di riferimento le coordinate geografiche del Vesuvio e dell'Etna capovolge la prospettiva del viaggio nel Sud e parte dalla Sicilia per arrivare fino a Napoli, assumendo come due punti cardinali l'Etna e il Vesuvio, quasi ripercorrendo con il suo viaggio nel Mezzogiorno gli itinerari degli antichi peripli greci che, salendo dalla Sicilia fino alla Campania, testimoniano le tracce della colonizzazione sulle coste del Mediterraneo. Bernari appare come un geografo della bellezza perduta del Sud, come uno storico che cerca nel paesaggio le radici dell'identità dell'Italia; viaggia per sondare il mistero inesauribile dell'incanto della scoperta nei territori del Sud, viaggia e scrive per conoscere l'anima delle aree del Mediterraneo. La descrizione del Sud coincide con la scomparsa della civiltà rurale, come in molti romanzi e film del neorealismo, in cui si rappresentano i temi della marginalità e dello sradicamento, che si cristallizzano nella perdita della bellezza dello spaccato suburbano, così come traspare nella rappresentazione residuale ed elementare di vite di operai. In questo intervento, l'analisi si soffermerà soprattutto sulle pagine dell'inchiesta dedicate alle città costiere (dove si descrive, in particolare, il golfo di Napoli, le isole di Ischia, Capri, Procida), tra le testimonianze più autentiche e di straordinaria modernità dei luoghi ricchi di storia e dei paesaggi del Mediterraneo, anche dei paesaggi sonori in cui Bernari ci invita a riflettere sul legame identitario tra gli abitanti e le isole del Mediterraneo, ponendo l'attenzione su un elemento come l'ambiente acustico naturale riconosciuto solo recentemente dall'UNESCO come patrimonio immateriale e componente essenziale del paesaggio naturale.

Nella letteratura odeporica del Settecento fino al Novecento è stato prodotto un vasto repertorio d'itinerari d'autore dedicato non solo al palinsesto geografico dell'Italia, ma in particolare alla geografia del Meridione e del Mediterraneo. Assecondando un po' quella *"irrequietudine"* dello sguardo, quel desiderio di andare oltre ciò che è celato di solito alle comuni visioni, per usare la metafora di Starobinski, che ne *L'oeil vivant* (Gallimard, Parigi, 1961) ha tracciato una storia dello sguardo dei viaggiatori come ricerca che va oltre il limite di ciò che è manifesto, spesso gli sguardi degli scrittori del Novecento si sono soffermati sulla descrizione del Sud e del Mediterraneo. In particolare, agli occhi dei viaggiatori che sbarcavano nel golfo di Napoli, la città partenopea, con Ercolano e Pompei, coincideva con una vera e propria epifania del "meraviglioso e terribile" insieme: nelle descrizioni dei viaggi, nei dipinti, nei diari, nelle lettere dominava l'immagine dello "Sterminator Vesevo", il Vesuvio, in quanto spazio estetico per eccellenza del *Grand Tour* nel Settecento fino al Novecento, assurto metonimicamente a simbolo della città, da Leopardi a Mozart, da Gissing e Dickens fino a Ungaretti e a Pasolini.

Affatturato dai "luoghi sinistri ed epici" della *Vecchia Napoli*, nel suo *Viaggio nel Mezzogiorno* (tratto da *Il deserto e dopo*, 1966), Ungaretti, nella smaniosa ricerca di evocare un *genius loci* atemporale che riempisse le sue *manque* di nomade, descriveva Napoli con queste parole:

Sempre andando a caso attraverso SpaccaNapoli, ch'è come una melagrana aperta dalla troppa maturità, e il sole batte sul sangue e l'oro, e su tutto il lunghissimo taglio il cielo pare all' altezza delle case e pare poggiato come un tetto dipinto. (Ungaretti, 1995, 78)

E così passeggiando tra i vicoli di Napoli, Pasolini si lasciava affascinare dalla bellezza del paesaggio: fermava il suo sguardo sui venditori di ostriche e cozze, sui "guaglioni" che chiedevano «Dieci lì, dieci lì!» (gli stessi personaggi che ispirarono anche la sua sceneggiatura del *Decameron* di Boccaccio, con la traduzione intersemiotica della novella di *Andreuccio da Perugia*, Seconda giornata, V novella, ambientata nei bassifondi di Napoli):

> tutta Napoli intorno al golfo è solo una pioggia di lumi in infinite
> ghirlande. [...] Ho fatto l'aurora, ho visto il Vesuvio, vicino che si
> poteva toccarlo con la mano, contro un cielo, ormai rosso, avvam-
> pante, come nascondesse dietro un paradiso incendiato. (Pasolini,
> 2017, 46-47)

Questa suggestiva descrizione di Napoli, che leggiamo nell'opera *La lunga strada di sabbia*, fa parte di un *reportage* di un viaggio da Ventimiglia al Meridione, scritto tra il giugno e l'agosto del 1959. Qui, spinto da un'«ossessione deliziosa», Pasolini coglieva, quasi con lo sguardo dell'antropologo, l'ingenua e autentica bellezza dei luoghi non ancora corrotti dal consumismo. Come Pasolini, anche Carlo Bernari,[1] mosso dallo stesso intento, a venti anni di distanza scrive un *reportage* di viaggio, pubblicato nel 1978 dall' editore Gremese nella collana Narratori moderni-Scuola, intitolato *Dall' Etna al Vesuvio*, e proprio l'allegoria dei « due soldi » torna nella descrizione di Napoli di Bernari. « *Napoli per due soldi* » si intitola uno dei capitoli dedicati a Napoli; tuttavia la descrizione del Vesuvio in questo *reportage* appare molto diversa:[2]

> A mano a mano che il giorno avanza, il cielo va facendosi sempre
> più lavagna, astioso, non certo diverso dai cupi cieli lasciati nel

---

[1] Carlo Bernari, uno tra gli intellettuali più impegnati sul piano civile e politico e tra le voci più originali del Novecento, nasce il 13 Ottobre 1909, a Napoli e muore il 22 Ottobre Roma 1992. Bernari è lo pseudonimo che Corrado Alvaro consigliò allo scrittore durante il fascismo (in realtà si chiamava Carlo Bernard). Sin da giovane era entrato in contatto con ambienti culturali e politici antifascisti, di ascendenza crociana (con Gino Doria, Guido De Ruggiero e Francesco Flora), o socialista (Arturo Labiola, che si serviva proprio presso la sartoria in Via Chiaia a Napoli dove iniziò a lavorare da giovane Carlo Bernari). Visse per un periodo in Francia, a Parigi, dove nel 1930 conobbe André Bréton e frequentò il gruppo surrealista. I suoi primi interessi letterari si muovono nell'area dell'avanguardia, tra futurismo non-mari-nettiano e seduzioni surrealiste; con Guglielmo Peirce e Paolo Ricci animò l'UDA (l'Unione Distruttivisti Attivisti), che si distinse tra le avanguardie prospettando un'alternativa alla cultura umanistica basata sul rapporto tra arte e scienza.

[2] Nel dopoguerra Napoli "si vende per due soldi", ma nessuno la può comprare paradossalmente; il " miracolo non è solo che Napoli si venda per due soldi, ma che per qualche tasca vi siano i due soldi per comprarla", così scrive Bernari in *Vesuvio e pane*, Firenze, Vallecchi, 1953, pag. 9.

Nord. Il mare chiuso fra due quinte di case è nero fondo, e nero è il Vesuvio che vi si affaccia, senza fumo, senza una screpolatura di fuoco. Il suo pennacchio però è stato sostituito dalla fiamma che perennemente sprigiona dalla bocca della lunga ciminiera a bruciare i residui d'una raffineria di benzina. La città ormai sveglia comincia a gridare, a scuotere i suoi colori vivaci anche sotto questo cielo di vetro opaco, e una gamma infinita di rossi estivi si rincorrono dalle logge dei balconi: coperte per la processione, stendardi del cuor di Gesù, pomodori a grappoli, piatti di conserve, sporte intere di peperoni, cocomeri e gelsemore. (Bernari, 1978, 137)

I colori, cupi e opachi, dipingono un fondale molto diverso, di una città lontana dall'*imagerie* vivace e pittoresca del golfo assolato, «col pino in primo piano e il Vesuvio in fondo» (La Capria, 1993, 916).[3] Il cielo «di vetro opaco» e anche gravido d'acqua[4] non è il cielo assolato della Napoli bozzettistica, è un cielo grigio, che evoca invece il cielo dei quadri di Sironi: la «lunga ciminiera» che brucia i residui d'una raffineria di benzina diventa una metafora dei nuovi mali che segnano la Napoli ferita a morte dall'alienazione industriale, dal disagio sociale e dalla perdita della bellezza urbana per la cementificazione selvaggia e l'industrializzazione.

Questa descrizione di Napoli rappresenta una metonimia, una parte per il tutto, perchè Napoli s'identifica con un'allegoria collettiva ed emblematica delle città di Mediterraneo e del Sud, vittima

---

[3] All'ombra del Vesuvio "anche Napoli è deinós, spaventevole e stupenda insieme" (957): così Raffaele La Capria, in una delle sue più originali prose saggistiche del 1993 intitolata *L'occhio di Napoli* , parla di una città lontana dall''imagerie' vivace e pittoresca del golfo assolato, "col pino in primo piano e il Vesuvio in fondo" (La Capria, 1993, 916).

[4] Il *topos* dell'acqua associato a Napoli, lontano dall'immagine oleografica della Napoli assolata, sarà ripresa poi da Nicola Pugliese nel romanzo *Malacqua. Quattro giorni di pioggia nella città di Napoli in attesa che si verifichi un accadimento straordinario*, Tullio Pironti, 2013. *Malacqua* è la cronaca di quattro giorni di pioggia nella città di Napoli, in cui si moltiplicano eventi inusitati, prendono corpo presagi e neri ammonimenti, con le «voci» misteriose di Castel dell'Ovo, l'enigma di tre bambole, il mare di via Caracciolo che insegue gli scugnizzi nei «bassi», le monetine da cinque lire che suonano, creando l'attesa di un evento straordinario.

sia degli speculatori, sia dei mali radicati nel tempo, concentrati per Bernari anche nella superstizione, nell'immobilismo, nella rassegnazione e nello scetticismo.

In questo *reportage* emerge la dimensione polemica sul piano politico e la ricerca della «realtà della realtà», come in *Tre operai* (pubblicato il 9 febbraio del 1934 da Rizzoli, come primo titolo della collana "I Giovani" diretta da Cesare Zavattini), romanzo che ha reso celebre Bernari e che verrà definito da Remo Cantoni "incunabolo del neorealismo" per l'inchiesta sociologica che s'intreccia con l'elemento della favola:[5]

> i miei compagni che parlano della loro vita maledetta e vogliono un libro, mentre intorno a noi le capre brucano l'erba avvelenata dal gas e i diseredati cercano ginocchioni pezzetti di carbon fossile e di metallo fra i detriti. Dopo qualche anno mi misi all'opera, e il mio racconto si ambientò naturalmente fra i gasometri e le gru del Pascone, popolandosi di personaggi che avevano un nome e un cognome, una piaga da sanare, una paura da vincere. Fu così che invece della storia scrissi una storia, un romanzo, cioè, o se più piace una favola. (Bernari, 1960, 67-68)

Come nel suo celebre romanzo, anche nel *reportage Dall'Etna al Vesuvio* Bernari riflette sul processo di cambiamento che avviene nel paesaggio antropizzato dalla civiltà rurale al mondo operaio, riflette sui modi di vita e le usanze di cui l'Italia sperimenta la perdita nel boom economico e nella grande mutazione sociale e antropologica dagli anni Cinquanta.

Proprio considerando come punti di riferimento le coordinate geografiche del Vesuvio e dell'Etna, Carlo Bernari capovolge la prospettiva del viaggio nel Sud e parte dalla Sicilia per arrivare fino a

---

[5] Si rimanda al ricchissimo studio del figlio di Carlo Bernari, a cui è affidata la memoria e la divulgazione della sua poliedrica opera: cfr. Enrico Bernard, *I più segreti legami. Sinergie neorealiste tra letteratura e arti visive nel carteggio Bernari-Zavattini (1932-1989)*, Rom-Trogen, BeaT, 2014.

Napoli, assumendo come due punti cardinali l'Etna e il Vesuvio, quasi ripercorrendo, con il suo viaggio nel Mezzogiorno, i viaggi degli antichi peripli greci che, salendo dalla Sicilia fino alla Campania, colonizzarono queste terre nel V secolo a. C. La sua intima essenza da nomade lo portò sin da giovane a spostarsi tra Napoli (dove nacque nel 1909), Roma (1927-1929), Parigi (1930) e in varie località d'Italia; a questo si aggiunga l'esperienza da inviato speciale, da cui nacquero importanti *reportage,* come *Il gigante Cina* (Feltrinelli, 1957).[6]

Come traspare in tanti suoi romanzi e prose saggistiche e come si rileva anche nel saggio *Dall'Etna al Vesuvio* appare centrale l'idea umanistica e totalizzante della letteratura, la fedeltà all'impegno concreto: "bisogna amare l'Italia, per dire di noi che siamo questo, se vogliamo redimerci" (Bernari, 1978, 71).

Lo scrittore viaggia per sondare il mistero inesauribile dell'incanto della scoperta nei territori del Sud, viaggia e scrive per conoscere l'anima delle aree del Mediterraneo. E "anima" è proprio la parola–chiave che si ripete con maggiore frequenza in questa inchiesta, insieme a un'allegoria dello sguardo, dove ogni descrizione diventa un'epifania, che vuole cogliere proprio l'anima del paesaggio Mediterraneo.

In molte sequenze del *reportage*, Bernari ci appare come un geografo della bellezza perduta del Sud e del Mediterraneo, come uno storico che cerca nel paesaggio le radici dell'identità mediterranea, con un "esperimento" che ha al centro la "supposta Tirrenide", come si legge nell'incipit:

---

[6] Nel 1955 il Sindacato Scrittori organizza e invia in Cina la prima delegazione italiana di intellettuali, tra cui Bernari che già aveva visitato la Cina nel '51 con Pietro Calamandre (che dedica un numero speciale del *Ponte* alla cultura della Cina, ribadendo che bisogna andare oltre la grande muraglia per accorgerci che c'è una nuova primavera). In Cina Bernari resta per molti mesi come inviato speciale dell'Europeo, a cui invia servizi giornalistici e fotografici, che saranno poi raccolti nel '57 nel volume *Il gigante Cina* (Feltrinelli).

> Intanto mi venne in mente di fare un esperimento: fissare l'ago di un compasso al centro della supposta Tirrenide – la terra sepolta sotto il Mar Tirreno durante il periodo del Pliocene – e tracciare un ben delineato cerchio comprendendovi l'intera regione vulcanica, da quella Campana a quella Etnea. (Bernari, 1978, 13-14)

Inizia il suo viaggio facendo proprio riferimento al ruolo dei Greci nel Mediterraneo, dato fondamentale da rilevare in questa ricerca, analizzando la colonizzazione greca sulle coste dell'Italia meridionale:

> Se i viaggi dei Fenici lungo le coste del Mediterraneo furono improntati alla necessità di raggiungere fonti di materie prime e 'punti di vendita' diremmo oggigiorno, i Greci obbedirono invece, più che al nomadismo dei loro avi micenei, a un disegno ben più vasto; e che mirava a conquistare non tanto temporanee base di approdo, quanto vere e proprie colonie: zone adatte a stanziamenti prolungati, quando non al trasferimento d'intere popolazioni alla ricerca di nuovi campi da coltivare, oppure spinte dalla necessità di crearsi una nuova patria lontana dalla Polis, la patria che hanno dovuto abbandonare.[…]Nel loro movimento di espansione verso Occidente, con l'architettura, il teatro, la filosofia, le arti figurative, i Greci dovevano recare un contributo decisivo allo sviluppo della coscienza civile dei popoli con i quali venivano in contatto; ma nello stesso tempo toccava ancora a loro arricchire il paesaggio con l'introduzione dell'uva, dell'olivo, del grano e persino del mandorlo. (Bernari, 1978, 17-19)

L'architettura del *reportage*, la qualità della ricerca da cui muove, la tenuta della scrittura insieme agli altri aspetti formali rendono questa inchiesta un testo complesso e semplice allo stesso tempo: complesso per la varietà delle descrizioni dei paesaggi che si intrecciano con le ricostruzioni storiche; complesso per l'analisi antropologica che si espande nella dimensione sociologica. *Dall'Etna al Vesuvio* si presenta come un ricco e articolato documentario di geo-storia, nel quale convivono due piani, un racconto in presenza e un viaggio memoriale. L'onestà e la precisione tecnico-giornalistica, l'attenzione e la devozione per la natura e gli aspetti sociali e antropologici, l'analisi attenta del paesaggio, la descrizione delle molteplici realtà socio-politiche, economiche della società meridionale fanno sì che questo saggio narrativo scritto in forma di taccuino diventi, come altre prose saggistiche di Carlo Bernari, una testimonianza autentica e una preziosa fonte di ricerca per conoscere a fondo la cultura e l' identità meridionale.

Per Bernari «conoscere un luogo significa saperlo aprire, rovesciarlo, amarlo e maledirlo» e il viaggio ha senso per cercare di recuperare un rapporto primario con il mondo, attraverso la felicità della scoperta: "non sono io che mi metto in viaggio, è il viaggio che spesse volte si mette in me con il suo furor di moto" (Bernari, 1978, 7).

Le pagine di quest'opera oscillano tra un registro argomentativo-illustrativo, da documento, e uno stile lirico-elegiaco con lunghe frequenze di descrizioni del paesaggio. Corposa e multiforme appare poi la vastità delle conoscenze dei luoghi che Bernari visita: le solfare della Sicilia, la Sila in Calabria, la Puglia, la Campania, le isole che si affacciano sul Golfo di Napoli. In bilico tra saggio critico e conversazione, questo dossier sviluppa un tema che è centrale nella biografia intellettuale di Bernari: la descrizione del Sud coincide con la scomparsa della civiltà rurale, come in molti film e romanzi del neorealismo, in cui si rappresentano i temi della marginalità e dello sradicamento, che si cristallizzano nella perdita della bellezza dello spaccato suburbano, così come traspare nella rappresentazione residuale ed elementare di vite di operai.

Il tempo immobile della società di provincia del Sud si trova a reagire alla speculazione edilizia, per la corsa all'omologazione, per la trasformazione del paesaggio antropizzato e per la crescita industriale.

Come Calvino, che racconta la metamorfosi del paesaggio nelle sue pagine sospese tra fedeltà all'impegno civile e vocazione alla favola (si veda per esempio il racconto lungo *La Speculazione edilizia,* 1958), Bernari rappresenta la transizione da una società contadina a una ormai capitalistica. Come Pasolini che s'interroga su *La scomparsa delle lucciole* (1973), così Bernari, viaggiando dall'Etna al Vesuvio, descrive quel miglioramento delle condizioni economiche che però ebbe effetti devastanti sul tessuto civile dei paesi del Sud, provocato dalla speculazione edilizia agli inizi degli anni Cinquanta.

L' Italia che racconta Bernari non è diversa dall'immagine che ci consegna Pasolini: è un'Italia umile e povera, un'Italia che scompariva, per la graduale perdita della civiltà contadina, l'emigrazione, la fuga verso la città e lo spopolamento della campagna, provocato dal boom economico.

Analizziamo ora i passi più significativi di questo *reportage*, evidenziando le sequenze descrittive sulle isole del golfo di Napoli, Capri, Ischia e Procida, "che chiudono il golfo di Napoli come un triplice fermaglio", dove Bernari rappresenta così i segni e le radici del paesaggio Mediterraneo:

Spogliate dai loro fulgori estivi, Procida, Ischia e Capri si rannicchiano nel torpore invernale in cui recuperano tutto il silenzio sperperato durante l'agosto. È lo stesso silenzio in cui furono sorprese dai viaggiatori. (Bernari, 1978, 172-173)

In questa sequenza descrittiva di grande suggestione Bernari descrive il paesaggio mediterraneo colto in una dimensione più malinconica e cupa, rappresentando le isole "spogliate" e quasi nude da tutti i "fulgori estivi" del turismo di massa. Emergono poi una serie di descrizioni del paesaggio sonoro, elemento che diventa uno spunto per riflettere sull' antico *topos* "natura versus cultura", dimensione narurale del cosmos corrotta da quello che viene definito come "nemico rumore", causato dal turismo di massa:

Non credere però che sia la risacca di quel mare o il rombo della cascata, o il frinire delle cicale, oppure l'ululo del vento a minacciare la quiete: come voci della natura il loro ritmo s'immedesima prima opoi con quello del tuo sangue. L'angoscia nasce invece da quei rumori che t'interrompono, modificano la tua natura, dilatano o accorciano le tue cadenze; e senza che tu te ne avveda lentamente ti spostano su un piano di frenesia vitalistica dove non sei più tu, ma un serbatoio di suoni (Bernari, 1978, 201).

L'agognata quiete si trova in eremi, lontani dal caos, come la Certosa di Capri, edificata tra il 1371 e il 1374, più importante testimonianza architettonica sull'isola di epoca angioia:

Finalmente, dopo anni, ritrovai la quiete nella Certosa di Capri. Qui era appunto il silenzio che cercava me, e m'insidiava. Solo la campanella del padre guardiano, annunciante qualche spersa comitiva di turisti pomeridiani squillava allarmata per le pietre porose; e sembrava che il mondo crollasse, mentre era appena un frullio d'ali sulla superficie di un'acqua ferma, che si frantumava un attimo e subito si placava, a specchiare il cielo immobile sul cortile. (Bernari, 1978, 202)

Le isole del golfo di Napoli appaiono così quasi come simboli e allegorie di una dimensione utopica di pace, una meta agognata e ricercata da un viaggiatore- ulisside moderno, che naviga per le isole abitate da sirene:

E dove sono nascoste le Sirene cantate da Omero? Dice uno storico di Capri che se Omero non avesse creata la favola sulle primitive abitatrici dell'isola che adescavano i naviganti dell'età mitica, nessuno crederebbe all'esistenza delle Sirene. (Bernari, 1978, 175)

In questa ricerca di pace e quiete nelle isole di Capri, Ischia, Procida, appare poi dominante il simbolismo acquoreo, come metafora di vita. Si riporta qui la sequenza delle acque terapeutiche e delle sorgenti che si trovano sull'isola di Procida:[7]

> Si dice comunemente che l'aria, l'atmosfera di queste isole, è fortemente radioattiva: chissà se è vero. Vera è comunque l'esistenza di innumerevoli fonti di acque minerali, come di fumarole trasformate in bagni e fanghi così salsi e così caldi "ca va fa sci priene sulo cu la vista" vale a dire che t'ingravida al solo guardarla, come cantò un poeta vernacolo esaltando la sorgente di Cetara.
>
> (Bernari, 1978, 175)

Le isole del Mediterraneo appaiono come luoghi felici, dove però è anche facile scorgere la "pena del vivere quotidiano":

> Ci parve anche allora d'esser capitati in un luogo felice; ma a farci l'occhio non faticammo a scorgere dietro le quinte di questa felicità, la pena del vivere quotidiano; per cui non è difficile, sotto tanti strati di civilizzazione, ritrovare taluno degli aspetti primitivi che dovettero esercitare così forte attrattiva sui più antichi scopritori dell'isola fin da quando essa non si chiamava ancora Ischia –il cui nome in antico era: Arime, Aenaria, Pytecusa — e che s'incontra la prima volta in una lettera di Leone II a Carlo Magno.
>
> (Bernari, 1978, 177)

La descrizione delle isole termina poi con uno splendido capitolo su Capri, nel capitolo intitolato *L'Ora di Capri*, che ricalca il titolo dell'opera di Edwin Cerio (1875-1960) ingegnere e progettista navale e autore su opere di storia e flora sull'isola di Capri:

---

[7] Ricordiamo che all'isola di Procida Bernari dedica un romanzo intitolato *Il Santo di Procida (Minutolo)*, Rom-Trogen, BeaT, 2021.

Le strade di Capri non dovrebbero essere percorse, ma guardate dall'alto, come in un plastico. Allora esse si rivelerebbero come segni di una lingua primitiva. Le strade di Capri, strette, tortuose, sono i geroglifici di un idioma che i più ignorano. Chi le percorre non sa forse che le consuma; e rischia di cancellarle per sempre. Col buio durante l'ultima guerra, come ricordavo, Capri tornava alla luna: l'uomo avvertiva il suo peso troppo greve per questo pugno di terra poggiato sul mare, e sognava di esserne espulso da una ventata come un granello di sabbia. Di notte con la luna più che di giorno, la struttura dell'isola sembra fatta di luce: i suoi terrazzi sono prospettive aeree che si slanciano nel vuoto. Se sollevi una mano, ne vedi l'ombra proiettata sul mare. Per cui è difficile vivere a Capri. Difficile non solo per gli uomini, ma anche per le bestie. I pesci, gli uccelli, le mucche, i cani di Capri anch'essi soffrono del mal di Capri. (Bernari, 1978, 179-180)

BIBLIOGRAFIA

Bernari, Carlo. *Dall'Etna al Vesuvio*, Gremese, Roma, 1978.

Bernari, Carlo. *Dal Tevere al Bo*, Gremese Editore, Roma, 1989.

Bernari, Carlo. *Ciminiere e rifiuti*, in id. *Bibbia napoletana*, Vallecchi, Firenze, 1960.

Bernari, Carlo. *Il Santo di Procida (Minutolo)*, Rom-Trogen, BeaT, 2021.

Bernard, Enrico. *I più segreti legami. Sinergie neorealiste tra letteratura e arti visive nel carteggio Bernari-Zavattini (1932-1989)*, Rom-Trogen, BeaT, 2014.

La Capria, Raffaele. *L'occhio di Napoli. Taccuino (1992-1993). Opere*, Milano, Mondadori, 2003, pp. 907-1019.

Starobinski, Jean. *L'oeil vivant*, Gallimard, Parigi, 1961.

Ungaretti, Giuseppe. *Viaggio nel Mezzogiorno* (tratto da *Il deserto e dopo*), a cura di Francesco Napoli, Guida Editore, Napoli, 1995.

Pasolini, Pier Paolo. *La lunga strada di sabbia*, Guanda, Seggiano di Pioltello, 2017.

Memorie dolenti d'Albania, il paese "dove non si muore mai"
Sul libro d'esordio di Ornela Vorpsi

Bruno Mellarini

IPRASE – Rovereto

Il presente intervento intende analizzare il romanzo d'esordio di Ornela Vorpsi (1968), *Il paese dove non si muore mai*[1], secondo una duplice prospettiva: da un lato, l'opera verrà letta come documento e testimonianza della vita in Albania ai tempi del comunismo; dall'altro, come testo di assoluto valore letterario, apprezzabile per ragioni di ordine puramente estetico. I due aspetti, come si vedrà, sono del resto connessi e interdipendenti, giacché, come avviene in ogni opera d'arte, forma e contenuto non sono mai separabili: anzi, se un dato contenuto appare di per sé interessante e significativo, ciò avviene anche in ragione della forma che lo veicola, stante il sussistere di un rapporto inscindibile e biunivoco.

Veniamo dunque a esaminare l'opera più da vicino: il libro, benché presenti in copertina la dicitura "romanzo", appare in realtà come un misto di autobiografia memoir e resoconto storico, interessante anzitutto, come si diceva, per ragioni storiche e di testimonianza, dal momento che offre uno spaccato "dall'interno" del socialismo reale, mostrando il tragico volto dell'utopia comunista, il rovescio della medaglia di un sogno di rigenerazione umana che si è infine tradotto, e insieme stravolto, nell'incubo delle dittature e dei totalitarismi. Un sogno di rinascita e redenzione dell'umano, quello connesso al cosiddetto "socialismo reale", che lo scrittore Sebastiano Vassalli, intervistato da Giovanni Tesio, rievocava in questi termini:

---

[1] Il romanzo è stato pubblicato la prima volta da Einaudi nel 2005. Tutte le citazioni a seguire sono tratte dalla riedizione dell'opera del 2018 presso l'editore minimum fax.

Il socialismo realizzato, nelle intenzioni dei suoi teorici e dei suoi fondatori, era una sorta di paradiso, in cui tutti o quasi tutti i desideri degli uomini si sarebbero avverati. Le ingiustizie sarebbero state abolite; le malattie sarebbero state vinte, il benessere e la felicità sarebbero stati, finalmente, alla portata di tutti. E tra un turno di lavoro e l'altro, gli operai si sarebbero dedicati all'arte, alla filosofia, alla ricerca scientifica eccetera. (Vassalli e Tesio, 68)

Fin qui, dunque, il sogno, l'utopia, la proiezione ideale di un mondo rigenerato e depurato dall'ingiustizia. Ben diversa la realtà, come ben sa chi è cresciuto nell'Albania comunista del "Timoniere" Enver Hoxha, che dominò incontrastato nel Paese fino al 1985, anno della sua morte. Anche di questo parla *Il paese dove non si muore mai*, il libro che Ornela Vorpsi scrive — e non sarà certo un caso — in italiano, quasi a cercare una lingua franca, una zona-rifugio che le consenta, anzitutto, di prendere le distanze da un'esperienza personale e da delle memorie di vita che sono ancora doloranti e, per così dire, brucianti, avendo lasciato segni indelebili sulla pelle di chi le ha vissute, così come li hanno lasciati le punizioni corporali in uso nella scuola, durissima e militarizzata, frequentata da Vorpsi prima bambina e, poi, ragazza. "L'albanese mi risvegliava i demoni, ma l'italiano sembrava darmi quel poco di cui avevo bisogno per sopravvivere" (Vorpsi 2018, 116).

Un libro, d'altra parte, che forse poteva essere scritto solo in una lingua *altra*, cercando, come ha riconosciuto la stessa Autrice, una sorta di distanza di sicurezza, uno scarto rispetto al proprio vissuto e uno "straniamento" che si affida a «un italiano da straniera, senza orpelli, senza troppi aggettivi inutili, lontana dai modi di dire mediatici di chi ha troppa confidenza quotidiana con una sintassi e un lessico corrotti dall'uso» (Bregola 2021). Ed è proprio l'elemento linguistico l'aspetto che qualifica maggiormente quest'opera prima, tra essenzialità ed espressivismo, scarto dalla norma (si pensi, solo per fare un esempio, all'aggettivo "aguzzo" con cui Vorpsi definisce l'amore verso la madre, in luogo di un più prevedibile "acuto" o "intenso": vedi Vorpsi 2018, 33) e improvvise accensioni metaforiche: come ha scritto Andrea Cortellessa, "[...] Ornela Vorpsi ha una scrittura di strepitosa visività. Il suo è uno sguardo violento, *fauve*. I colori esplodono sulle cose senza sfumature, netti e spietati: chiazze d'inchiostro blu, lenzuola bianche di lutto" (Cortellessa, 439).

Non solo: quel che l'autrice riesce a fare mirabilmente, anche in virtù di una scrittura mai documentaria o piattamente referenziale, è il tracciamento, per così dire, dell'*autobiografia* del suo Paese (vedi Guagnini 2006, 15), ricostruita attraverso le vicende personali e quelle che riguardano alcuni membri della sua famiglia, vittime, come il padre o uno zio diciassettenne mai conosciuto, dei soprusi del regime: di qui un tracciato a doppio binario, in cui vengono convogliate storia personale e vicende collettive, la parabola di un Paese e le vite, spesso drammatiche e lacerate, dei singoli individui.

In proposito, non saranno inutili alcuni richiami storici alla realtà di un Paese che, nel volgere degli anni Settanta del Novecento, fu preda di un vero e proprio delirio paranoico, alimentato dalla dittatura e finalizzato a diffondere tra la popolazione il timore di un'invasione da parte dell'Italia capitalista o degli stessi Paesi del blocco dell'Est. Una paranoia che portò, come ricorda Alessandro Leogrande, alla costruzione nelle campagne e nelle periferie delle città di bunker destinati alla popolazione e, nella capitale Tirana, alla edificazione di un super-bunker riservato al dittatore, ai suoi collaboratori più stretti e alla nomenclatura del regime:

> Il «processo di bunkerizzazione» ebbe l'effetto pratico di ricordare ogni giorno, a un intero popolo di tre milioni di abitanti, di essere finito all'interno di un immenso gulag. Dopo la caduta del regime, nel 1991, i bunker furono presi a picconate non solo per cancellare il segno più tangibile della passata oppressione, ma soprattutto per estrarre l'acciaio contenuto nelle loro pareti.

Anno dopo anno, quelle centinaia di migliaia di casupole dal tetto tondeggiante sono scomparse dalle città e dai villaggi albanesi, dalle montagne e dalle coste. In tutto il centro della capitale se ne conserva solo uno, a futura memoria, davanti al palazzo del governo. Sorge in mezzo a un'aiuola verde e nel caos del traffico cittadino sembra essere stato scaraventato lì da un'altra galassia. (Leogrande, 188)

Ma così, anche nelle parole dell'Autrice, in un discorso che, per dire il vero della Storia, non esita a servirsi di toni grotteschi e demistificanti:

Gli imperialisti americani, gli sciovinisti russi, i grandi capitalisti francesi e italiani sono pronti a sbarcare per distruggere l'esempio della parità in terra, l'esempio di una società che non ha più lotte di classe, che non conosce antagonismi nel suo seno, la società più evoluta mai conosciuta dalla coscienza umana. (Vorpsi 2018, 80)

Ora, con ogni evidenza, ben diversa era la realtà nascosta dietro i proclami e la propaganda di regime: l'Albania di cui ci parla Vorpsi è un Paese dominato da una dittatura pervasiva e onnipresente, feroce e stolida nella sua ottusa, cieca applicazione dei dogmi dell'ideologia, la cui imposizione è affidata in primis alla scuola, ridotta a strumento di propaganda e asservita ai voleri del regime. Al riguardo, ampiamente esemplificativo è il capitolo in cui Vorpsi si sofferma su un dipinto scoperto nelle pagine del suo libro di storia: il celebre *La libertà che guida il popolo* di Eugéne Delacroix, del 1830, l'anno della rivoluzione che fu detta delle "Tre giornate gloriose". Ma a colpire Vorpsi-bambina, in questo caso, è soprattutto l'intervento censorio con cui il dipinto viene presentato nel manuale di storia: il seno della donna che rappresenta la Libertà è stato infatti ricoperto da un lembo di stoffa, decurtando così l'immagine della sua componente più erotica e sensuale e, per certi versi, potenzialmente "rivoluzionaria", con il risultato di lasciare la bambina immersa nel dubbio e nell'incertezza:

> «Ma nonno, cos'è questo brutto scherzo? Nel mio libro di storia lei ha i seni coperti da una stoffa bianca, e nell'enciclopedia dell'Italia capitalista i suoi seni svolazzano in aria. Qual è il quadro vero? Non è che gli italiani vogliono compromettere la figura della donna, e insieme a lei anche la rivoluzione?» (Vorpsi 2018, 68).

Ecco allora che Vorspi, giustamente, s'interroga sul significato profondo dell'immagine: perché dipingere la donna a seno nudo? Forse per ribadire che la sensualità, l'esibita nudità del corpo si configurano come una dimensione tutt'altro che estranea al processo rivoluzionario? Ovvero per ricordare, anche attraverso le sue domande retoriche, che la donna è partecipe a pieno titolo dell'azione rivoluzionaria, cui concorre anche con l'ostensione del corpo e la folgorante epifania della sua bellezza?

> [...] come sapete, il vero quadro era quello coi seni all'aria, proprio due magnifici seni in fiore, liberamente mostrati, sulla barricate, in mezzo alla sparatoria. [...]
> *La sensualità che guida il popolo*, così doveva intitolarsi — forse la rivoluzione ha a che fare con la sensualità, o forse può riuscire grazie alla sensualità? Perché no? La cosa mi diventa d'un tratto complicata [...]. (Vorpsi 2018, 68)

Ciò che affiora, a ben vedere, è una volontà di critica acuminata, di opposizione decisa nei confronti di ogni manipolazione, anche di quelle all'apparenza più innocenti; una critica che mette in primo piano la repressione del femminile (anche in forme all'apparenza assurde, come nel caso appena citato) denunciandola in quanto aspetto non secondario né trascurabile del regime comunista, il quale aveva potuto affermarsi anche rafforzando il controllo repressivo esercitato dal potere maschile rispetto alle istanze di emancipazione provenienti dal mondo femminile.

Si tratta d'altronde, nel caso dell'Albania, di una realtà fortemente e tradizionalmente maschilista, in cui la donna è ridotta a oggetto di concupiscenza e piacere sessuale, destituita di ogni ruolo che non sia quello che le viene imposto dalla cultura dominante. Al riguardo, non sono pochi i passi in cui emerge la denuncia di un maschilismo retrivo, ossessionato dal sesso (i continui rimandi alla "puttaneria" come condizione e condanna incombente sulle belle ragazze, il cui pericolo è di perdersi senza remissione) e da una malsana volontà di possesso, a noi peraltro tanto più familiare quanto più riconducibile a un clima da Profondo Sud degli anni '50, a metà strada tra ammirazione estetica e abuso perpetrato attraverso lo sguardo: "Quando passi per la strada, i loro sguardi t'incrociano penetrandoti fino al midollo, così a fondo che il tuo essere diventa trasparente" (Vorpsi 2018, 10).

Se lo sfondo antropologico e sociale è dunque questo, non privo di aspetti riconducibili a un tradizionalismo conservatore e fortemente retrivo, il cui nucleo essenziale è la repressione del femminile tramite il controllo esercitato sui corpi e sulla sessualità, non sorprende che molte delle storie raccontate riguardino delle donne vittime di soprusi o di situazioni che non possono sostenere: colpisce, fra le altre, la storia di Ganimete e di sua madre Bukuria che, costrette a prostituirsi per sopravvivere, finiranno per essere internate ("l'internato è una mezza prigione": Vorpsi 2018, 49) in uno dei "campi di rieducazione" diffusi nel nord del Paese, fino a trovare la morte per suicidio nella baracca loro riservata. Allo stesso modo, morivano spesso suicide anche le donne abbandonate dai loro compagni, allorché una imprevista gravidanza le faceva precipitare nell'abisso della disperazione e nella vergogna di attendere un figlio illegittimo (e sono le storie, terribili, di quante sceglievano di por fine ai loro giorni gettandosi nelle acque del lago di Tirana). Si muore allora anche così, nel "paese dove non si muore mai", per una storia d'amore che non ha mantenuto le sue promesse o per la vergogna di una gravidanza da tenere nascosta:

> Delle ragazze giovani sono andate ad abbracciare le sue tenebre, mettendo fine alle sofferenze e a volte alla vergogna. La morte è assicurata in questo lago, anche quando non riesci a gettarti nel posto ideale, dove si trova un mulinello; il fatto che non ci sia un'anima viva attorno farà sì che non ci sia speranza di salvezza in caso di pentimento. Nel lago ci si va a morire per le storie d'amore disperate, per poter naufragare insieme al dolore. Ci si va anche quando si rimane incinte, per scomparire in due. (Vorpsi 2018, 60)

E così, sul filo di un discorso intessuto di eufemismi (*abbracciare le sue tenebre*) e metafore sublimanti (*naufragare insieme al dolore*), la scrittrice riesce a restituire la verità dolorosa e lacerante della sua personale esperienza del mondo ma anche, al contempo, il senso *tragico* dell'esistenza e della Storia, di cui essa è compenetrata. Che sempre tragico è, anche se a volte appare filtrato dal ricorso a toni ironici e umoristici che concorrono alla deformazione grottesca della realtà; una realtà-prigione nella quale si rischia, per esempio, di essere condannati come oppositori politici solo perché ci si è lamentati della mancanza di patate al mercato di Tirana in quanto

> Proclamare frasi simili è considerato agitazione e propaganda contro il Partito. Sostenere che non si trovino patate al mercato vuol dire seminare il panico nel popolo. Tutto questo quando Madre-Partito ha previsto con cura il bene del popolo con i suoi piani quinquennali! (Vorpsi 2018, 35)

D'altronde, non è facile crescere in un Paese dove l'istruzione e la scuola sono assoggettate alla ottusa, acritica trasmissione dell'ideologia imperante, al punto da farsi veicoli di un processo di indottrinamento che esclude a priori la critica per quanto costruttiva e propositiva o anche, semplicemente, la possibilità di interrogarsi, di porsi delle domande, di investigare la realtà con spirito libero da pregiudizi. Ecco allora, in proposito, altri ricordi di scuola, risalenti al periodo in cui Ornela — come avrebbe fatto qualsiasi adolescente intelligente e animato da curiosità non banali — si interrogava in questi termini sulla natura e l'estensione del cosmo:

> «Compagna maestra, ma se ne rende conto che l'universo non può essere senza fine? Chiuda gli occhi. Lo immagina senza fine ma, vede?, non è possibile, deve finire da qualche parte, altrimenti si sarebbe stancato anche se è l'universo».
>
> «Tu Ornela non hai le idee chiare in testa, manchi di convinzioni di carattere ateo. Le tue insinuazioni possono essere giudicate di carattere mistico, alludi forse alla presenza di qualcuno?»
>
> «No, non credo, non alludo a niente, ma non può essere senza fine, mi è impossibile che sia senza fine». (Vorpsi 2018, 69)

Come si è già ricordato la scuola, oltre a essere asservita al regime, è anche il luogo in cui si somministrano agli studenti le punizioni corporali, cui le insegnanti come Dhoksi fanno ricorso regolarmente, anche con lo scopo di dare sfogo alle frustrazioni accumulate nella loro insoddisfacente vita privata:

> Dhoksi aveva un'abitudine di cui godeva particolarmente: scaldare un righello di ferro — la forma concreta delle nostre punizioni — sulla stufa a legna. Tante volte ho visto i cerchi di ferro della stufa che, col calore della legna [...] diventavano rossi trasparenti, ferro incandescente. [...] Quel righello in mano a Dhoksi ha baciato il mio corpo chissà quante volte, nel nome del Partito e dell'educazione, di Avni Rustemi e di tutti i compagni eroi popolari... nel nome delle sue rabbie interiori perché era così sgraziata. (Vorpsi 2018, 22)

Ecco profilarsi, allora, il vero volto del comunismo reale, al di là del sogno, della propaganda di regime e dello sbandieramento entusiasta degli ideali più nobili: da un lato, la censura più ottusa e svilente, l'uso a scopo ideologico della scuola e dell'insegnamento, di fatto asserviti al potere dominante e agli interessi del regime; dall'altro, la condizione di assoluta subalternità della donna, soffocata dal maschilismo imperante e privata di ogni potere decisionale rispetto al proprio corpo e alla propria sessualità, esclusa da ogni legittimo diritto di autodeterminazione. Di qui la necessità, una volta terminata la lettura, di riprendere il libro in mano e di rileggerlo, per così dire, a ritroso, perché si riveli, alfine, il significato riposto dietro le immagini di bellezza e vita armoniosa, potenzialmente infinita, che si affollano nei primi capitoli, ma che andranno tuttavia lette in chiave antifrastica, mettendo in evidenza le sottili antitesi ad esse sottese. Si veda, ad esempio, il seguente passo, tratto dal capitolo di apertura *Campa, campa e non crepa l'albanese*:

> Il caffè bollente scende pian piano nell'esofago scaldandoti la lingua, il cuore e le viscere. La vita non è poi così malvagia. Gusti il liquido nero e amaro sotto lo sguardo infuocato della padrona del bar che ha appena litigato col marito.
> Sono le undici e mezza. Grazie a Dio hai tutta la giornata davanti e, in più, tempo a non finire. Mille cose si possono fare, mille cose. (Vorpsi 2018, 8)

Quel che colpisce, in questo libro dalla scrittura essenziale ma anche coloristica e densa di accensioni metaforiche, è il senso di incompiutezza che, si direbbe quasi fatalmente, si accompagna al progresso storico: malgrado il "sentimento d'eternità che contagia la [sua] terra" (Vorpsi 2018, 62) e la invade di colpo, quasi facendola levitare in un sopramondo irraggiungibile, malgrado il senso caldo della famiglia e degli affetti più sacri, riconoscibile soprattutto nell'amore che, per quanto combattuto, lega Ornela alla madre, affiora di continuo la sensazione dell'imperfetto e dell'incompiuto, il senso del *tragico* e dell'irredimibile, già preannunciato peraltro alla fine del capitolo *Macchie*, un breve passaggio da cui emerge la consapevolezza, che la bambina protagonista a un certo punto acquisisce, di una realtà familiare dolorosamente segnata dalla sofferenza della madre e dall'incubo delle violenze domestiche che quest'ultima deve subire, condensate nell'immagine iconica di una macchia di sangue scoperta per caso su una piastrella del pavimento della cucina:

> Ero sicura, e ne soffrivo: questa piccola goccia rossa era il sangue di *lei*, doveva essere il sangue di *lei* colato quando il papà la picchiava. Lui le aveva sbattuto la testa per terra, questo l'avevo visto… e così la macchiolina aveva conosciuto il giorno.

> La foto l'ho persa, la vita me l'ha fatta perdere. Le macchie le porto dentro di me. Quelle macchie mi hanno macchiata. Vedo sempre la chiazza scura sull'occhio e lo zigomo destro di mia madre. Lei ormai non fa più niente per nascondere la sua tristezza. Il chicco rosso mi abita, mentre le visite alla nonna sono finite. (Vorpsi 2018, 16 e 19)

L'uomo, la "specie eroica" destinata a realizzarsi nel comunismo, ironicamente e antifrasticamente considerato come "lo stato supremo di *essere-al-mondo*" (Vorpsi 2018, 70), si rivela l'essere più imperfetto e incompiuto di tutti. Una incompiutezza di fondo che rimane, caduto il regime, anche quando la ragazza — ora ribattezzata Eva a indicare, forse, una sua edenica "rinascita" — e sua madre saranno approdate, più o meno fortunosamente, in Italia (e, non a caso, la madre sarà scambiata, per una automatica identificazione richiesta dal pregiudizio etnico, per una prostituta, a significare che la sofferenza non avrà mai fine, e che da qui potrebbe iniziare una nuova storia di dolore e di emarginazione o, quanto meno, un percorso di lunga e difficile integrazione nel Paese a lungo immaginato e sognato…).

Come leggere, in conclusione, questo libro così carico di dolore trattenuto e mai gridato se non richiamandosi a quella "tradizione degli oppressi" di cui ha parlato Walter Benjamin in uno dei paragrafi delle sue *Tesi di filosofia della storia* (Benjamin 2014, 79)? Ma senza dimenticare, in proposito, che chi si volge verso il passato (verso la "tradizione") non può arrendersi alla rassegnazione, non può chiudersi in una disposizione di resa preventiva: siamo noi, infatti, i "custodi" del tempo e, quindi, i responsabili della sua futura *redenzione* — termine, questo, che andrà depurato di ogni connotazione religiosa per essere riportato a quel messianismo laico e secolare di cui si era fatto portavoce, come noto, lo stesso Benjamin.

Ed è appunto ancora una volta Benjamin a guidarci, allorché ci ricorda, nel saggio sopra citato, della nostra *"debole* forza messianica" ma anche, contestualmente, del nostro essere stati "attesi sulla terra" (Benjamin 2014, 76): di qui il nostro compito essenziale, che è quello di percorrere fino in fondo (o, per lo meno: tentare di percorrere) le vie della redenzione, di una redenzione del passato auspicata e sempre possibile. Siamo insomma nell'ambito, per tornare ai termini benjaminiani del discorso, della cosiddetta «temporalizzazione della storia» che, lungi dall'essere negata, dovrebbe permettere alla storia stessa di riappropriarsi della «forza rammemorante dell'origine» (Carchia, 189), giusta una prospettiva che valorizza, di contro a ogni possibile e irrimediabile *dispersione* del tempo, il vitale intreccio che si può stabilire tra passato presente e futuro. Di qui il fondamentale *evento* che costituisce, attraverso il movimento innescato dal ricordo, «l'essenza della moderna storia spirituale», ovvero la scoperta dell'anima in quanto "custode della memoria del passato, protettrice del regno dei morti e dei vinti" (Carchia, 187).

È dunque così che in certo modo si può riscattare il mondo raccontato da Ornela Vorpsi: lo stesso passato rievocato in virtù della «forza rammemorante dell'anima» (Carchia, 187), quel passato che ci travolge con la sua congerie di misfatti e di orrori, di crimini e soprusi, ci apparirà allora in una luce diversa e, se mai potrà essere redento, potrà esserlo in virtù dell'impegno degli uomini e delle donne a venire, di quegli *attesi* cui spetta il compito di riscattare il dolore patito dalle generazioni degli uomini, quelle generazioni che — come sapeva Omero — sono numerose come le foglie e trascorrono come le foglie, chiedendo tuttavia di essere serbate nella memoria, di lasciare una qualche traccia del loro passaggio.

È infatti da qui, a partire dalla consapevolezza della sconfitta e della sofferenza subìta — una sconfitta davvero *universale*, che non riguarda solo l'Albania comunista ma l'*umano* inteso nella sua generalità –, che potrà palesarsi una diversa immagine del mondo e, con essa, una diversa possibilità del vivere. Ecco allora che il libro di Vorpsi, non diversamente dagli scritti di Pasolini sul *genocidio antropologico* o dalla testimonianza di Alce Nero raccolta da John G. Neihardt (Neihardt 2007), si può definire a pieno titolo come una *storia di conflitto* ma anche, se non soprattutto come una *storia di resistenza* proprio perché — come scrive Carla Benedetti — leggere queste storie "narrate *dopo* la fine del mondo [...] può essere benefico perché ci mette in contatto intimo con un'altra possibilità della civiltà umana, che è ancora viva da qualche parte e tiene vivo in noi il senso dell'intollerabile" (Benedetti 2011, 53).

Sarà allora in questa prospettiva che dovremo leggere le tante vicende rievocate o solo accennate, come quella della madre di Kristina, la giovane sposa che ha toccato «il mistero del nascosto, fatto di rami scuri e di sangue che scorre» (Vorpsi 2018, 28), quella delle "due solitarie figlie di Eva" (Vorpsi 2028, 46) condannate all'internamento e, quindi, a vivere "in una baracca di fango, odiate dalla gente del villaggio perché sono puttane e per di più vengono dalla capitale" (Vorpsi 2018, 49) o, ancora, la parabola tragica di Blerta e Dorina, suicide per disperazione nel lago di Tirana. E così, mentre la propaganda ricorda che l'uomo è una "specie eroica", la cui realizzazione avviene nel lungo ma irresistibile percorso che si snoda «tra l'ameba e il sogno comunista che bussa alle nostre porte» (Vorpsi 2018, 70), gli sconfitti saranno, appunto, le tante vittime innocenti che la Storia lascia sul terreno, vittime che comprendono sia gli oppositori politici sia le tante donne costrette a piegarsi a un ordine dato che conferma e rafforza il predominio del potere maschile su di loro, sancendo l'inevitabilità del controllo e del possesso del corpo femminile (e si ricordi, *en passant*, come nell'Albania comunista l'aborto fosse illegale, tanto che chi osava farvi ricorso lo faceva mettendo a repentaglio la sua stessa vita).

Nessuna via d'uscita, allora, se non quella offerte dalla rivolta e dalla irrisione, dallo sberleffo caustico e divertito rivolto contro l'ideologia dominante e la dottrina impartita da Madre-Partito:

> [...] questa volta starò zitta, non chiederò perché debbano sempre essere sette, perché il sette pare che sia un numero imbevuto di misticismo (in sette giorni e sette notti sembra che qualcuno abbia creato l'intero mondo), e quindi risulta che il numero sette non è poi così dialettico-materialista, e le domande che porrò potranno far sorgere delle insinuazioni che non aiuteranno la nostra causa rossa. (Vorpsi 2018, 71)

È dunque qui che si definisce e palesa lo *spazio della rivolta*. E, come dice Carla Benedetti, è proprio questo il punto essenziale: tenere vivo il *senso dell'intollerabile* e, con esso, il senso dell'indignazione. In effetti, nelle tante storie che rievoca, come quelle delle donne "irregolari" internate nei "campi di rieducazione" oppure, terribile e sconcertante, il racconto del "duello" combattuto per gioco con le ossa di uno zio ritrovate per caso in un'anfora nascosta in giardino (uno zio che, per amore, aveva tentato di fuggire dall'Albania, e per questo era stato fucilato), quel che emerge dolorosamente è il senso di una vita offesa che reclama a gran voce non solo la memoria ma anche il riscatto di questa memoria, come se il dolore e la sofferenza di un popolo chiedessero di essere finalmente redente e, per così dire, "riconosciute" in virtù dell'azione, se non salvifica, per lo meno lenitrice che può essere svolta dal ricordo, dall'esercizio di una memoria non banalmente consolatoria ma attivamente protesa al recupero del passato e alla sua preservazione. Perché si tratta, in definitiva, di storie di donne e di uomini che altrimenti sarebbero condannati a restare senza voce, e la cui vicenda terrena rischierebbe davvero di passare sotto silenzio, come quella delle moltitudini che, come scriveva il Manzoni nella *Storia longobardica*, passano "inosservate" sulla loro terra, "senza lasciarci traccia" (Contini, 108).

Nessuna resa, dunque, nessuna capitolazione in queste storie che solo apparentemente sono di sconfitta di fronte all'incombere di una Storia che sembra aver lasciato solo vittime al suo passaggio: in realtà, ciò che l'autrice riesce a fare col suo racconto è di trasmettere il germe dell'opposizione e della resistenza, facendo capire come il riscatto di un popolo (e di una civiltà) possa nascere anche là dove si riconoscano le tracce evidenti della sconfitta e dell'umiliazione.

Del resto, come ci ricorda Carla Benedetti, «[s]i può essere disperati senza capitolare — anzi, a volte, solo se si è disperati è possibile fare resistenza» (Benedetti 2011, 55).

OPERE CITATE

Benedetti, Carla. *Disumane lettere. Indagini sulla cultura della nostra epoca.* Roma-Bari: Laterza, 2011.

Benjamin, Walter. *Schriften.* Frankfurt am Main: Suhrkamp Verlag, 1955 (trad. it., *Angelus Novus. Saggi e frammenti.* Torino, Einaudi, 2014).

Bregola, Davide. "Vorpsi, il fascino irresistibile di una lingua (non) madre." https://www.ilgiornale.it/news/spettacoli/scrittrici-appartate-ditalia-1968349.html.

Carchia, Gianni. "Tempo estetico e tempo storico in Walter Benjamin," in Belloi L. e Lorenzina Lotti (a cura di), *Walter Benjamin. Tempo storia linguaggio.* Roma: Editori Riuniti, 1983. 181-190.

Contini, Gianfranco. *Antologia manzoniana.* Firenze: Sansoni Editore, 1989.

Cortellessa, Andrea. "Ornela Vorpsi," in Cortellessa A. (a cura di), *Narratori degli Anni Zero.* Roma: Ponte Sisto, 2011. 439-462.

Guagnini, Elio. "Una giovane donna per conoscere l'Albania." *Il Piccolo* (21 ottobre 2006): 15.

Leogrande, Alessandro. "Tirana Underground," in Cortellessa (a cura di), *Con gli occhi aperti. 20 autori per 20 luoghi*. Roma: Exòrma, 2016. 187-201.

Neihardt John G. *Alce Nero parla: vita di uno stregone dei Sioux Oglala*. Milano: Adelphi, 2007.

Vassalli, Sebastiano e Giovanni Tesio. *Un nulla pieno di storie. Ricordi e considerazioni di un viaggiatore nel tempo*. Novara: Interlinea, 2010.

Vorpsi, Ornela. *Il paese dove non si muore mai*. Roma: minimum fax, 2018.

Vorpsi, Ornela. *In una lingua svestita d'infanzia*, in *Il paese dove non si muore mai*. Roma: minimum fax, 2018. 113-116.

Mediterraneo vissuto e Mediterraneo narrato:
per un'analisi linguistica del conflitto israelo-palestinese attraverso i media italiani

Pier Paolo Nicotra

Università degli Studi di Messina

Considerato da sempre atlante strategico della geopolitica internazionale, teatro di civiltà, e scontro-incontro di popoli, oggi il Mediterraneo si va lentamente trasformando in una polveriera segnata da forti tensioni e guerre perenni.

La guerra tra Israele e Palestina, nota come questione del Medio-Oriente, oggi tristemente alla ribalta, è uno dei temi più trattati dai mass media sin dal suo esordio e nelle sue diverse e drammatiche implicazioni. Il crescente interesse mediatico per il conflitto è determinato da diverse motivazioni di carattere geopolitico, economico e, soprattutto, da antiche questioni di equilibrio esercitate dalle potenze mondiali.

La recente e drammatica ripresa delle ostilità tra i due paesi risalente all'attacco di Hamas del 7 ottobre 2023 ha determinato, sul piano della comunicazione mediatica a vari livelli, una "information overload" in cui al dramma della guerra sul campo non sempre corrisponde un'adeguata ed equilibrata narrazione dei fatti.

Sul piano comunicativo, infatti, non sempre alle parole e ai contesti linguistici in cui esse sono collocate corrisponde simmetricamente l'obiettività degli eventi. Mai come in questa situazione, diventa tangibile «lo iato che separa la realtà dalla rappresentazione» (Pappè 2008, 5).

Interrogare il senso delle parole e studiarne il contesto sul piano della comunicazione dei media è stata la spinta che mi ha convinto a iniziare questa ricerca con lo scopo di misurare il livello di manipolazione e la distorsione cognitiva verso cui siamo quotidianamente e inconsapevolmente indotti nel *mare magnum* dell'informazione.

In questa sede, accennerò brevemente all'analisi linguistica che ho condotto principalmente su uno dei principali media italiani, il "Corriere della Sera", relativamente al conflitto israelo-palestinese. L'indagine è stata condotta attraverso la banca data Nexis Uni[1] sull'archivio del Corsera, esaminando il periodo compreso tra il l'8 ottobre 2023 e il 4 giugno 2024.

Perché dunque soffermarsi sull'analisi linguistica e sulla narrazione di un determinato conflitto? Perché, nonostante sia indubbiamente tornato in voga l'uso delle armi come risoluzione dei contrasti e, sebbene sembri che le parole abbiano perso valore sono sempre quest'ultime che usiamo per descrivere e analizzare i conflitti e, in molti casi, è il loro impiego inappropriato che può creare divisioni nell'opinione pubblica tra opposte fazioni.

La differenza tra i due modi di usare le parole si può riassumere nella contrapposizione tra informazione e propaganda che, attraverso i meccanismi della comunicazione linguistica, possono determinare errori o distorsioni cognitive che scaturiscono dalla cornice della narrazione in cui viene collocata la notizia. Mi riferisco a ciò che nella teoria della comunicazione e delle scienze sociali è noto come "framing" di cui parlava il linguista Lakoff.

Se "ogni parola si definisce in relazione ad un frame" (letteralmente 'cornice') (Lakoff 2006, 17) ogni narrazione (in questo caso di un conflitto) si definisce in rapporto alle parole utilizzate, le quali, in un insieme coerente, contribuiscono a definire un *frame* che, secondo Lakoff, consiste proprio nell'usare un linguaggio che riflette la propria visione del mondo.

L'individuazione della "cornice" comunicativa entro la quale la narrazione del conflitto viene presentata allo spettatore, determina

---

[1] LexisNexis (banca dati leader dell'informazione giuridica ed economica di ambito internazionale, con un menu specifico che integra legislazione e giurisprudenza USA ex Commonwealth, EU, informazioni di carattere economico -aziendale e finanziario, profili aziendali, analisi industriali, brevetti, riviste scientifiche di settore, news e quotidiani internazionali). Dal 1° giugno è stata sostituita da Nexis Uni.

quello che in termini scientifici viene definito bias[2] cognitivo, che in questa sede sarà esaminato principalmente a livello lessicale e sintattico.

Va rilevato, tuttavia, che la complessità dell'argomento, affrontato in questa sede, non è solo riconducibile a una questione di linguaggio. "La cosa più importante sono le idee di cui il linguaggio ne è solo portatore" (Lakoff 2006,19). Se il linguaggio è portatore di idee e di valori, i media ne sono la cassa di risonanza. Esaminarne il linguaggio può, dunque, rivelare alcuni *frames* attraverso l'ampio uso di metafore.

In politica estera, ad esempio, spesso si usa la metafora che "vede i paesi come se fossero persone" o singoli gruppi (Lakoff 2006, 105); di conseguenza, se l'Iraq in passato veniva spesso identificato con Saddam Hussein, allo stesso modo il popolo palestinese viene oggi identificato con Hamas.

L'utilizzo di tali metafore modella la percezione che si ha di un popolo e talvolta crea una giustificazione ad eventi drammatici come bombardamenti e stragi. A tal proposito, non è senza significato che Abdulkader Assad, linguista e giornalista residente negli Stati Uniti intervistato dal giornale "Middle East Eye" riguardo alla percezione che l'Occidente ha della popolazione di Gaza, ha spiegato che "il modo in cui i media occidentali "incorniciano" i titoli dei giornali e aprono la copertura giornalistica, è intenzionalmente inteso a influenzare le opinioni e contribuire a consolidare la percezione di Gaza con l'intera popolazione definita "militante", e quindi, bombardamenti e uccisioni diventano più giustificabili" (Radio bullets, *La guerra delle parole*, 2023).

---

[2] Il termine, di origine inglese, significa letteralmente "obliquo, inclinato". Nell'ambito della psicologia sociale e del marketing esso indica un automatismo mentale da cui scaturiscono credenze e derivano riflessioni e ragionamenti superficiali che consentono di avere un'idea generica dalla quale è possibile giungere a conclusioni affrettate]. Per questa nozione cfr- Kahneman, & Frederick (2002); Lieberman, Rock; D., & Cox, C. L. (2014); Soll, Milkman, & Payne, J. (2014).

La teoria del "frame" nella definizione data dal suo creatore, Erving Goffmann, si può considerare una sorta di guida interpretativa alla scelta, spesso "orientata" a indirizzare la valutazione delle informazioni che riceviamo attraverso il mondo dei media.

Per Goffmann, dunque, l'idea di cornice sarebbe paragonabile ad un lavoro di inquadramento che il processo cognitivo del soggetto compie ogni volta che si trova di fronte ad eventi e informazioni non riconducibili a situazioni già esperite che grazie al processo di frameworks rendiamo dotati di senso.

All'idea di cornice si correla anche quella di 'chiave' interpretativa (*key*), che indirizza la realtà secondo modelli precostituiti adattabili ai nuovi eventi.

Un modello di *keying*, ad esempio, viene spesso utilizzato nella comunicazione politica, perché, come sostiene George Lakoff, «a chi ragiona per frame, la verità dei fatti è del tutto irrilevante» (Lakoff, 2006, 9); ciò che è essenziale è introdurre modelli che ci "appartengono" ed in cui ci si identifica.

Lakoff, a tal proposito, teorizza due modelli contrapposti che stanno alla base delle ideologie politiche statunitensi ma spesso applicabili al modello europeista ed atlantista della politica occidentale:

• l'etica del padre severo per i conservatori
• il modello del genitore premuroso per i progressisti

Si tratta di due modelli: autoritario il primo, democratico il secondo, entrambi riconducibili al *frame* primario dell'idea di famiglia insito nell'immaginario collettivo della maggior parte degli uomini.

Infatti, utilizzando sempre le parole di Lakoff, la famiglia politica diventerebbe un'estensione del gruppo familiare basico. Essa "è una metafora naturale, perché di solito pensiamo ai grandi gruppi sociali, come le nazioni, in termini di gruppi più piccoli, come le famiglie o le comunità (Lakoff 2006, 20).

Nell'ambito della comunicazione, i modelli agiscono anche sul piano del linguaggio inculcandoci convinzioni di cui spesso rimaniamo inconsapevoli. Nell'ambito della drammatica ripresa delle azioni belliche, per quanto concerne il ruolo dell'informazione all'interno del conflitto israelo-palestinese, a partire del 7 ottobre 2023, la comunicazione dei media ha avuto e continua ad avere una parte fondamentale nella divulgazione delle notizie e nell'informazione pubblica.

Il ruolo del "giornalismo di guerra"[3] mai come in questo periodo assume un ruolo centrale nella narrazione degli eventi.

E, tuttavia, se è vero che all'origine, questa branca del giornalismo non sottostava ad alcun apparato per controllare l'informazione, successivamente (si pensi alla propaganda di guerra) esso fu assoggettato ai governi, che sfruttarono i media per consolidare il consenso interno della popolazione e manipolare l'informazione. Alla censura già praticata da secoli si aggiunse la propaganda atta a persuadere l'opinione pubblica della bontà delle decisioni governative, minimizzando le sconfitte ed esaltando le vittorie. Anche oggi, in seno al conflitto tra Israele e la Palestina, «il giornalismo di guerra sembra subire un affronto nella misura in cui nel silenzio della comunità internazionale, le notizie vengono censurate, distorte, omesse.» (Pancheri 2024). A tal proposito, si pensi, ad esempio, che «all'inizio di novembre 2023 sono stati accordati degli accessi alla striscia di Gaza ad alcuni giornalisti che lavorano per la

---

[3] Il termine si riferisce ad una particolare branca del giornalismo ancorata alla funzione del reporter di guerra, sviluppatasi in maniera preponderante a partire dagli anni 2000. Tuttavia, si può parlare di giornalismo di guerra fin dai tempi dell'Impero Romano, quando Giulio Cesare svolse la professione dell'inviato di guerra. Per questo argomento cfr., Tesi https:// unire.unige.it/bitstream/handle/123456789/4120/tesi18600383.pdf?sequence=1&isAllowed=y&group=an.

Per il giornalismo di guerra, in generale, si veda anche: Bergamini, O. *Specchi di guerra. Giornalismo e conflitti armati da Napoleone ad oggi.*, Bari-Roma, Editori Laterza, giugno 2009; Papuzzi, A. "Letteratura e Giornalismo", Editori Laterza, Roma, 2015; Treccani.it alle voci *giornalismo* e *embedded journalism*.

CNN, BBC, *The New York Times* e *La Repubblica*. L'ingresso nell'area era *embedded* con le forze israeliane (IDF), come spesso accade durante i conflitti, e sempre ai militari era riservata l'approvazione del materiale ripreso e prodotto prima della pubblicazione. I giornalisti hanno firmato un documento in cui accettavano le condizioni dell'esercito israeliano, in cui venne vietato di diffondere informazioni legate alle loro attività. In pratica, le notizie internazionali riguardanti questa zona sono controllate e sorvegliate, con il sospetto evidente che siano anche plasmate e guidate [...]. Le cause di questa azione sono molteplici e facilmente prevedibili: si tratta di una censura per nascondere qualcosa che non deve essere visto. Questo panorama ricalca una relazione di potere classica ed intuibile: i governi e coloro che possiedono armi e consenso internazionale si impongono su chi non ha lo stesso potere, in questo caso gli abitanti civili e non della striscia di Gaza, e non solo, visto il repentino allargamento del conflitto oltre confine.

Le ripercussioni di questo fenomeno, sul piano delle informazioni relative al conflitto in corso, non sono irrilevanti in termini di giudizio e valutazione da parte dell'opinione pubblica.

Allargando il quadro al piano globale, si rischia di non valutare obiettivamente le risposte al conflitto, in quanto non se ne conoscono con certezza gli eventi e le dinamiche. Inoltre, i giornalisti, vittime dei vincoli e delle pressioni, rischiano di entrare in un vortice di auto-censura.

È la solita storia del rapporto tra linguaggio e potere che già nel *Diario del seduttore*, Kierkegaard riconosceva come menzogna perché «è regola di delicatezza quando si scrive, [...] non dire mai la verità, ma tenerla per sé e lasciarla soltanto rifrangersi sotto angoli diversi» (Kierkegaard 1842-1844).

La non corrispondenza tra realtà e parola è uno dei punti fermi del linguaggio politico che spesso si fonda su questa antitesi.

Le conseguenze sul piano della semantica e della percezione da parte del cittadino che si va trasformando sempre più in spettatore passivo non sono irrilevanti: egli infatti, se non efficacemente preparato a filtrare le notizie e a smascherare eventuali strategie occulte di orientamento politico, si convincerà per effetto di particolari "orientamenti lessicali" operati dal sistema della comunicazione, che esiste "una guerra giusta" e che "le bombe sono intelligenti" e che, soprattutto, la ragione sta tutta da una parte, specialmente nella dinamiche delle guerre tra popoli. Se al potere politico si aggiunge poi il "quarto potere" della comunicazione e del sistema delle informazioni, è possibile trovarsi, come nel caso del conflitto israelo-palestinese, dinanzi a «una dinamica di disinformazione che polarizza l'opinione pubblica mondiale e crea un clima che ignora tutte le sfumature, sia di questo particolare confronto che, più in generale, del conflitto tra israeliani e palestinesi che va avanti da 75 anni» (Antonini 2023).

Succede, pertanto, che alla politica repressiva degli stati belligeranti contro il giornalismo di guerra si unisce anche la repressione ideologica della geopolitica internazionale nei confronti di determinati eventi, com'è accaduto, ad esempio, «nelle nostre democrazie occidentali dove dinanzi alla richiesta popolare della soluzione dei due stati indipendenti (Palestina e Israele) nelle "democraticissime" Gran Bretagna, Francia e Germania una possente macchina repressiva si è abbattuta sui movimenti di solidarietà con la Palestina e la repressione, proprio come la guerra, è una macchina che funziona costruendo narrative alterate, menzogne» (*Ibidem*).

La guerra tra Israele e Palestina, insomma, oltre a provocare morte e distruzione sul campo si configura come una vera e propria guerra di parole per effetto delle quali le persone non sono solo e semplicemente "colonizzate" (Fairclough 2001) ma diventano incapaci di riconoscere il lato opaco del discorso, evitando di emanciparsi.

Cito in questa sede, a titolo esemplificativo, alcuni articoli del "Corriere della sera" dedicati al conflitto arabo-israeliano dopo il 7 ottobre 2023, data dell'attacco di Hamas a Israele.

La scelta dei contesti, per ovvie ragioni, non pretende di avere il carattere dell'esaustività ma vuole presentare un campione ragionevole di notizie spesso fuorvianti rispetto al contesto reale degli eventi.

Dall'inizio dei bombardamenti a Gaza il 7 ottobre, c'è stata una forte attenzione sulla terminologia utilizzata da vari organi di informazione, commentatori e reporter nei loro servizi[4].

Da un punto di vista delle scelte lessicali, parole come *"massacro"*, *"atrocità"* o *"uccisione"* compaiono in contesti legati alle nefandezze compiute dall'esercito palestinese; al contrario, la risposta o l'attacco di Israele contro i palestinesi viene invece definito, spesso, con espressioni neutrali o che comunque non implicano un giudizio morale, come *"operazione militare"* o al massimo *"bombardamenti."* Si vedano i seguenti esempi:

Ancora una volta gli ebrei sono soli a vedersela con i loro nemici: possono forse ancora contare sugli Stati Uniti ma certo non su di noi, non sull'Europa. Ho detto gli ebrei, non gli israeliani, perché è impossibile avere dubbi. Infatti, sotto le sembianze di **un'operazione militare** l'attacco di Hamas del 7 ottobre è stato qualcosa di ben diverso: le voci, le azioni, l'esultanza di chi lo ha condotto erano quelle inconfondibili **dell'odio antiebraico**, della **sete di sangue** ebreo. Erano le voci e le azioni di un pogrom.

Una **«giusta» risposta** a quell'attacco, **una risposta appropriata** - e **cioè adeguata** all'enormità atroce dell'accaduto ma in grado al tempo stesso di non fare vittime civili, di lasciare intatte le strade e le case di Gaza e chi le abitava - questa risposta fino ad oggi nessuno ha saputo dire quale avrebbe dovuto essere. (Cds, Ernesto Galli della Loggia, 23 /11/2023)

---

[4] Cfr., https://www.radiobullets.com/rubriche/israele-e-palestina-la-guerra-delle-parole/.

Abbiamo accettato la proposta di tregua» - resta la conferma **dell'operazione militare** per andare a stanare gli ultimi quattro battaglioni di Hamas nelle zone dove si nasconderebbe pure Yahya Sinwar, il capo dei capi fondamentalista e pianificatore dei **massacri** del 7 Ottobre nel sud di Israele. (Cds, Davide Frattini, 7 maggio 2024)

E' interessante notare come in alcuni articoli esaminati, il sintagma ricorrente riferito al conflitto tra le due parti sia *"massacro di civili"*, se a subirlo sono gli israeliani, mentre la controffensiva di Israele, sia sempre menzionata come *"operazione militare"*; l'asimmetria della narrazione raggiunge il culmine della partigianeria con la "valutazione" che dell'attacco ai palestinesi dà Ernesto Galli della Loggia, definendo *"giusta risposta"* lo sterminio dei civili ad opera di Israele, omettendo però che, in termini puramente numerici, i palestinesi uccisi alla data del 27 novembre 2023 erano circa 14.000 vittime (in maggior misura donne e bambini) contro le 1200 vittime israeliane uccise il 7 ottobre.[5] La parzialità nella valutazione degli eventi bellici emerge anche nell'uso degli aggettivi riservati rispettivamente alle vittime israeliane e palestinesi.

Nelle notizie riferite ai morti in guerra, gli israeliani risultano quasi sempre "uccisi" (ciò implica una semantica agentiva), i palestinesi sono invece più neutralmente "morti".

Lo scarto semantico gioca sulla percezione (da parte del lettore) della cosiddetta disumanizzazione del nemico in quanto l'aggettivo "ucciso" presuppone che la morte sia stata causata da qualcuno; al contrario, il participio passato "morto" implica che la causa del decesso possa essere avvenuta anche per cause naturali o come conseguenza del cosiddetto "danno collaterale" della guerra, come spesso la stampa occidentale è abituata a definire la tragedia dei morti a Gaza. Si vedano i seguenti esempi:

---

[5] Cfr; https://unric.org/it/gaza-aggiornamento-ocha-al-27-novembre-2023/.

Fin dal titolo c'era un riferimento ai massacri compiuti il 7 ottobre, quando **1.200 israeliani sono stati uccisi dai terroristi di Hamas.** E delle parole quella più ripetuta - «fiori» - era la più identificabile con un messaggio legato alla guerra che va avanti da 149 giorni, eppure difficile da interpretare per gli stranieri: così gli israeliani chiamano i soldati caduti in battaglia. (Cds, Davide Frattini, 03/03/2024)

Le battaglie più intense nella Striscia sono ormai faccia a faccia: **9 soldati israeliani sono stati uccisi** in un'imboscata a Shijaiya, il quartiere a est di Gaza City di cui i generali vogliono prendere il controllo. Secondo la ricostruzione, una prima squadra è incappata in un esplosivo piazzato nelle strade e il gruppo mandato in rinforzo, con la paura che i primi militari potessero essere catturati, è caduto in un'altra trappola. (Cds, Davide Frattini, 14 dicembre 2023)

 90 **palestinesi mort**i [..]. **uccisi dal «fuoco amico»,** che è risultato fatale. I combattimenti stanno continuando feroci. Secondo le fonti mediche controllate da Hamas, una **novantina di palestinesi sarebbero morti** sotto i bombardamenti nel campo profughi di Jabalya. (Cds, L. Cremonesi, 18 dicembre 2023).

Esaminando i contesti delle singole espressioni, si deduce che mentre le vittime israeliane sono state barbaramente uccise o trucidate "dai terroristi" "in un'imboscata" per "un esplosivo piazzato nelle strade", le vittime palestinesi sarebbero morte in un "normale" bombardamento bellico (sarebbero quindi vittime collaterali), che si ritiene addirittura causato dal "fuoco amico", cioè sotto i colpi dello stesso esercito palestinese.

Nella guerra infinita tra Israele Palestina oggi, sarebbe forse necessario chiedersi, dinanzi alla cruda realtà dei numeri, di oltre 40.000 palestinesi morti, se non sia legittimo parlare di "nuovo genocidio" della storia operato proprio da chi il genocidio lo ha subito.

La "questione" Palestina è anche figlia dell'ipocrisia e del silenzio dell'Occidente e, per dirla con De Andrè per quanto "noi ci crediamo assolti siamo per sempre coinvolti"[6]

Domani, nel lessico della nuova narrazione di pace occorrerà inserire lemmi come "decolonizzazione, autodeterminazione, cambio di rotta," perché il valore universale della libertà è un diritto anche per la Palestina e i palestinesi.

BIBLIOGRAFIA

Bergamini, Oliviero. 2009. *Specchi di guerra. Giornalismo e conflitti armati da Napoleone ad oggi.* Editori Laterza: Bari-Roma.

Campanini Mario. 2017. *Storia del Medioriente contemporaneo,* Il Mulino: Bologna.

Chomsky Noam, Pappé Ilan. 2010. *Ultima fermata Gaza.* Adriano Salani Editore: Milano.

Fairclough, Norman. 2001. *Language and Power* (2nd ed.). London: Longman.

Goffman, Erving. 1974. *Frame analysis: An essay on the organization of experience.* Harvard: University Press.

Lakoff, George. 2006. *Non pensare all' elefante,* Chiare lettere, Milano.

Pappè Ilan. 2008. *La pulizia etnica della Palestina.* Fazi Editore srl: Roma.

Pancheri G. 2024. *Se il giornalismo è una leva geopolitica: il caso israeliano* in https://iari.site/2024/01/21/se-il-giornalismo-e-una-leva-geopolitica-il-caso-israeliano/ (ultima consultazione, 10/05/2024).

Papuzzi, Alberto. 2015. *Letteratura e Giornalismo.* Roma: Editori Laterza.

Travaglio, Marco. 2023. *Israele e I palestinesi in poche parole,* Feltrinelli, Milano.

SITOGRAFIA

Abulasama, M., "Danni collaterali" è un insulto ai morti di Gaza" 23|05|2023 in https://contropiano.org/news/internazionale-news/2023/

---

[6] Mi riferisco al *refrain* della canzone del cantautore Fabrizio De Andre, intitolata *La canzone del Maggio,* appartenente all'album uscito nel 1973 "Storia di un impiegato".

05/23/danni-collaterali-e-un-insulto-ai-morti-di-gaza-0160554 Il Corriere della Sera, 23/05/2023 (ultima consultazione, 03/05/2024).

Antonini, Checchino. "Hamas e Israele combattono anche attraverso il controllo dell'informazione" in https://www.micromega.net/hamas-e-israele-combattono-anche-attraverso-il-controllo-dellinforma-zione/ "(ultima consultazione, 03/04/2024)

Bias – Euristiche in https://www.stateofmind.it/bias/ (ultima consultazione 15/01/2024)

Cosa sono i bias? Come nascono e quali sono i più comuni in https://www.noemahr.com/cosa-sono-i-bias/2021 (ultima consultazione, 13/02/2024).

Cremonesi Lorenzo. "Piccoli passi verso una nuova tregua Raid su Jabalya: 90 palestinesi morti". In https://advance.lexis.com/api/document?collection=news&id=urn:contentItem:69WT-TJ61-JDMV-K1R0-00000-00&context=1516831. "Il Corriere della sera", 18/12/2023 (ultima consultazione 31/01/2024).

Frattini, Davide. "Cambiata la canzone, al prossimo Eurovision lo Stato ebraico ci sarà; Il caso Israele". In https://www.corriere.it/esteri/24_marzo_03/israele-presenta-nuova-canzone-eurovision-dopo-po-lemiche-1676be4c-d9a3-11ee-8821-7991a0cc0deb.shtm, Il Corriere della sera", 24/03/2023, (ultima consultazione,15/04/2024).

Frattini Davide. "Hamas accetta il cessate il fuoco Israele: un piano mai visto". In https://advance.lexis.com/api/document?collection=news&id=urn:contentItem:6BYW-J0K1-F13X-903P-00000-00&context=1516 831, *Il Corriere della sera*, 07/05/2024 (ultima consultazione 13/05/2024).

LexisNexishttps://www.lexisnexis.com/enus/gateway.pageanto-nello.unime/lexisnexis-academic (ultima consultazione,03/06/2024).

Galli Della Loggia, Ernesto. "Noi e Israele. L'ostilità nascosta". (Italy). https://advance.lexis.com/api/document?collec-tion=news&id=urn:contentItem:69PG-J441-F13X-905R-00000-00&context=1516831 "Il Corriere della sera", 23 novembre 2023 (ultima consultazione, 15/04/2024).

Radio bullets, *La guerra delle parole*. In https://www.radiobullets.com/rubriche/israele-e-palestina-la-guerra-delle-parole/ 27|12|2023 (ultima consultazione, 13/02/2024).

Offers That Can't Be Refused and People Sleeping with Fishes: The Linguistic Legacy of *The Godfather*

Ilaria Parini

UNIVERSITY OF ORIENTAL PIEDMONT, ITALY

HOLLYWOOD ITALIAN AMERICAN MOBSTERS

It is widely recognized that Italians and Italian Americans have been prominently featured in numerous American films since the dawn of cinema, a topic that has been thoroughly examined by many scholars. Over the years, these portrayals have contributed to creating stereotypical images of Italian Americans, depicted across various film genres. In Hollywood cinema, Italian characters are often oversimplified and fit into specific archetypes such as the cook, the Latin lover, and especially the mobster. Undoubtedly, the most prevalent and immediate stereotype associated with Italian Americans in Hollywood is that of the gangster. Representations of Italian criminal activity and the so-called "wise guys" have appeared in American cinema since the silent film era (e.g., *The Black Hand*, 1906) and have remained popular through the decades (e.g., *Little Caesar*, 1930; *Scarface*, 1932; *T-Men*, 1947; *Kiss of Death*, 1947; *Cry of the City*, 1948; *The Godfather* trilogy, 1972, 1974, 1990; *The Brotherhood*, 1968; *Prizzi's Honor*, 1985; *GoodFellas*, 1990; *A Bronx Tale*, 1993; *Casino*, 1995; *Donnie Brasco*, 1997; *The Family*, 2013; *The Irishman*, 2019; *The Many Saints of Newark*, 2021, to name just a few examples).

Moreover, the Italian gangster genre has given birth to a subcategory, that is the mobster/mafia comedy. In films such as *Wise Guys* (1986), *Married to the Mob* (1988), *Analyze This* (1999), *Mickey Blue Eyes* (1999), *Corky Romano* (2001) or *Analyze That* (2002) the comic mobsters reflect even more of an ethnic stereotype than their more realistic counterparts, in large measure because any form of comedy relies heavily upon stereotypical characters and stock situations (Parini 2017).

The construction of the identity of these characters relies on the selection of a series of elements through which they convey both their ethnic and their social origins. Indeed, the repetition of certain visual and narrative features (e.g., physical characteristics, looks, behaviour codes, values and attitudes) contribute largely to their characterization (Bollettieri Bosinelli *et al.*, 2005; Parini, 2009b, 2009c, 2013, 2017; Torresi, 2004a, 2004b, 2007).

However, it is a fact that language plays an extremely important role, as it characterizes the speakers in a very clear and identifiable way[1]. First of all, the variety spoken by these characters can be considered as an ethnolect, as it presents a series of recurrent features that deviate from standard American English which contribute to identify them as belonging to the to the Italian ethnic group. Such features are present both on a phonological level (as they characterize the characters' pronunciation and intonation) and on a lexical level (especially through a recurrent use of code mixing and code switching from English to Italian or Sicilian).

Secondly, the variety can be defined as a sociolect, as it is characterized by a series of features which make it possible to identify it as the language variety typically spoken by gangsters. This is why we can refer to it as "gangsterspeak". Such elements are present on the syntactic level, more specifically through the use of non-standard grammatical forms (especially the double negative and the use of the negative form of the auxiliary verb *don't* for the standard third singular person *doesn't*), and on a lexical level, through the presence of taboo language and especially of a specific slang.

Both Kozloff (2000, 202) and Mc Lucas & Wier (1997, online) describe gangsterspeak as an "anti-language," a concept introduced by M.A.K. Halliday (1975). This term refers to languages that emerge from an anti-society, designed to obscure understanding by outsiders. Anti-languages typically use the same grammar as the

---

[1] See the extensive studies published by the author (Parini, 2009a, 2009b, 2013, 2014a, 2014b, 2015, 2016, 2017, 2018, 2019a, 2019b)

dominant language in the society but with a different vocabulary, often characterized as slang. Indeed, it is likely the specific slang used by characters in mafia films that distinctly marks their speech as gangsterspeak. Indeed, non-standard grammar and taboo language are not unique to gangster speech, as they can be found in the idiolects of various other social groups. However, the use of particular slang words and expressions (such as *made guy; to be made; wiseguys; goodfella; goombah; to whack* and others[2]) is crucial in their portrayal, as a large number of these terms are actually used exclusively by Italian American characters, and not by gangsters of other ethnic backgrounds. Thus, this slang characterizes the characters not only from a social but also from an ethnic perspective. The language spoken by the characters starring *The Godfather*, however, does not seem to conform to such characteristics.

THE GODFATHER AND THE CORLEONES

The Godfather is a crime novel written by American author Mario Puzo in 1969. It tells the story of a fictional Mafia family in New York City (and Long Island), headed by Don Vito Corleone, the Godfather. The novel covers the years 1945 to 1955 and includes the back story of Vito Corleone from early childhood (in Sicily) to adulthood. The novel was turned into a film directed by Francis Ford Coppola in 1972, starring Marlon Brando as Don Vito Corleone, Al Pacino as Michael Corleone, James Caan as Santino (Sonny) Corleone, and Robert Duvall as Tom Hagen (the Godfather's *consigliori*).

As far as the Corleones are concerned, as well as the people who belong to their crew, it is a fact that their representation is different from the stereotyped representation of Italian American gangsters usually portrayed in Hollywood productions. First of all, they always refer to themselves as businessmen, rather than gangsters, and throughout the dialogues of the film they continuously mention their

---

[2] See Parini, 2015.

"business" (some examples: "It's good business"; "I'm a business man"; "This is business, not personal!"; "Even the shooting of your father was business, not personal"; "This is business, and this man is taking it very very personal"; "It's not personal, it's strictly business").

Don Vito Corleone stresses the fact that he does not consider himself and his family as criminals at the very beginning of the film. In the initial scene of the film, Bonasera (a mortician by trade whose daughter is the goddaughter of Don Vito's wife) goes to Don Vito on his daughter Connie's wedding day, pleading for revenge and asking him to kill the young American men who tried to dishonour his own daughter and then brutally beat her when she resisted. Don Vito abruptly refuses, and later comments with Tom Hagen: "We're not murderers, in spite of what this undertaker thinks".

The differences in the depiction of the characters are also reflected on the language variety that they speak, as will be seen in the next sections.

ITALIAN AMERICAN GANGSTERSPEAK IN *THE GODFATHER*

As previously mentioned, the language variety spoken by the Italian American mobsters in films such as Scorsese's *Goodfellas* (1990) and *Casino* (1995), De Niro's *A Bronx Tale* (1993), Newell's *Donnie* Brasco (1997), just to quote a few examples, is characterized by an extremely high number of occurrences of taboo terms, non-standard grammatical forms and slang (see Parini, 2013, 2014, 2015). In mafia comedies, these elements are overemphasized (Parini, 2017), and even in animated films such as *Shark Take* (2004) it is possible to observe a considerable use of expressions identifiable as Italian American gangster slang (Parini, 2019a).

However, gangsterspeak in *The Godfather* cannot really be identified according to the presence of these features. First of all, the use of taboo language turns out to be significantly limited in number if compared to the films previously quoted. Just to give an example, the "f-word" is never used in the film[3], whereas in Scorsese's *Casino* and *Goodfellas* it occurs 422 and 300 times, respectively, in De Niro's *A Bronx Tale* 200 times, and in Newell's *Donnie Brasco* 172 times. The only character who occasionally swears is Santino (Sonny) Corleone, Don Vito's eldest son. In fact, in his lines it is possible to identify the occasional use of words or phrases such as "son of a bitch", "bastard", "ass" and even the Italian insult "stronzo", which he pronounces "strunz". Furthermore, he is also the character who is more likely to occasionally use non-standard grammatical forms, such as the use of the double negative and the use of *don't* with a third singular person subject ("Goddamn FBI *don't* respect *nothing*"; "Why *don't* he just blast whoever's in the goddamn car?"). It is a fact that Sonny is the character who most reflects the stereotype of the Italian blood tempered bad guy[4]. Consequently, he is also the character who most recalls the mobsters portrayed in the films previously mentioned, as opposed to his father and his brother Michael, who are portrayed as calm, pensive, and generally placid men (Nicasio and Scalia 2022, 93). Therefore, it is not surprising that he is basically the only one whose speech presents these typical features, as they are more in line with the typology of the Italian man portrayed as a masculine, irritable, hot-tempered person who is unable to control his emotions and actions[5].

However, apart from the character of Sonny, who, as just mentioned, only sporadically makes use of taboo language and non-standard grammatical forms, it ought to be noted that also the other characteristic feature of Italian American gangsterspeak, namely the specific slang identifiable as mobspeak, is also rather insignificant in the dialogues of the film. As already mentioned, the Corleones and

---

[3] Although Connie and her husband Carlo tell each other the Italian swearword "Vaffanculo" (pronounced and also written in the screenplay as "bafangool"), which corresponds to the English expression "fuck you".

[4] Sollozzo admonishes him: "Don't lose that famous temper of yours, uh Sonny?"

[5] Nicasio and Scalia describe him as a hothead who is dominated by two passions unknown to his father, namely anger and lust (2022: 93).

their crew consider themselves as businessmen, so they never use words such as "wiseguys" or "goodfellas" or "made men" to refer to the members of a Mafia family[6]. Similarly, they have "meetings" (just like actual businessmen do) and not "sit-downs", and they are betrayed by "traitors", not by "rats".

The language spoken by the Corleones and by their associates, indeed, presents other peculiar features. In fact, the film's characters employ a distinct form of language that sets them apart from conventional gangster depictions. Rather than swearing or using incorrect grammar, their dialectic skills appear to be quite refined, especially in the characters of Don Vito and Michael Corleone. Even when they lose their temper, they always manage to control themselves, from a linguistic perspective. Moreover, their linguistic production is characterized by using some euphemisms, which have become extremely popular and continue to be used even 50 years after the release of the film.

I'LL MAKE HIM AN OFFER HE CAN'T REFUSE

This euphemistic sentence, whose real meaning is that either the person who receives the "offer" is going to accept it (whatever it implies) or they are going to be killed, is used more than once in the film and it has become an iconic sentence which is immediately associated with the film, even by the younger generations who were not even born at the time of its release. The very first time that the sentence is used, it is uttered by Michael at the beginning of the film, when he is speaking to his girlfriend Kay and explains how his father managed to convince a band leader to release the singer Johnny Fontane (who happens to be Don Vito's godson) from a contract that he had signed at the beginning of his career. When Kay asks for clarifications, Michael replies: "My father made him an offer he couldn't refuse. [...] Luca Brasi held a gun to his head, and my father assured him that either his brains or his signature would be on the contract".

---

[6] The word "mafia" itself is never even once used in the film.

Not much later, Don Vito Corleone is talking to Jonny Fontane, as they are discussing his opportunity to star in a Hollywood film. However, Johnny's career is being hampered by the producer of the film, who refuses to hire him. At that point, Don Vito reassures his godson and tells him: "I'm going to make him an offer he can't refuse".

This sentence is not just a catchphrase, but, on the contrary, is loaded with significant meanings. In fact, its use mirrors the extremely important metamorphosis of the character of Michael during the film. As the story starts, in fact, Michael Corleone is presented as a war hero. He attends his sister's wedding wearing his soldier uniform, with all the medals and decorations he earned. Most importantly, he is not involved in the family activities at all. After telling Kay about how his father convinced the band leader to release Johnny Fontane from his contract, he reassures her, remarking: "That's my family, Kay. It's not me." He definitely does not want to be associated to the activities of his family. The fact that Michael is not involved in the Corleones' illegal acts is also underlined by the fact that Clemenza, one of Don Vito's caporegimes, refers to him as "a civilian". In fact, when Michael announces that he wants to go to see his father in hospital, where he is recovering after an assassination attempt, Sonny wants to send some bodyguards to protect him, but Clemenza claims: "He'll be alright. Sollozzo knows he's a civilian." This may sound ironical, as Michael is in fact a soldier, but within the environment of the Mafia the word "soldier" may be used to refer to a low-ranking member of a crime organization, whereas a "civilian" is somebody who is not involved in their activities at all.

However, things take a completely different turn after Michael finds out that Sollozzo is about to get his father killed at the hospital. Indeed, it is him who comes up with the plan of killing both Sollozzo and McCluskey (the corrupt police captain in the service of the Tattaglia family). This is a turning point in the story, as until that moment Michael had never showed any intention of actively participating in the activities of his family. This is why, when he suggests his plan to the others, Sonny does not take him seriously and mocks him: "Hey, whaddya gonna do, nice college boy, eh? Didn't want to get mixed up in the family business, huh? Now you wanna gun down a police captain, why, because he slapped you in the face a little bit?". At this point Michael replies: "It's not personal, Sonny. It's strictly business." And this is exactly the moment when we understand that he has become one of them, as he refers to the murder of two people as "business".

When Sonny gets killed later in the film, and Don Vito is seriously sick because of the attempted murder on his life, it is Michael who becomes the head of the family. At this point, his metamorphosis from a "civilian" to a "boss" is complete. He changes his attitude, he changes his character, and he also changes his way of speaking. When he informs his brother Fredo that he wants to buy Moe Greene's shares of the casino in Las Vegas, Fredo is puzzled and states: "Moe loves the business. He never said nothing to me about selling." To which Michael replies: "Yeah, I'll make him an offer he can't refuse." As he uses the iconic sentence referring to himself with the first singular person as a subject for the person who is going to make the notorious offer, we know that his transformation is outright. In short, Michael Corleone's metamorphosis from a war hero uninvolved in the family business to the head of the family is accompanied by a shift in his linguistic choices.

Other cues reinforce the image of Michael's change throughout the story, which lie in his relationship with Kay. Whereas at the beginning of the film he tells her that he is not like his family, when she asks him whether it is true that he had Carlo, his brother-in-law, killed, he replies to her: "Don't ask me about my business, Kay". So, once again, the act of killing people is considered as business. Therefore, the language he uses encapsulates this evolution.

Even though the film was released over 50 years ago, the sentence "I'll make him an offer he can't refuse" has become so popular that it is immediately recognisable, and it is possible to talk about a real linguistic legacy of *The Godfather*. Indeed, it is continuously quoted in audiovisual products of every typology and genre. According to the American Film Institute[7], it is the most quoted line after "Frankly, my dear, I don't give a damn!" (from *Gone with the wind*). Apparently, although it is hard to say exactly how many times "an offer he can't refuse" has been used since 1972, the "movie connections" page at IMDB.com lists at least 150 occurrences, paraphrases, or references to the line[8]. Some of the products where the line has been quoted include films (for example, *Creed, Babylon AD* and *Deadpool*), TV series (*The Dukes of Hazzard, The Sopranos, Breaking Bad, Modern Family, The Office, The West Wing, Grey's Anatomy*), animated products (*The Simpsons*), kids cartoons (*Duck Tales* and *The Adventures of Elmo in Grouchland*), teen dramas (*Gilmore Girls* and *Buffy the Vampire Slayer*), sitcoms (*That '70s Show*), soap operas (*General Hospital*), video games (*Max Payne, Borderlands*) and even in titles of books ranging from novels (*An offer you can't refuse* by Jill Mansell, 2008), to non-fiction (*An offer you can't refuse. The mafia in the mind of America* by George De Stefano, 2006), to collections of essays (*An offer you can't refuse and other essays on the art of living* by Rabbi Yissocher Frand, 2004), to business books (*I'll Make You An Offer You Can't Refuse: Insider Business Tips From A Former Mob Boss* by Michael Franzese, 2012; and *The Offer You Can't Refuse* by Stephen Van Belleghem, 2020).

NOT ONLY OFFERS THAT CAN'T BE REFUSED

Even if "an offer you/he can't refuse" is undoubtedly the most famous line from the film, the linguistic legacy of *The Godfather* includes also other expressions. One of them is definitely the phrase "to sleep with the fishes". It occurs only once in the film, and specifically when the Corleones are delivered a package containing a

---

[7] https://www.afi.com/afis-100-years-100-movie-quotes/
[8] https://www.imdb.com/title/tt0068646/movieconnections/

bulletproof vest filled with fish and Clemenza explains: "It's a Sicilian message. It means Luca Brasi sleeps with the fishes". The phrase is not an idiomatic expression *per se*, but the meaning is obviously clear, as it means that Luca Brasi has been killed, and his body has been disposed of in the sea. Although it is not as frequently quoted as the phrase previously analyzed, it is possible to find it in different genres just as well, for example in animated products (*Shark Tale*, *The Simpsons*, *The Family Guy*, *The Cleveland Show*), films (*Sleeping with the fishes* by Nicole Gomez Fisher 2014), TV series (*The Sopranos*, *Orange is the New Black*), videogames (*Lara Croft*, *Meincraft*), novels (*Sleeping with the fishes* by Mary Janice Davidson, 2006, *They sleep with fishes* by Vaughn Louis Paragamian, 2020), music albums (*Sleeps with the fishes* by Pieter Nooten and Michael Brook, 1987).

Another expression that has become popularised by *The Godfather* is the interjection "bada-bing", used to suggest that something is done quickly and easily. In the film it is used by Sonny when he is telling Michael that killing Sollozzo and McCluskey will be very different from shooting somebody as he did when he was at war: "What do you think this is, the Army, where you shoot 'em a mile away? You've gotta get up close like this and bada-bing! You blow their brains all over your nice Ivy League suit". The line is quoted almost verbatim by Rory Gilmore in the TV series *Gilmore Girls* ("Bada-bing all over his nice Ivy-League suit"). *Bada Bing!* is also the name of the strip club from the TV series *The Sopranos*. Its variant "bada-bing bada-boom" is also quoted in quite a few products: for example, in the animated films *Shark Tale* and *Ice Age – Collision Course*, and in the TV series *The Office*, *Stranger Things* and, once again, in *The Sopranos*. The expression has become so popular that it has even been inserted in various English dictionaries, such as The Oxford English Dictionary, which labels it as an interjection, slang, defined as "Suggesting something happening suddenly, emphatically, or easily and predictably"[9], The Merriam-Webster Dictionary, which also labels it as an interjection and defines it as "used especially to emphasize something regarded as surprising, sudden, effortlessly achieved, or impressive"[10], and The Collins Dictionary, which defines it as a slang sentence substitute conveying the following meaning "an expression used to suggest that something can be done with no difficulty or delay"[11].

CONCLUSIONS

This essay has shown how *The Godfather* differs in its portrayal of Italian American mobsters usually represented in Hollywood productions and how this difference is reflected in the way the characters speak. Indeed, as has been extensively demonstrated by previous studies, most Italian American gangsters usually speak a language variety which is connoted by various linguistic features. Whether the variety spoken by the Italian characters in *The Godfather* is indeed characterized as an ethnolect from a phonological perspective, as they tend to speak with an Italian accent (although to different levels, especially depending on whether the characters are first or second generation immigrants), it is a fact that it does not conform to the peculiar features that are to be found in the characters of other films from a lexical perspective.

In fact, rather than being characterized by the use of taboo language and slang, the lines played by the main characters have become particularly famous for the use of a series of euphemistic expressions ("I'll make him an offer he can't refuse" or "He sleeps with the fishes") and also onomatopoeic and evocative expressions ("bada-bing"). The fact that these expressions keep being quoted in contemporary products belonging to different genres demonstrates that they have become so well-known to the general public that

---

[9] https://www.oed.com/search/dictionary/?scope=Entries&q=bada-bing.
[10] https://www.merriam-webster.com/dictionary/bada%20bing#:~:text=chiefly%20US,a%20prayer%20and%20bada%20bing!
[11] https://www.collinsdictionary.com/dictionary/english/bada-bing.

they are immediately recognisable, even after over 50 years from the release of the film, so that it is possible to talk about a real linguistic legacy of *The Godfather*.

REFERENCES

Bollettieri Bosinell, Rosa Maria, Elena Di Giovanni, and Ira Torresi. "Visual and Verbal Aspects of Otherness: From Disney to Coppola", in *Identity, Community, Discourse: English in Intercultural Settings*, Giuseppina Cortese and Anna Duszak, eds. 405-427. Bern: Peter Lang, 2005.

Bondanella Peter. *Hollywood Italians*. New York: Continuum, 2004.

Calabretta-Sajder, Ryan and Alan J. Gravano, eds. *Italian Americans on Screen: Challenging the Past, Re-Theorizing the Future*. Lanham: Rowman & Littlefield, 2021.

Camaiti Hostert, Anna and Tamburri, Anthony Julian. (eds) *Screening Ethnicity*. Boca Raton: Bordighera Press, 2002.

Canadé Sauteman, Francesca. "Grey Shades, Black Tones: Italian Americans, Race and Racism in American Film", in *Screening Ethnicity*, Anna Camaiti Hostert and Anthony Julian Tamburri, eds. 1-31. Boca Raton: Bordighera Press, 2002.

Carilli, Theresa. "Italian American Performance Style in My Cousin Vinny and Jungle Fever". *VIA: Voices in Italian Americana* 8.1 (1997): 33-44.

Casillo, Robert. "Pariahs of a Pariah Industry: Martin Scorsese's Casino", in *Screening Ethnicity*, Anna Camaiti Hostert and Anthony Julian Tamburri, eds. 159-188. Boca Raton: Bordighera Press, 2002.

Casillo, Robert. *Gangster Priest. The Italian American Cinema of Martin Scorsese*. Toronto: University of Toronto Press. 2006.

Davidson, Mary Janice. *Sleeping with the fishes*, New York: Berkley, 2006.

De Stefano, George. *An Offer We Can't Refuse. The Mafia in the Mind of America*, New York: Faber & Faber, 2006.

Frand, Yissocher. *An offer you can't refuse and other essays on the art of living*. Rahway: Mesorah Publications Ltd, 2004.

Franzese, Michael. *I'll make you an offer you can't refuse: Insider business tips from a former mob boss*. Nashville: Thomas Nelson, 2012.

Gardaphé, Fred. "A Class Act: Understanding the Italian/American Gangster", in *Screening Ethnicity*, Anna Camaiti Hostert and Anthony Julian Tamburri, eds. 48-68. Boca Raton: Bordighera Press, 2002.

Gardaphé, Fred. "Re-inventing Sicily in Italian American Writing and Film", *MELUS*, 28 no. 3 (2003): 55-71.

Gardaphé, Fred. *From Wiseguys to Wise Men. The Gangster and Italian American Masculinity*. London: Routledge, 2006.

Gardaphé, Fred. "La figura del gangster nel cinema e nella letteratura americana." In *Quei bravi ragazzi: il cinema italoamericano contemporaneo* edited by Giuliana Muscio and Giovanni Spagnoletti, 55-63. Venice: Marsilio Editiori, 2007.

Halliday, Michael A.K. "Anti-Languages", *American Anthropologist*, 78.3 (1975): 570-584.

Kozloff, Sarah. *Overhearing Film Dialogue*. Berkeley & Los Angeles: Univ. of California Press, 2000.

Lawton, Ben. (2002). "Mafia and the Movies: Why Is Italian American Synonymous with Organized Crime?", in *Screening Ethnicity*, Anna Camaiti Hostert and Anthony Julian Tamburri, eds. 69-95. Boca Raton: Bordighera Press, 2002.

Mansell, Jill. *An Offer You Can't Refuse*. London: Headline Publishing Group, 2008.

McLucas, Bryan and Alex Wier. "Mobspeak: The Language of the Mafia". https://mclucas.org/wayback/papers/mafia.html (accessed June 2024), 1997.

Messenger, Christian K. *The Godfather and American Culture. How the Corleones Became 'Our Gang'*. New York: SUNY Press. 2002.

Nicasio, Antonio and Rosario G. Scalia. *Il mito di Cosa Nostra. La vera storia del Padrino e di come ha cambiato noi e la mafia*. Milano: Solferino, 2022.

Paragamian, Vaughn Louis. *They Sleep with Fishes*. Independently published, 2020.

Parini, Ilaria. "The transposition of Italian American in Italian dubbing", in *Translating Regionalised Voices for Audiovisuals*, edited by Federico Federici, 157-178. Rome: Aracne, 2009a.

Parini, Ilaria. "The changing face of audiovisual translation in Italy", in *The Changing Face of Translation*, edited by Ian Kemble, 19-27. Portsmouth: Univ. of Portsmouth, 2009b.

Parini, Ilaria. "Che te lo dico a fare? Riflessioni sulla rappresentazione dei mafiosi italo-americani nei film hollywoodiani", *Agorà*, XIV.45 (2013): 88-93.

Parini, Ilaria. *Italian American Gangsterspeak. Linguistic Characterization of Italian American Mobsters in Hollywood Cinema and in Italian Dubbing*, Saarbrucken: Lambert Academic Publishing, 2013.

Parini, Ilaria. "La lingua dei mafiosi italo-americani nella filmografia hollywoodiana", *Agorà*, XV.48 (2014): 72-74.

Parini, Ilaria. "'I'm going to f****** kill you!' Translation and censorship in Mafia movies", in *Enforcing and eluding censorship. British and Anglo-Italian perspectives*, Giuliana Iannaccaro and Giovanni Iamartino, eds. 144-166. Newcastle Upon Tyne: Cambridge Scholars Publishing, 2014.

Parini, Ilaria. "You got out of line, you got whacked: Slang in mafia movies and in Italian dubbing", in *New Points of View on Audiovisual Translation and Media Accessibility*, Jankowska Anna and Szarkowska Agnieszka, eds. 87-116. Bern: Peter Lang, 2015

Parini, Ilaria. "Dagos, Mobsters, Cooks, Latin Lovers, Saints and Whores: Italians in Spike Lee's *Summer of Sam*", in *The Mediterranean as seen by insiders and outsiders* Antonio C. Vitti and Anthony Julian Tamburri, eds. 159-189. New York: Bordighera Press, 2016.

Parini, Ilaria. "When Benny the Groin and Tommy the Tongue Whacked Lou the Wrench: Cultural and Linguistic Representation of Italians in Mafia Comedies", in *The Mediterranean Dreamed and Lived by Insiders and Outsiders*, Vitti Antonio C. Vitti and Anthony Julian Tamburri, eds 103-127. New: Bordighera Press, 2017.

Parini, Ilaria. "I'm a Man. I Got a Lot of Hormones in My Body: The Italian Man in Kasdan's *I Love You to Death*", in *The Representation of the Mediterranean World by Insiders and Outsiders*, Antonio C. Vitti and Anthony Julian Tamburri, eds. 169-188. New York: Bordighera Press, 2018.

Parini, Ilaria. "Sleeping with the Fishes. Italian Americans in Animation", in *Reassessing Dubbing. Historical Approaches and Current Trends*, edited by Ranzato Irene and Zanotti Serenella, 245-262. Amsterdam: John Benjamins, 2019a.

Parini, Ilaria. "Spaghetti and Guns. Food in Hollywood Mafia Movies", in *Mediterranean Memories*, edited by Vitti Antonio C. and Tamburri Anthony Julian, 65-81. New York: Bordighera Press, 2019b.

Puzo, Mario. *The Godfather*. New York: G.B. Putnam's Sons, 1969.

Renga, Dana. *Mafia Movies. A Reader*, Toronto: Univ. of Toronto Press, 2011.

Tamburri, Anthony Julian. *Italian/American Short Films & Music Videos: A Semiotic Reading* West Lafayette: Purdue Univ. Press, 2002.

Tamburri, Anthony Julian. "Beyond 'Pizza' and 'Nonna'! Or, What's Bad about Italian/American Criticism? Further Directions for Italian/American Cultural Studies". *MELUS*, 28.3 (2003): 149-174.

Tamburri, Anthony Julian. *Re-viewing Italian Americana: Generalities and Specificities on Cinema* New York: Bordighera Press, 2011.

Tamburri, Anthony Julian. *Signing Italian/American Cinema: A More Focused Look*. Ovunque Siamo Press, 2021.

Tomasulo, Frank P. "Italian Americans in the Hollywood Cinema: Film-makers, Characters, Audiences", *VIA: Voices in Italian Americana* 7.1 (1996): 65-77.

Torresi, Ira. *Stereotypical Traits of Italian-Americanness in the American Cinema of the 1990s*. Naples: Univ. Federico II (unpublished PhD thesis), 2004.

Torresi, Ira. "Identity in a Dish of Pasta: The Role of Food in the Filmic Representation of Italian-Americanness". *Prospero. Rivista di Culture Anglo-Germaniche* No. 11 (2004): 229-247.

Torresi, Ira "Quick Temper, Hot Blood: The Filmic Representation of Italian-American Speech and Rhetorical Strategies", in *Discourse Analysis and Contemporary Social Change*, Norman Fairclough, Giuseppina Cortese, and Patrizia Ardizzone, 531-548. Bern: Peter Lang, 2007.

Van Belleghem, Stephen. *The Offer You Can't Refuse*. Tielt: Lannoo Publisher, 2020.

Williams, John Alexander. "Italian American Identity, Old and New:

Stereotypes, Fashion, and Ethnic Revival", *Folklife Center New*s 11.4 (1989): 4-7.

Zagarrio, Vito. "The Italian American Imaginary: The Imaginary Italian American: Genres, Genders, and Generations", in *Screening Ethnicity* Anna Camaiti Hostert and Anthony Julian Tamburri, eds.126-144. Boca Raton: Bordighera Press, 2002.

"L'im-mondo" del Mare nostrum tra razzismo, guerre e migrazioni.
Note in margine alla poetica di Vincenzo Consolo

Daniela Privitera

Università degli Studi "Niccolò Cusano"- Roma

La riflessione sul Mediterraneo, nell'universo narrativo di Vincenzo Consolo, è una delle tematiche centrali della sua poetica.

Nella visione del Nostro, il tema del mare, osservato principalmente dalla prospettiva della sua "odiosamata" terra di Sicilia, si articola in una tensione semantica dai risvolti prospettici che ben si attagliano alla definizione che dell'autore diede Daragh O'Connell nel 2008 che utilizzò, per definire Consolo, il termine «palincestuoso» "evidenziando come, nell'imponente polifonia che caratterizza la sua scrittura, la voce letteraria acquisti un rilievo particolare e quanto intensa sia, rispetto a quella di altri scrittori contemporanei." (O'Connell 2008, 162).

Effettivamente, non si può non riconoscere, come nel caso di Consolo, la letteratura, intrisa probabilmente di memorie manzoniane e sciasciane, sul piano dell'utilità e del rispecchiamento del reale, riveli delle allusioni sul piano etico, politico e sociale nella misura in cui, egli stesso, memore anche della lezione calviniana sulla leggerezza e sulla necessità di chiedere alla letteratura ciò che potrebbe aiutarci a cambiare il mondo, non esita "a colpi di penna" a rivelare gli *omissis* della storia, analogamente al pensiero di Sciascia, secondo il quale spesso la letteratura può essere più vera della realtà.

Il tema del mare attraversa in lungo e in largo l'opera *omnia* consoliana, legandosi in modo particolare al mito dell'ulissismo e al tema dell'erranza.

Complessivamente, tali tematiche non aggiungono nulla di nuovo perché di ulissidi è piena la letteratura di tutti i tempi e di esuli (per scelta o per costrizione) gli esempi letterari non mancano. E tuttavia, se si passa dal livello della finzione letteraria a quello del presente e della drammatica realtà nei confronti della quale, la cronaca quotidiana ci pone, emerge, a forza, l'originalità della riflessione consoliana soprattutto se dal piano metaforico si passa a quello cronachistico e, dalla rievocazione del passato ci si immerge nell'urgenza del presente.

Fedele all'idea dell'intellettuale "dis-organico" nei confronti del potere costituito, le riflessioni di Consolo appaiono inattaccabili sul piano del riscontro del reale e caustiche nei confronti di eventi la cui profezia a distanza di anni si è rivelata tristemente vera.

Scriveva Consolo nel 2001, i versi di questo *Frammento*:

Nostri questi morti dissolti/ nelle fiamme celesti, / questi morti sepolti/ sotto tumuli infernali, nostre le carovane d'innocenti / sopra tell di ceneri e di pianti. / Nostro questo mondo di follia. Quest'im-mondo che s'avvia [...][1] (Consolo 2001)

Da una lettura cursoria è facile scorgere come la natura "polincestuosa" di Consolo emerga al livello della scrittura che, per l'autore, è ormai inadeguata e incapace di dar voce all'apocalisse di senso provocato dalla modernità: come dire, che per esprimere l'immane dolore scaturito dalle nostre colpe, è necessario attingere ad una lingua incontaminata, quasi memore di quella *Kalasìa* (termine dialettale per indicare la memoria della bellezza del passato)[2] che non può che esprimersi se non attraverso il registro poetico.

Consolo, infatti, affida alla poesia del *Frammento* il senso tragico di una colpa che non passa dinanzi all'ecatombe dei morti in mare, dove l'iterazione del possessivo plurale di prima persona ('nostri')

---

[1] I brevi versi furono composti da Consolo in occasione del suo viaggio in Afghanistan e in tutto il Medio-oriente come portatore di pace.

[2] Il termine deriva dal greco e significa letteralmente "rilassamento". L'idea di bellezza è probabilmente correlata in senso metaforico all'atto del rammemorare momenti di un passato glorioso delle civiltà.

accostato ai termini ('morti', 'innocenti', 'mondo') "accusa l'umanità intera, inchiodandola alle proprie responsabilità di fronte alla morte di innocenti" (Bellanova 2023).

Quella di Consolo suona come una profezia che diventa realtà, un'involuzione del mondo nell' "immondo" che accelera il processo di disumanizzazione a cui assistiamo oggi fra l'inerzia e l'ignavia.

Kalasìa: Parole contro il potere,[3] è il titolo del volume postumo di Consolo, edito nel 2023 che raccoglie testimonianze, elzeviri, riflessioni dell'autore che fece del Mediterraneo il suo rifugio e la dimensione immaginaria della propria scrittura.

Consolo era uno che non faceva sconti e non blandiva accademie. La tenacia della sua scrittura d'intervento si esprimeva attraverso le parole contro il potere che oggi a distanza di anni assumono il senso di un monito: quello della profezia.

Si pensi alle sue riflessioni scritte tra il 1999 e il 2001 a proposito dei migranti e raccolte proprio nel testo *Kalasìa: parole contro il potere*:

Da tutte le sponde del Mediterraneo giungono sempre più numerosi nuovi esuli, profughi visti sempre più con sospetto, scrutati come individui minacciosi. Fortunatamente, così come è avvenuto in Francia e in Inghilterra, la seconda, terza generazione di loro comincerà a scrivere arricchendo la nostra letteratura.

Era la previsione nel bene e nel male di questi nostri tempi in cui alla chiusura della politica "dell'aiutiamoli a casa loro"[4] o peggio del *victim blaming* del Ministro degli Interni dinanzi alla strage

---

[3] Il volume raccoglie i pensieri di Consolo sul Mediterraneo di ieri e di oggi ed è curato da Concetto Prestifilippo e arricchito da un racconto fotografico di Giuseppe Leone.

[4] Lo slogan coniato nel 2018 da Matteo Salvini, Ministro degli Interni, (e in parte accolto anche dalla politica di Matteo Renzi) prevedeva di bloccare le partenze dei migranti (stanziando fondi per migliorare le condizioni dei paesi a rischio) evitando di fare arrivare i migranti presso le nostre coste . A questo proposito cfr., V. Agnoletto in https://www.ilfattoquotidiano.it/2017/09/06/migranti-quattro-motivi-per-cui-aiutiamoli-a-casa-loro-e-una-balla-spaziale/3840096/.

di Cutro,[5] (febbraio 2023) fa da contraltare "la costruzione di un immaginario alternativo che finalmente possa consentire di fare i conti con gli errori e gli orrori di un passato ancora drammaticamente presente nel nostro collettivo" (Marrone 2024).

E come dare torto a Consolo se oggi ad arricchire il nostro patrimonio letterario è la letteratura dei nuovi italiani? Sono i *migrant writers*, gli scrittori migranti che parlano e scrivono in italiano, vivono in Italia perché ci sono nati o perché vi sono arrivati da tanto tempo. Rappresentano il futuro della nostra letteratura con un linguaggio che cambia e sceglie la via della contaminazione, ricordando agli italiani il loro passato di emigrati.

Da Igiaba Scego, ad Amara Lakhous, Cristina Ali Farah, fino alla giovanissima Espérance Hakuzwimana, solo per citarne alcuni (Privitera 2022). E tuttavia, la profezia in Consolo nasce dalla consapevolezza che il Mediterraneo "è amalgama, crocevia di popoli differenti, non solo territorio della conflittualità ma anche patrimonio ricchissimo" (Bellanova 2019, 285) viaggio di eterni ulissidi in cerca di Itaca.

Come per altri figli "illustri" della terra di Sicilia, anche Consolo-Ulisse potrebbe essere considerato, secondo la definizione di Vittorio Nisticò, un siciliano di mare aperto ma con l'ossessione sempre rivolta allo scoglio e al periplo in mare attorno alla sua isola come si legge nei suoi ricordi d'infanzia:

Paese marino, il mio, sulla costa tirrenica di Sicilia, tra Cefalù e Tindari, [...]. E sono dunque cresciuto tra i pescatori, con la visione costante del mare e delle isole Eolie all'orizzonte. La spiaggia e il mare erano, i luoghi dei giochi. Venne poi la guerra,

---

[5] Mi riferisco all'ennesima tragedia di migranti naufragati a pochi metri dalla costa calabrese (Cutro) ove trovarono la morte 94 persone di cui 34 bambini (cfr ., https://www.medicisenzafrontiere.it/news-e-storie/news/naufragio-cutro-anniversario/). Di fronte alla morte di più della metà dei migranti il Ministro dell'Interno Matteo Piantedosi, il 23 febbraio del 2023 dichiarò "L'unica cosa che va affermata è che non devono partire. Quando ci sono queste condizioni non devono partire». Cfr. https://ilmanifesto.it/piantedosi-da-la-colpa-ai-migranti-e-bufera.

e il mare si fece più infido. [...] E il mare spesso restituiva cadaveri, come quello che vidi d'un marinaio tedesco, gonfio nella sua divisa bruna, negli stivali, il viso e le mani rosicchiate dai pesci. (Consolo 2012, 220)

La centralità del mare non riguarda solo la memoria d'infanzia perché la distesa d'acqua assume in Consolo il valore di una metafora esistenziale che si coniuga con la memoria letteraria e con quella del mito.

Se il mare, dunque, è dimora vitale, perché "meravigliarsi se Consolo individuerà Ulisse come *alter ego* e occhio narrante dei suoi tanti ritorni narrativi e saggistici sulla Sicilia?" (Traina, 2023: 2/32).

Ma chi è l'Odissseo di Consolo? È l'eroe del *nostos* o il migrante che non fa ritorno?

Il campione del *logos* o l'*homo oeconomicus* sconfitto dalla prevalenza della *techne* "che come l'Ulisse tennysoniano, esprime il rifiuto del *nostos* compiuto, del continuare a regnare su un'Itaca in cui gli abitanti sono in preda alla logica solo economica"? (*ibidem*).

Se la rappresentazione del Mediterraneo risulta ambivalente, anche Ulisse, "l'eroe mediterraneo per eccellenza, ha una natura duplice. Il personaggio omerico, associato da Consolo all'uomo contemporaneo, non è l'eroe del ritorno, ma il migrante per cui il *nostos* gli è costantemente negato, perché nell'approdo all'isola egli scopre il sovvertimento, incontra le macerie di Troia anziché il palazzo di Itaca, ed è condannato perciò ad un esilio senza fine" (Bellanova 2019, 285).

Di fronte alla barbarie della modernità qualunque ritorno alle origini appare impossibile, persino quello dello stesso autore per il quale il ritorno nell'isola si prefigura non realizzabile.

Consolo, infatti, sottopone la propria personale rimembranza di una Sicilia cristallizzata nel mito ma destinata a soccombere sotto i colpi di un'inevitabile catastrofe.

"Lo sguardo dello scrittore verso la propria *heimat* insulare è sempre legato a problematiche di natura storica e sociopolitica che, quanto più si proiettano nel futuro, tanto più infrangono il sogno aurorale della Sicilia, mitica ed ancestrale, a cui Consolo anela attraverso lo scavo nel passato" (Privitera 2014, 95).

In questo contesto, l'esperienza odisseica che lo stesso Consolo vive in prima persona, si configura come un viaggio fatto per non tornare mai allo stesso punto da cui è partito.

L'Ulisse moderno in preda al *menos*, "furore del potere e del guadagno", ci ha fatto varcare le colonne d'Ercole, spingendo l'umanità tutta nell'incantato palazzo di Circe dove avvengono le mutazioni più degradanti e irreversibili (Consolo–Nicolao, 1997). La condizione di non ritorno e l'eterna erranza non riguardano però solo l'io ma investono l'intera collettività, ed è forse per questa ragione che l'autore, ne L'*Olivo e l'olivastro*[2] (Consolo, 1994) addolorato per la stravolta simbiosi natura–cultura, ritrova nell'immagine dell'Odisseo omerico nella terra dei Feaci, le epifanie simboliche delle due piante (l'olivo, simbolo di civiltà e accoglienza e l'olivastro selvatico che cresce attorno all'ulivo e ne soffoca lo sviluppo) allusive della condizione umana dentro una storia disumanizzata. Scrive Consolo:

Spossato e lacero, Odisseo, in preda al panico trova ristoro presso i du*e* arbusti nati da un medesimo ceppo: uno d'olivo, l'altro d'olivastro. Chiosa l'autore: Mi è sembrata l'immagine un simbolo della biforcazione, dei due sentieri o destini che s'aprono nella vita d'un uomo, nella storia d'un paese; del coltivato e del selvatico, del civile e del barbarico. Mi è sembrato il simbolo più pregnante della Sicilia, la quale diventa sempre, come si dice, metafora dell'Italia (dell'Europa, del mondo?). (Consolo 1994)

Sull'onda della lezione di Sciascia, il ricordo dell'isola diventa metafora del mondo ma per Consolo è l'intera cultura mediterranea ad essere investita della duplice simbologia botanica perché il

Mediterraneo è bellezza ed inferno: come dire che esso è "sì scenario di devastazio ne, dove la tecnologia ha perso la sua funzione antropologica e ha generato mostri che distruggono le antiche città, trasformandole in moderne metropoli, luoghi di intolleranza politica, religiosa e razziale, ma allo stesso tempo archivio di eredità preziose. Dunque, olivastro e olivo insieme." (Bellanova 2019, 284-285)

Non è senza significato, pertanto, che al dolore lacerante ed impetuoso che Consolo mostra verso tutta l'Europa per l'assenza di ragione e contro la sua Sicilia — diventata "terribile, barbarica, terra di massacro", Tauride percorsa da "squadracce" — egli aggiunge le sue considerazioni su una cultura mediterranea immemore delle sue origini e su un Occidente in cui sull'olivo ha prevalso l'olivastro.

Consolo parla con l'esperienza di aver personalmente solcato quel Mediterraneo che va perdendo la sua dimensione di scambio, di incontro per trasformarsi — secondo un assurdo "nomos del mare" (Schmitt 1986) — in un luogo infinito di guerre e volontà di potenza in cui le ragioni della geopolitica sovrastano quelle della sopravvivenza.

Nei viaggi del Consolo-Ulisse le testimonianze diventano profezia come accadde per il suo viaggio in Israele/Palestina nel 2002 quando di fronte agli orrori di quella terra martoriata aveva scritto:

Sono qui nel centro di Ramallah, con lo scrittore spagnolo Juan Goytisolo, il poeta cinese Bei dao e il palestinese Elias Sanbar […] . Ci aggiriamo nella rotonda piazza principale di questa città dimessa,[…] un artista ha voluto scolpire un assurdo, surreale orologio. Quale ora segna? Della guerra, della pace, della fine dello strazio infinito di questa terra martoriata? (Consolo 2003, 65)

È Sempre Consolo che "riportando le parole di Arafat, ci rivela la sua presbiopia profetica:

Fra qualche giorno è la Pasqua giudaica, la ricorrenza della liberazione del popolo ebraico dalla schiavitú in Egitto. Sono loro adesso che devono tendere la mano agli schiavi di oggi, a noi palestinesi. Dite agli ebrei americani che domandiamo agli israelia-ni la liberazione dei territori occupati e il riconoscimento dello stato palestinese. "Quando ero bambino, abitavo a Gerusalemme. Per tutta la mia infanzia ho giocato coi bambini ebrei". (*Ibidem*)

L'autore mentre rievoca il suo viaggio in Palestina precisa:

Nella Striscia di Gaza, come in una discesa nei gironi infernali, arriviamo ai due estremi villaggi di Khan Yanus e di Rafah, villaggi recentemente rioccupati e distrutti. Rafah soprattutto, sul confine con l'Egitto, rasa completamente al suolo dai bulldozer. (*Ibidem*)

Il racconto si conclude con un esempio di resilienza: quello di una madre "coraggio"[6] palestinese:

Mentre intorno sono ancora notizie di morte e pianto mentre scrivo, delle occupazioni delle città palestinesi; di esplosioni di tritolo, di suicidi e stragi in ogni dove […] c'è una contadina imponente, dalla faccia indurita da calure e da geli, deve essere una madre che mantiene i figli vendendo nepitelle, vendendo cicorie, cardi, carciofi selvatici. (*Ibidem*)

---

[6] Il racconto *Viaggio in Palestina,* che rievoca la missione di pace che Consolo volle intraprendere insieme ad altri poeti nel lontano 2002, è uscito con diversi titoli in versione italiana, francese e spagnola.
Il titolo "*Madre coraggio*" è la traduzione dell'omonimo titolo francese *Mère courage*, in Russell Banks, Breyten Breytenbach, Vincenzo Consolo, Bei Dao, Juan Goytisolo, Christian Salmon & Wole Soyinka, *Le voyage en Palestine*, Montpellier: Climats, 2002, pp. 69-77. Per approfondimenti cfr., https://vincenzoconsolo.it/?tag=ramallah.

A venti anni di distanza nulla è cambiato è l'inferno sulla terra oggi si chiama Gaza, con oltre 41.000 morti in meno di un anno. (*La Repubblica*, 14/09/2024)

Anche questa volta la profezia di Consolo si avvera con il mondo che diventa sempre più immondo.

Per la stampa occidentale lo sterminio di Gaza è la giusta risposta di Israele all'attacco di Hamas: qualcuno la definisce legittima, altri la chiamano "operazione militare" (Frattini 2024); altri, invece, parlando dei civili uccisi a Gaza (più della metà minori) considerano il massacro "un danno collaterale della guerra" (Riva 2024).

È la guerra di ieri e di sempre, quella stessa che verrà e che — secondo Brecht — farà sempre la differenza tra vincitori e vinti anche se a fare la fame sarà sempre la povera gente ugualmente.

Nel mondo di Consolo, la riflessione sulla complessità del Mediterraneo è, tuttavia, presente attraverso piani differenti e, sia pure con l'occhio rivolto al presente, non può prescindere dal recupero memoriale del passato.

Toccato profondamente dalla questione dei migranti, Consolo, come ultimo atto prima del definitivo congedo dal mondo, rilascia un'intervista che è la proposta di una rilettura "di un lungo periodo del Mediterraneo come storia di continue migrazioni"; pertanto, se da un lato egli riconosce come vero l'assunto di Braudel per il quale "in tutto il Mediterraneo l'uomo è cacciato, venduto, rinchiuso, torturato e vi conosce tutte le miserie, gli orrori e le santità degli universi concentrazionari" (Braudel 1982, 921-922), dall'altro, rievoca il tempo in cui i migranti eravamo noi.

Consolo parla non solo di un'emigrazione verso il nuovo mondo o verso le popolazioni del Nord ma soprattutto di uno spostamento a sud:

Non era allora solo nelle Americhe, o nella Mérica, l'emigrazione, avveniva [...] soprattutto dal Meridione, dalla Sicilia, nelle coste maghrebine, e in Tunisia particolarmente. Comincia questa emigrazione nei primi anni dell'Ottocento. Liberali, giacobini e carbonari rifugiano in Algeria e in Tunisia. Nel 1911, le statistiche davano una presenza italiana di 90.000 unità. Ci furono vari episodi di naufragi, di perdite di vite umane nell'attraversamento del canale di Sicilia. Nel 1914 giunge a Tunisi Andrea Costa, vice-presidente della Camera. E dice ai rap-presentanti dei lavoratori: italiani "Ho percorso la Tunisia da un capo all'altro; sono stato fra i minatori del Sud [...] e ne ho ricavato il convincimento che i nostri governanti si disonorano nella propria viltà, abbandonandovi alla vostra sorte". La fine degli anni Sessanta segna la data dell'inversione di rotta della corrente migratoria nel Canale di Sicilia, speculare a quella nostra. A partire dal 1968 sono tunisini, algerini, marocchini che approdano sulle nostre coste. A Mazara, una comunità di 5.000 tunisini riempie quei vuoti, nella pesca, nell'edilizia, nell'agricoltura, che l'emigrazione interna ita-liana aveva lasciato. Sono passati trent'anni dall'inizio di questo fe-nomeno migratorio. Da allora, nessun accordo fra Governi c'è stato. E si è giunti all'emigrazione inarrestabile, da ogni parte del Medi-terraneo nel nostro paese, di disperati che fuggono dalla fame e dalle guerre, che si è cercato di arginare ricorrendo spesso a metodi duri, e violando anche i diritti fondamentali dell'uomo. (Consolo 2006, 232)[7]

Era il 1999: sono passati più di venti anni da quando Consolo scrisse le sue riflessioni ma i diritti dell'uomo continuano a non essere rispettati. Consolo parlava del passato ma oggi tra le righe ci sembra di leggere il nostro presente: quello di Lampedusa, di Cutro) e di tanti altri luoghi del Mediterraneo che in 10 anni conta quasi 30.000 vittime (*La Stampa* 2024).

È la sconfitta della civiltà mediterranea e dell'intero Occidente che ai ponti ha preferito i muri e alla vita la morte.

---

[7] Il testo è tratto dal discorso tenuto da Consolo presso l'Istituto di cultura italiano a Lisbona nel 2006.
Successivamente, il testo della conferenza è stato presentato in altri contesti. In questa sede si cita da "Estudos Italianos em Portugal" n.s.n 3, 2008, pp.229-236.

Anche questo Consolo aveva previsto se nei *Muri d'Europa* scriveva:

> Da ogni Est e da ogni Sud del mondo, da afriche dal cuore sempre più di tenebra, da sudameriche di crudeltà pinochettiane si muovono oggi i popoli dei battelli, dei gommoni, delle navi-carrette, dei containers [...] cercano di entrare nella vecchia Italia, nella vecchia Europa della moneta unica delle banche e degli affari (Consolo 2006, 233-4).

E tuttavia, nessun nazionalismo, nessuna xenofobia, nessuna "risibile e colpevole "difesa della patria potrà contrastare il movimento della vita che avanza.

Parafrasando Zanzotto, Consolo vede l'Europa vecchia e incancrenita tra "un mare di catarro e un mare di sperma". La frase metafora vuol dirci "di quanto ciechi noi siamo a voler continuare a sguazzare nel nostro mare di catarro e a voler scansare quel mare di vitalità che è arricchimento: fisiologico, economico, culturale, umano che è stato da sempre il cammino delle civiltà" (*ibidem*).

Il ciclo ricomincia ma, nel cambio della guardia, il futuro ha gli occhi colore del cielo come quelli dei "tanti figli di figli che sbarcheranno a Crotone, a Palmi" i tanti *Alì dagli occhi azzurri* della *Profezia* di cui parlava Pasolini tanti anni fa.[8]

BIBLIOGRAFIA

Bellanova, A. *Contro l'«im-mondo» dei morti in mare, il dialogo tra i popoli. Le parole di Vincenzo Consolo* in *Dialoghi mediterranei*, n.64, Novembre 2023 anche in "Microprovincia", 48, gennaio-dicembre 2010: 5. In https://vincenzoconsolo.it/?p=3244 (consultato il 15/09/2024).

---

[8] Il riferimento, per la comunanza dei temi, va all'omonima poesia di Pasolini, dal titolo *Profezia* scritta nel 1962 ma pubblicata nella raccolta *Poesia in forma di rosa* nel 1964. Come si ricorderà, il testo, dedicato a J.P. Sartre affronta il tema dei flussi migratori che, a partire dagli Anni Sessanta coinvolgeranno il Mediterraneo. Pasolini immagina che il popolo dei migranti proveniente dall'Africa, stanco di essere sfruttato e colonizzato, un giorno arriverà in Occidente per ribaltarne i valori e il sistema di sfruttamento.

Bellanova, Ada. "Leggere e scrivere il Mediterraneo" in *Un eccezionale Baedeker: la rappresentazione degli spazi nell'opera di Vincenzo Consolo*. Mimesis: Milano- Udine, 2019.

Braudel, Fernand. *Civiltà e imperi del Mediterraneo nell'età di Filippo II*, Vol. II. Einaudi: Torino, 1982.

Consolo, Vincenzo. *Frammento*, in *Per una carta "visiva" dei diritti civili*. Viennepierre, Milano: 2001 anche in *Microprovincia*, 48, Gennaio-Dicembre 2010, 5.

Consolo, Vincenzo, Nicolao, Mario. *Il viaggio di Odisseo*. Milano: Bompiani, 1999.

Consolo, Vincenzo. *L'olivo e l'olivastro*. Mondadori: Milano, 1999.

Consolo, Vincenzo. *Viaggio in Palestina*. Roma: Nottetempo, 2003, pp. 65-72; anche in *Odissea*, maggio-giugno 2003. Il racconto è datato in calce: *Milano*, 3 aprile 2002.

Consolo, Vincenzo. *La mia isola è Las Vegas*, Milano: Mondadori, 2012.

Consolo, Vincenzo. *K alasìa. Parole contro il potere* (a cura di Concetto Prestifilippo) Mimesis Edizioni: Milano, 2023.

O'Connell D., *Consolo narratore palincestuoso* in https://revistes.uab.cat/quadernsitalia/article/view/v13-oconnell/222-pdf-it (consultato il 20/08/2024).

La Repubblica Esteri, Guerra Israele-Hamas, le notizie di oggi. Nuovo raid di Israele su KhanYunis, media: "Almeno dieci morti e feriti". Erdogan: "Gaza come Srebrenica" 14/09/2024 (https://www. repubblica.it/esteri/2024/09/14/diretta/guerra_israele_hamas_notizie_oggi-423499646/) (consultato il 16/09/2024).

La Stampa. Migranti, da Lampedusa a Cutro: in 10 anni sono quasi 30mila le vittime del mare, 25/02/2024 in https://www.lastampa.it/cronaca/2024/02/25/news/migranti_da_lampedusa_a_cutro_tutte_le_stragi_del_mare_degli_ultimi_10_anni-14098704/) (consultato il 15/03/2024).

Marrone, G. "L'avventura coloniale" in *Migranti*, Maggio 2024 n.5.

Privitera, D. "La letteratura italiana oltre i confini dello Stato nazione: il Mediterraneo e i nuovi italiani" In *Mediterraneo e dialoghi di intercul-*

tura tra pandemie e guerra (a cura di Tamburri Anthony Julian e Vitti Antonio e) Bordighera Press: New York, 2023, pp. 142-153.

Privitera D. "'Vide il viaggio di ogni uomo l'avventura di ogni Ulisse'. L'esilio, il viaggio e la scrittura in Vincenzo Consolo" in *Esilio, Destierro, migrazioni* (a cura di D. Privitera e A. Trinis Messina Fajardo), Aracne, Roma 2014.

Traina, G. *Da paesi di mala sorte e mala storia. Esilio, erranza e potere nel Mediterraneo di Vincenzo Consolo (e Sciascia)*, Mimesis: Udine, 2023.

Schimtt C., *Terra e mare*, Milano, Giuffrè, 1986.

Riva, G. "L'assuefazione ai danni collaterali nella guerra di Gaza", 23/08/2024. in https://www.editorialedomani.it/politica/mondo/lassuefazione-ai-danni-collaterali-della-guerra-a-gaza-mufuwr50 (consultato il 28/08/2024).

Identità mediterranea e alterità in *Il primo uomo* di Gianni Amelio

Roberta Rosini

LICEO "E. AMALDI"

L'intervento verte sull'analisi del film *Il primo uomo* (2011) di Gianni Amelio, sullo sfondo di una rilettura del suo cinema, alla luce della riflessione del "pensiero meridiano" fondato da Albert Camus.

L'analisi del film viene condotta alla luce di alcune figure considerate centrali all'interno del pensiero meridiano: viaggio, paesaggio, Mediterraneo, luce, *otium, pathos*. Nella riflessione filosofica degli esponenti del cosiddetto — a partire da Camus — "pensiero meridiano"[1], quali Franco Cassano e Mario Alcaro, in particolare il Mediterraneo, luogo di incrocio tra terra e mare, viene inteso come centro di un'identità ricca e molteplice, come elemento cardine nella costruzione di un'identità meridiana a partire dal riconoscimento dell'"altro". Il Mediterraneo di Camus si configura infatti come tramite e misura, come luogo di incontro-scontro ed intersezione tra popoli e culture, come spazio in cui si esperisce il limite e l'alterità e dunque come luogo di intreccio e riconoscimento reciproco tra spirito e natura, identità e alterità.

Le figure individuate all'interno del pensiero meridiano e la questione della costituzione identitaria si delineano come tematiche centrali nella filmografia di Amelio e in particolare nel film *Il primo uomo*, ispirato al romanzo autobiografico postumo e incompiuto del fondatore del pensiero meridiano, Camus, ritrovato all'interno dell'automobile sulla quale lo scrittore ha trovato la morte in un incidente stradale nel 1960. Nel romanzo, il protagonista Jacques Cormery è la proiezione del filosofo francese. Nel film, alla vita del

---

[1] È Camus, infatti, che conia il termine "pensiero meridiano" e al pensiero meridiano il filosofo dedica l'ultima sezione dell'opera *L'uomo in rivolta*, cfr. A. Camus (1951).

bambino francese Amelio sovrappone la propria infanzia: la pellicola costituisce così un'opera autonoma rispetto a quella camusiana, dove la figura del protagonista rappresenta una compiuta sintesi tra l'esperienza esistenziale dell'intellettuale francese e quella del regista. Così, la trasfigurazione sullo schermo dell'opera camusiana dal contenuto autobiografico operata da Amelio rappresenta una dissimulazione del suo vissuto esistenziale, il quale si riflette in essa come in uno specchio, che duplica la sua stessa autobiografia: a partire dall'assenza del padre (morto in guerra quello dello scrittore, emigrato quello del regista) all'educazione affidata alle due figure femminili della madre e della nonna decisive negli anni dell'infanzia (è da quella di Amelio che sono tratti i dialoghi del film) e al peso della povertà; dalla ricerca di una guida alla cultura come riscatto ed emancipazione dalla povertà e al ruolo essenziale del Sud. Infatti, l'Algeria di Camus si fa specchio della Calabria del regista: entrambe patrie abbandonate di cui gli autori avvertono il richiamo — come emerge, più o meno esplicitamente, nelle loro opere — ed entrambe terre meridiane, dove questa come quella è trafitta dalla «miseria di un paese che ha smarrito [...] identità e ragioni» (Masoni, 10); identità, quella mediterranea, per la costruzione della quale il pensiero meridiano è l'attuale protagonista.

Anche questo film, come altri del regista, è imperniato sul tema del viaggio, analogamente all'opera dell'iniziatore del pensiero meridiano. E anche qui il percorso si inscrive, in particolare, nel secondo movimento del viaggio, quello del ritorno: il viaggio si configura, in linea con l'idea di viaggio presentata dai pensatori meridiani, come un *nòstos*, come un rientro nella terra natia, un ritorno alle proprie origini culturali ed affettive. Il ritorno in patria del protagonista, alla ricerca del ricordo del padre, corrisponde infatti, come era avvenuto già nel celebre *Il ladro di bambini* (1992), ad una ricerca delle proprie radici esistenziali.

Il viaggio del protagonista è volto alla riappropriazione di una dimensione perduta di sé, di un'identità smarrita, racchiusa in quel "primo uomo", che indica quell'essenza originaria e rimossa peculiare dell'essere bambino. In particolare, il viaggio riesce a dischiudere quella dimensione patetica ed emotiva — di cui il pensiero meridiano mette in luce la potenza pervasiva — ormai sepolta dal protagonista adulto, custodita nel bambino che questi era. Così, il viaggio si fa innanzitutto viaggio nel tempo e nella memoria, che, ripercorrendo i momenti di vita che segnano la crescita del protagonista, è volto alla riscoperta dei ricordi della sua formazione, attraverso i quali fa riaffiorare quell'originario mondo infantile, depositario delle radici identitarie ed emotive del soggetto, rimosse dall'adultità. La realtà è infatti inquadrata, proprio come in *Il ladro di bambini*, dallo sguardo innocente, spontaneo e sensibile del bambino.

Fa da sfondo alla metamorfosi emotiva del protagonista il paesaggio mediterraneo, di cui i pensatori meridiani hanno evidenziato tutta la forza propulsiva: questo si rivela, nel film, sullo sfondo del pensiero meridiano, il vero catalizzatore della trasformazione identitaria del soggetto — «lo spirito dell'Algeria era protagonista» (Finos), ha rivelato lo stesso regista. È il ritorno nella terra meridiana di origine, in questo caso l'Algeria in stretta analogia con il Meridione italico di *Il ladro di bambini*, che innesca la ricerca identitaria del protagonista. Il paesaggio meridiano, infatti, con le sue peculiari connotazioni, quali il Mediterraneo, il calore, l'ozio — ritagliate dal pensiero meridiano — sottraendo il soggetto alla propria dimensione abituale e costringente, dischiude quello spazio sepolto e dimenticato di sé, conducendo il protagonista ad un percorso di riscoperta identitaria. In particolare, l'Algeria che il film raffigura è una terra meridiana fatta di luce e arsa dal sole, pervasa dal chiarore intenso, in una pellicola in cui l'illuminazione gioca un ruolo centrale, in quanto tesa a restituire l'atmosfera afosa delle coste mediterranee, ricordando la luce tragicamente accecante che avvolgeva la spiaggia di *Lo straniero*[2].

---

[2] Cfr. A. Camus (1942).

Il film si apre sull'immagine sfocata di un cimitero: la sfocatura suggerisce l'evanescenza del «campo dei morti» (Camus 1959, 29) in cui ci troviamo collocati. L'*incipit* introduce così un tema costante che afferisce al versante politico del film, quello della violenza e della morte ingiusta, ovvero quella innaturale prodotta dai conflitti provocati dall'uomo, sintetizzato dall'affermazione del guardiano del cimitero: «I morti sono sempre troppi». Il custode cerca tra le altre la tomba del padre del protagonista, Henri Cormery, rimasto ucciso nella battaglia della Marna nel 1914. Il protagonista, Jacques, è infatti alla ricerca del padre, di un padre sconosciuto — «non aveva mai pensato a colui che qui riposava come a un essere vivente, ma come a uno sconosciuto» (31) — in quanto morto quando lui aveva solo pochi mesi. Chino sulla sua tomba, viene colto da sgomento nella constatazione di quell'evento contro natura, ossia nell'apprendere, comparando le date di nascita e di morte del defunto incise sulla lapide, che il padre, avendo perso la vita a soli venticinque anni, era più giovane di lui — scoperta che rende la morte di un «padre ragazzo» (32). ancora più ingiusta; il film restituisce allora il sentimento, espresso nel romanzo, provato dal protagonista di fronte a questa nuova consapevolezza, ovvero

> la compassione e il turbamento di un uomo fatto davanti a un ragazzo ingiustamente assassinato — era una cosa fuori dell'ordine naturale, e in effetti non poteva esserci ordine, ma solo follia e caos, dove il figlio era più vecchio del padre [...], ed era qui che si dibatteva Jacques Cormery, alle prese con l'angoscia e la pietà. (30)

Il profondo turbamento provato da Cormery nel film, come nel libro la «strana vertigine che lo aveva colto in quel momento» (31), quando prende coscienza della giovane età in cui è morto il padre scoprendosi più vecchio di lui, innesca un processo di disgregazione dell'identità personale (proprio come era avvenuto in *Il ladro di bambini* nella celebre scena al commissariato di polizia) — «insinuandosi [la vertigine] [...] per attendervi lo sgretolamento finale, [l'identità] si stava screpolando in fretta, stava già per andare in pezzi» (31) — che avvia il suo percorso di ricerca esistenziale. È infatti nelle proprie radici, identitarie e meridiane, che è serbato il segreto della vita a lungo cercato dal protagonista:

> ora gli sembrava che quel segreto che aveva cercato con avidità di conoscere attraverso i libri e le persone, fosse intimamente legato a questo morto, a questo padre ragazzo, a ciò che era stato ed era diventato; e di aver cercato lontano ciò che gli era vicino nel tempo e nel sangue. [...] In fondo, però, non era troppo tardi, poteva ancora cercare, scoprire chi fosse quest'uomo che ora gli sembrava più vicino di qualsiasi altra persona al mondo. (32)

L'allontanamento della macchina da presa restituisce, stilisticamente, il senso del ritorno, su cui è fondato il film: la storia infatti è quella di un viaggio come ritorno, come *nòstos* — sullo sfondo del pensiero meridiano — nella terra meridiana originaria, e al contempo di un viaggio a ritroso nel tempo, come ritorno al passato che fluisce attraverso i ricordi del protagonista, in un film costruito come un «romanzo ellittico» (Gervasini, 13), dove passato e presente si compenetrano. Nella continua alternanza tra infanzia e adultità, le due età e condizioni esistenziali tra cui è sospeso Cormery, l'identità del protagonista si frantuma per ricostruirsi a partire dal rapporto che questi riallaccia con il proprio passato.

Il film è ambientato ad Algeri nell'estate del 1957, quando l'Algeria, occupata dai francesi e divisa tra spinte indipendentiste e assoggettamento coloniale, è teatro delle azioni terroristiche delle frange algerine più estremiste; in questa terra meridiana, dilaniata dalla guerra di liberazione, il protagonista ritrova i luoghi della sua infanzia. Nel percorso in automobile verso l'università, dove l'affermato scrittore è stato invitato a tenere una conferenza, lo studente che lo accompagna cita una sua frase: «Colui che scrive non sarà mai all'altezza di colui che muore», connettendosi al tema della morte non naturale preannunciato nel prologo e introducendo lo spettatore alla componente politica del film. L'ambiente universitario è diviso tra gli indipendentisti e i sostenitori dell'Algeria francese. Se l'intervento precedente a quello dello scrittore si colloca in una posizione oltranzista — «C'è voluto che il sangue dei francesi scorresse per le strade e le case di Algeri per aprire gli occhi sulla verità. Non è più tempo di compromessi» — la prospettiva proposta da Cormery è conciliatoria. Il film, infatti, storicizza le posizioni contrapposte delle due fazioni estremiste, mediate dal pensiero dello scrittore, che, favorevole alla rivoluzione ma contrario al terrorismo, mira ad una ricomposizione politica del conflitto. Il discorso pronunciato dal protagonista, collocato ad apertura del film, assume un rilievo centrale per comprendere e mettere in chiaro, fin dall'inizio, la controversa posizione politica di Camus, quella dell'«uomo in rivolta» (Camus, 2002 [1951]). Inoltre, inserisce da subito lo spettatore nella parte politica del film, che costituisce una delle due direttrici fondamentali su cui è costruita la pellicola.

Il suo alter ego, Cormery, mette innanzitutto in luce l'identità negata dell'Algeria: «L'Algeria non è la Francia e non è più l'Algeria. L'Algeria è questa terra negata, dimenticata, lontana, disprezzata, [...] che si lascia soffocare nel proprio sangue». L'Algeria assume, fin da subito, la connotazione di una terra meridiana dal fascino orientalizzante, abitata da «arabi misteriosi» e da «francesi esotici»; ma come ogni Meridione del mondo è destinata a subire la prevaricazione, la sopraffazione, il dominio di un Nord imperante, in questo caso la Francia, a partire dall'età coloniale fino all'indipendenza, a cui si aggiunge la violenza del terrorismo autoctono. L'intero film così, nel suo versante politico, è percorso sotterraneamente dalla dialettica camusiana tra cultura settentrionale e pensiero meridiano, tra spirito nordico e tradizione mediterranea, e dall'idea dell'assoggettamento della cultura meridiana da parte dell'ideologia nordica prevaricante.

In particolare, questa dialettica tra Nord e Sud assume in Camus la forma della dicotomia tra storia e natura, dove la storia si fa usurpatrice e soverchiatrice dell'ordine naturale. La storia universale sovrasta le storie individuali degli uomini, che ne subiscono la violenza, quali vittime inconsapevoli, come spiega lo stesso regista che nel film ha cercato di rappresentare il pensiero di Camus:

> Una situazione [il colonialismo] di cui non si sono resi conto nemmeno i protagonisti la cui storia è, in un certo senso, passata sopra le loro teste, subendola. […] Una delle idee che tormentano sempre Camus per tutto il libro è l'idea di dovere parlare di persone che hanno una storia piccola perduta all'interno di una Storia più grande: vittime che non conoscono i loro carnefici, ovvero quelli che hanno manovrato le loro esistenze. (Spagnoli)

Così, nel film come nel libro, non si vedono mai i colpevoli, perché i morti sono sempre innocenti — «Solo i morti saranno innocenti» dice Cormery — mentre il vero nemico viene identificato nella storia. La tracotanza e la violenza della storia, con il suo carico di morti innocenti contro natura, viene allora denunciata da Cormery-Camus nel suo discorso, in cui si schiera dalla parte di chi ha mantenuto un legame originario con la natura, di chi rimane vittima del processo storico, in questo caso gli algerini: «Si accetta troppo facilmente che solo il sangue possa muovere la storia. Ma il dovere di uno scrittore non è di mettersi al servizio di quelli che fanno la storia, ma di aiutare quelli che la subiscono». Gli algerini rappresentano dunque l'altro polo, quello della natura contrapposto alla storia: il popolo algerino esemplifica infatti quell'entità che difende la propria naturalità contro le aberrazioni della storia. Tuttavia, lo scrittore si schiera allo stesso tempo anche contro gli atti terroristici degli algerini, contro chi risponde alla violenza del colonialismo con la violenza del terrorismo.

Cormery-Camus auspica allora, come rivela nel suo discorso, la costruzione di «un'Algeria nuova», di cui sente l'improrogabile urgenza: «C'è un argomento più importante per noi qui e adesso di questo?». Questa nuova terra utopica di campanelliana memoria[3] — utopica data la consapevolezza dell'assurdo[4] — lontana dalla sopraffazione dell'Algeria coloniale, ospita la convivenza pacifica di entrambi i popoli, quello francese e quello arabo: «L'Algeria è questo territorio abitato da due popoli, uno dei quali è musulmano. [...] Io credo fortemente alla possibilità di una giusta coesistenza tra arabi e francesi in Algeria e che una tale coesistenza tra persone libere e uguali sia oggi l'unica soluzione». La posizione propugnata da Cormery-Camus conciliatoria e mediatrice di istanze divergenti — le spinte indipendentiste oltranziste e quelle conservatrici — utopia di una coesistenza pacifica tra il popolo meridiano arabo e quello europeo di origine francese, sottende la nozione camusiana di misura. La misura consiste infatti in una mediazione tra aspetti antitetici, quali spirito nordico e natura meridiana, storia e limite, rivelandosi così come un concetto ossimorico percorso da un'intrinseca contraddittorietà: «esso non può non essere intimamente lacerato», «è costante conflitto» (Camus 2002 [1951], 329), «non può essere che l'affermazione della contraddizione stessa» (Camus 1992 [1962], 28). Spirito e natura, Europa e Mediterraneo, Nord e Sud, francesi e arabi, possono così convivere, secondo Camus, attraverso la mediazione della misura che concilia le opposte istanze, sulla base della convinzione della coesistenza del rovescio e del diritto quali aspetti complementari della medesima realtà[5].

E il terreno su cui questa conciliazione degli opposti e convivenza di popoli eterogenei può avvenire non può essere che una terra meridiana, quale in questo caso l'Algeria: è il Mediterraneo il luogo d'eccellenza dove, secondo Camus che lo elegge a patria del

---

[3] Alla società utopica ideata dal filosofo calabrese Amelio dedica uno dei suoi primi film, *La Città del Sole*.

[4] Cfr. A. Camus (2009 [1942a]), A. Camus (1942b), A. Camus (1944a), A. Camus (1944b).

[5] Cfr. A. Camus (1937).

pensiero meridiano, è depositato il senso di equilibrio e di misura racchiuso nella natura, di cui l'ambiente mediterraneo è il più insigne custode. Soltanto nelle aree meridiane dove terra e mare si intersecano, soltanto sulle sponde del Mediterraneo, infatti, è potuto nascere il pensiero, quello meridiano, della misura e dell'integrazione. Emerge allora, nel film, il ruolo di mediatore del Mediterraneo algerino di Camus come tramite e misura: spazio di incontro, che si fa anche scontro, ed intreccio di popoli e culture diverse, quella europea e quella musulmana, e luogo di confronto dialettico e riconoscimento tra spirito occidentale e natura mediterranea, tra francesi ed arabi.

Tuttavia, la reazione dell'assemblea universitaria al discorso di pacificazione tra i due popoli divisi sul suolo algerino pronunciato da Cormery è fortemente negativa. La prospettiva conciliante dello scrittore, così come è stato per lo stesso Camus, risulta infatti equivoca sia per gli indipendentisti che per i difensori dell'Algeria francese e viene così da entrambi rigettata.

Anche se il primo pensiero del protagonista giunto in Algeria è corso alla madre, è soltanto il giorno seguente, dopo la conferenza tenuta all'università, che Jacques può recarsi a trovarla: emerge così, fin dall'inizio, l'antinomia tra carriera e tempo libero, lavoro ed ozio, tempo quantitativo e produttivo e tempo qualitativo e liberato. L'intero film si inscrive all'interno di questa dicotomia, dove l'attività lavorativa, gli impegni accademici e politici dello scrittore risultano invero pretestuosi, mentre il vero interesse del protagonista consiste piuttosto nella ricerca di un tempo ozioso per la riscoperta delle proprie radici e dei propri affetti, ovvero di sé stesso. Jacques si reca così nel quartiere popolare dove risiede la madre e dove egli è cresciuto; la madre, tuttavia, non è in casa, è al mercato.

L'incontro tra il protagonista e la madre avviene nel suk, dove l'anziana signora è l'unica *pied-noir* immersa tra le donne arabe: figurativamente, la donna risalta in quanto è l'unica vestita all'occidentale in mezzo agli avvolgenti tessuti bianchi dei vestiti arabi. La sequenza restituisce l'immagine di una donna che vive a contatto con gli algerini, ancora ad evocare quell'utopia di unità tra francesi e musulmani vagheggiata da Camus, anticipando una battuta chiave del finale in cui essa rivela esplicitamente il suo amore per il popolo arabo. La figura della madre incarna infatti, nel corso del film, quella dimensione passionale e naturale che, insieme ad una povertà subita e sofferta, la accomuna profondamente alla popolazione autoctona.

Il dialogo successivo tra il protagonista e la madre, in una sequenza di campo e controcampo, ha come scenario il mare. È importante sottolineare come questa e le altre scene che costituiscono i cuori del film si svolgano lungo le rive del Mediterraneo: questo non costituisce una mera cornice degli avvenimenti, quanto un vero e proprio personaggio, la cui presenza non solo illumina le scene chiave del film ma rappresenta l'agente stesso che induce i confronti interpersonali e i mutamenti interiori dei personaggi, proprio in *Il ladro di bambini* e in altre pellicole del regista. Il *Mare nostrum* si rivela infatti propulsore di passioni e delle metamorfosi emotive dei personaggi: campeggia così soprattutto in quelle scene a carattere intimistico, che risultano particolarmente essenziali, visto che il vero nucleo del film, come si è detto, è costituito dalla linea affettiva e personale più che da quella contestuale storico-politica. La presenza del mare, in questa scena, dischiude l'autenticità del rapporto tra madre e figlio — il rapporto centrale del film — e ne svela la natura intima e profonda. Il sentimento che anima la madre analfabeta è la fierezza nei confronti di un figlio divenuto uno scrittore famoso, apparso in foto sulla copertina di un quotidiano locale, sebbene, non sapendo leggere, sia ignara del contenuto dell'articolo, che critica aspramente il suo intervento tenuto all'università: «Non so leggere», dice, «ma mio figlio lo riconosco». Nella scena, tratta da un episodio della vita del regista, emerge lo stridente contrasto generazionale tra una madre analfabeta e un figlio che è uno tra i più grandi intellettuali del Novecento: è evidente qui il rovesciamento di ruoli tipico del cinema di Amelio, paradigmatico in particolare tra il carabiniere e il bambino in *Il ladro di bambini*.

Dopo la sequenza di campo e controcampo sullo sfondo del mare, madre e figlio sono ripresi in casa, con un classico piano sequenza. Jacques, dopo aver chiesto alla donna notizie del padre senza ottenere una risposta esauriente, si addormenta sul letto, e diventa bambino, con un salto temporale negli anni Venti, dove il *trait d'union* tra le due epoche è costituito dal letto dove riposa. Dunque «poteva finalmente dormire e tornare all'infanzia da cui non era mai guarito, a quel segreto di luce, di povertà calorosa che lo aveva aiutato a vivere e a vincere ogni cosa» (Camus 2012 [1959], 47): la luce meridiana racchiude infatti, nel film come nel pensiero camusiano, il segreto della natura e della vita. Parte così il primo flashback della pellicola, che costituisce uno dei cuori emotivi del film; anche se quelli che costellano il film non costituiscono dei veri e propri flashback, piuttosto è come se la storia si dispiegasse lungo una curvatura temporale dove passato e presente coesistono. Si tratta infatti di una vera e propria storia alternativa che si svolge parallelamente a quella principale: il film è così costruito sull'alternanza tra presente e passato, tra piano politico e piano emotivo, tra storia collettiva e storia individuale, in cui entrambe hanno pari dignità. Anzi quella passata, che racchiude i ricordi e gli affetti di Cormery bambino giunge ad assumere un ruolo più rilevante, per la ricerca identitaria del protagonista quale vero cuore del film, di quella presente incentrata sul contesto storico e politico. Tra l'altro, la distanza, che si rivela assonanza, tra Cormery adulto e bambino — «un bambino è il germoglio dell'uomo che diventerà», asserisce il vecchio maestro ricordando una sua profezia — tra consapevolezza ed innocenza, ragione e passione, richiama quella tra francesi ed arabi, tra spirito e natura, cultura nordica e tradizione mediterranea. È dunque il contesto meridiano in cui lo scrittore si trova che lo trasferisce, attraverso il flusso dei ricordi, nella sua infanzia in Algeria. Ed ecco allora che il viaggio geografico meridiano diviene un viaggio temporale all'interno dei ricordi del protagonista, che lo conduce alla scoperta delle proprie radici custodite nel suo universo infantile e nella terra meridiana dove ha vissuto la sua infanzia.

Jacques bambino si ritrova invischiato in una marachella di un gruppo di bambini nei confronti di un accalappiacani: mentre il protagonista, più mite ed ingenuo degli altri, accarezza i cani rinchiusi in un carro a forma di gabbia, questi vengono liberati dagli amici che vanificano così la giornata di lavoro dell'uomo. A pagare per la birichinata è però soltanto Jacques, che viene chiuso a sua volta in gabbia; è evidente qui il contrappasso che vede un bambino francese imprigionato da un uomo arabo. Inoltre, Jacques è costretto a barattare, con il figlio dell'accalappiacani — reiterando dunque la legge del contrappasso — la propria libertà con i sandali nuovi (a differenza di quanto avviene nel libro, dove li perde) — il richiamo qui è a *Lamerica* (1994), in cui al vecchio italiano Spiro vengono rubate le scarpe da un gruppo di bambini albanesi, citazione questa a sua volta di *Paisà* (1946) di Rossellini. Un'inquadratura poetica vede al centro il carro in cui il protagonista è rinchiuso, nucleo della scena, mentre sullo sfondo campeggia il mare, ad indicare che si tratta di un altro passaggio significativo in cui il paesaggio mediterraneo riveste un ruolo importante. Il riscatto dei due arabi, padre e figlio, nei confronti del bambino francese evoca metaforicamente quella rivolta camusiana che si annida nel pensiero meridiano[6] e che nasce appunto in e a nome di quel mondo mediterraneo (esemplificato dal mare sullo sfondo) dilaniato dalla storia — anticipando l'episodio del figlio del compagno arabo del protagonista accusato di terrorismo, imperniato proprio sul tema della rivolta. L'uomo mediterraneo di Camus, incarnato qui dai due arabi, si rivolta infatti contro la storia — in questo caso quella del colonialismo impersonato dal francese — in nome dello spirito mediterraneo. L'uomo meridiano in rivolta (in questa scena padre e figlio arabi) avverte così la necessità di contrastare l'uomo occidentale (il bambino francese), che ha

---

[6] Cfr. A. Camus (2002 [1951], 303-335).

provocato la sua condizione di immiserimento (qui esemplificata dalla fuga dei cani), avendo depauperato quel mondo mediterraneo custode del segreto della natura.

Il viaggio indietro nel tempo si interrompe e un passaggio temporale ci riporta al presente della storia, negli anni Cinquanta. Cormery fa visita al maestro Bernard, altra figura chiave dell'infanzia di Cormery, oltre a quelle della mamma e della nonna, nel quale oltre ad una guida intellettuale il protagonista giunge ad intravedere quella figura paterna che gli è sempre mancata — *leitmotiv* del cinema ameliano. La conversazione con il vecchio maestro affronta il tema politico del rapporto tra francesi e arabi su cui è incentrata la seconda parte della pellicola. Il suo discorso si apre con una critica, squisitamente camusiana, della storia, in favore dell'attività creativa, quale la scrittura fantasiosa, tipico prodotto di un tempo ozioso e spensierato a cui evidentemente la violenza e i conflitti della storia sottraggono: «È nei romanzi che si trova la verità, [...] non è nei libri di storia». Il monologo del vecchio maestro costituisce, insieme ai due discorsi di Cormery (uno collocato all'inizio, l'altro alla fine della pellicola), il cuore politico del film. Il maestro dichiara di schierarsi dalla parte degli insorti:

L'errore non è la rivoluzione. È quando gli oppressi si rassegnano e abbassano la testa. È la violenza del colonialismo che giustifica la violenza della ribellione. Ti ricordi quando a scuola parlavamo di Roma e dei barbari? C'era una cosa che non vi dicevo: si può stare dalla parte dei barbari.

Tuttavia, nella legittimazione o meno della violenza — che il maestro qui sostiene — risiede, secondo Camus, la differenza tra la "rivoluzione", propugnata dal mentore, e la "rivolta", teorizzata dal filosofo francese: con il ricorso alla violenza infatti

il limite è oltrepassato, la rivolta tradita, dapprima, e poi logica-
mente assassinata, perché non ha mai affermato nel suo moto più
puro se non appunto l'esistenza di un limite, e quell'essere diviso
che siamo; essa non è all'origine della negazione totale di ogni essere. Al contrario, dice insieme sì e no. [...] La prima [la rivolta]
muove dal no che poggia sovra un sì, la seconda [la rivoluzione]
muove dalla negazione assoluta [...]. Quella è creatrice, questa nichilista. La prima è destinata a creare per essere sempre di più, la
seconda forzata a produrre per sempre meglio negare. [...] la rivolta alle prese con la storia aggiunge che invece di uccidere e mo-
rire per produrre l'essere che non siamo, dobbiamo vivere e far vivere per creare quello che siamo. (A. Camus (2002 [1951], 272-273)

Al termine delle parole del maestro, la macchina da presa stacca
allora su un compagno di scuola arabo di Jacques, Hamoud — di
nuovo negli anni Venti — ad indicare quali sono i «barbari» di cui
parla il maestro: gli arabi. Il rapporto tra le due etnie, francese ed
araba, viene esemplificato, nel film, dalla relazione ambivalente, di
ostilità ed amicizia — quest'ultima si espliciterà soltanto in età
adulta — tra il protagonista e il compagno: a tal fine vengono inseriti
nel film personaggi assenti nel romanzo, quali appunto quello di Hamoud e del figlio. Il nucleo politico del film consiste infatti nel rapporto che un francese e un arabo riusciranno ad instaurare al di là
delle differenze etniche e della lacerazione intestina tra i popoli d'Algeria imposta dalla guerra: a significare che una mediazione tra francesi e arabi, e dunque, camusianamente, una pacificazione tra cultura nordica e pensiero meridiano, continente europeo e Mediterraneo, storia e natura è possibile. A scuola, il piccolo Hamoud, fiero ed
aggressivo, prende in giro Jacques, il prediletto dal maestro; i due
così finiscono per azzuffarsi. Il bambino arabo, con la sua fierezza ed
irruenza, che fa da contraltare alla pacatezza e alla mitezza di quello
francese, incarna quella dimensione passionale, istintiva e vitalistica,
con cui, nel film, viene connotato il popolo arabo, dal sanguigno

temperamento meridionale, in opposizione alla compostezza e alla posatezza nordica. Ora che Hamoud è in punizione per essersi addossato la colpa di aver provocato il litigio, Jacques capisce, primeggiando sempre in classe, di aver inconsapevolmente emarginato il compagno arabo.

Con un altro salto temporale, ci ritroviamo nuovamente nel 1957, quando, attraverso un rovesciamento di ruoli, è ora il protagonista a sentirsi emarginato e diverso. Infatti, mentre attraversa la Casba per recarsi dal vecchio compagno di scuola che lo ha chiamato in suo aiuto, si sente addosso gli sguardi diffidenti ed ostili degli abitanti: qui è lui, come d'altronde i francesi nella stessa Algeria, l'intruso, l'estraneo, lo straniero che turba gli equilibri naturali del luogo. La casba, infatti, è un luogo intriso di quegli elementi tipici dell'ambiente mediterraneo: è la parte alta della città, da cui si vede il mare e dove il sole batte forte, atmosfera mediterranea resa figurativamente da una luce diffusa ed avvolgente.

Il figlio di Hamoud, Aziz, si trova in prigione, accusato di aver preso parte ad azioni terroristiche, per le quali è stato condannato a morte. Si impone dunque in questa parte del film il tema della rivolta camusiana contro la violenza della storia — qui il colonialismo francese — in difesa di quella natura, custodita nell'ambiente meridiano, che l'uomo occidentale ha depauperato. L'uomo mediterraneo infatti (in questo caso rappresentato dal popolo arabo) è stato immiserito nel corpo e nell'anima, è stato defraudato della ricchezza del proprio mondo mediterraneo dall'uomo moderno (i francesi colonizzatori). L'uomo meridiano — incarnato in particolare dal giovane Aziz — avvertendo la sua condizione di avvilimento, si rivolta così contro quanto l'ha provocata. Tuttavia, il ricorso alla violenza del terrorismo inquadra l'azione del giovane nel contesto della "rivoluzione" piuttosto che in quello della "rivolta", sostenuta da Camus: se la prima, come si è visto, si risolve in una negazione nichilista, la seconda è fondata su «quell'intreccio di sì e di no» (Cassano 2011, 94), in quanto rifiuta una parte dell'esistenza per esaltarne un'altra, dischiudendo così la sua dimensione vitalistica e creatrice[7].

L'uomo arabo chiede al suo vecchio compagno di scuola, ora celebre scrittore, di intercedere in suo favore, «in nome di quell'amicizia che non c'è mai stata», frase che designa non soltanto la relazione tra i due compagni, ma sintetizza anche quella tra i francesi colonizzatori e gli algerini colonizzati. Hamoud appare distrutto dalla situazione: lo troviamo seduto a terra in una stanza che richiama figurativamente la cella in cui è imprigionato il figlio, del quale condivide empaticamente la condizione. La condizione devastata dei prigionieri arabi ci viene restituita da un'inquadratura che illumina i loro corpi stipati e massacrati.

Sebbene il coinvolgimento del ragazzo negli attentati sia stato marginale e non sia stata provata la sua colpevolezza, dal funzionario presso cui si reca Cormery apprende che la grazia non potrà essere concessa al giovane Aziz, già condannato diverse volte. Il protagonista ottiene unicamente la concessione di una visita al prigioniero da parte del padre. La scena della visita di Hamoud ad Aziz è sobria ed essenziale; la luce gioca un ruolo fondamentale all'interno di un ambiente spoglio. La luce che filtra nella prigione richiama quella delle stelle che, attraverso le sbarre della finestrella della cella, si proietta sul volto del protagonista di *Lo straniero*, anch'egli incarcerato, grazie alla quale questi entra in rapporto con la natura: «Ero esausto e mi sono gettato sulla branda. Devo aver dormito perché mi sono svegliato con delle stelle sul viso» (Camus 2009 [1942a], 272). Nel film, il campo e il controcampo dei due arabi divisi dalle sbarre restituiscono la tensione del loro rapporto. L'incontro tra i due è costruito infatti sul rapporto tra padre e figlio — ulteriore rispetto a quello ricercato da Cormery sulle tracce del padre — piuttosto che sul versante politico. Il giovane è connotato da un orgoglio e una fierezza che abbiamo visto caratterizzare la figura del padre da bambino, ma che ormai questi ha perduto.

---

[7] Cfr. A. Camus (2002 [1951], 272).

Infatti, mentre Aziz accetta il suo destino senza cedere a compromessi, Hamoud lo incita a collaborare con le autorità e a mentire. Si assiste allora, ancora una volta, ad un capovolgimento dei ruoli (il ragazzo condannato dice all'adulto di non avere paura), per cui è il figlio ad impartire una lezione di onestà ed integrità al padre, assumendosi la responsabilità delle proprie azioni e prestando fede ai propri ideali.

Dopo l'episodio di Hamoud e Aziz, troviamo Cormery seduto in un bar che prende appunti traendo spunto da ciò che lo circonda. In questa immagine è sintetizzato il concetto di ozio quale attività creativa, così come è concepito dai pensatori meridiani. L'ozio, infatti, elemento centrale nel pensiero meridiano, dischiuso in particolare dall'ambiente mediterraneo, non viene concepito come mera inoperosità ed indolenza, secondo una visione stereotipata del Meridione, quanto piuttosto come una vera e propria attività, che disvela una dimensione creatrice[8]. Lo scrittore così è dalla vita che ricava le suggestioni che danno forma al suo pensiero e che confluiscono nelle sue opere: paradossalmente, è nel tempo libero e liberato dagli impegni e dai doveri che si dischiude quel prolifero spazio di meditazione e di riflessione su cui si fonda il suo lavoro di intellettuale. In questa scena, al tema dell'ozio è connesso un altro elemento peculiare dischiuso dall'ambiente meridiano e tematizzato dai pensatori meridiani: quello della passione. L'oggetto dell'attenzione dello scrittore è infatti una giovane coppia di innamorati che balla sulle note della colonna sonora di *Bonjour tristesse* (1958) — di cui la stessa inquadratura è una citazione — stretta in un abbraccio, che evoca il tema della passione amorosa. In particolare, lo sguardo del protagonista viene catturato dagli armoniosi tratti del volto della ragazza, cinta dall'uomo ripreso di spalle, che richiamano i temi della bellezza e del sentimento amoroso.

---

[8] A questo riguardo, oltre alle opere dei pensatori meridiani F. Cassano (2001, 2011) e di M. Alcaro (1999, 2001-2002, 2006), cfr. anche D. De Masi.

Il protagonista, catturato da quest'immagine di bellezza e di seduzione, avvolta dalla musica dolce e soave, viene travolto dagli eventi. L'incanto è infatti spezzato dall'esplosione di una bomba di un attentato nei pressi del locale in cui si trova. Cormery si precipita in strada e rimane atterrito di fronte alle conseguenze provocate dall'azione terroristica. In questa scena emerge con forza la tematica, cara a Camus, della storia — contrapposta, come si è visto, alla natura — che con la sua violenza disgregatrice, irrompe nella vita degli uomini, sconvolgendone e distruggendone le esistenze individuali. Il momento di serenità, goduto dal protagonista in una parentesi oziosa, viene infatti lacerato dall'esplosione, che rappresenta l'irruzione violenta della storia nell'esistenza degli esseri umani, i quali impossibilitati a vivere la propria dimensione quotidiana, la subiscono da vittime innocenti e inconsapevoli. Così la bomba, proprio come la storia di cui esemplifica la forza distruttrice, giunge inaspettata, provocando morte e distruzione e rompendo l'equilibrio della natura, fondata al contrario sulla vita e sull'amore (rappresentati dalla coppia di innamorati, cinta nell'abbraccio amoroso fino al momento precedente l'esplosione). La scena si fa dunque rappresentazione della radicale critica camusiana della storia e del rifiuto della necessità della violenza che essa comporta, anche se a sostenere tale assunto è l'amato maestro.

Vi è poi un lungo piano sequenza che riprende la spiaggia algerina piena di persone colte in un momento di riposo e di svago. In questa scena, il tema dell'ozio e quello del paesaggio meridiano, con il suo mare ed il suo sole, si intrecciano in un'armoniosa sintesi: è lungo le rive di Algeri che i suoi abitanti possono mettere tra parentesi per un breve momento di serenità le brutture della situazione politica attuale, concedendosi uno spazio di divertimento in una calda giornata estiva. L'economia delle inquadrature con cui è costruita la scena della bomba, di contro a questo lungo piano sequenza, individua il vero centro del film nella dimensione privata e personale della vicenda, piuttosto che nei risvolti storico-politici della situazione algerina. La lunga carrellata permette di cogliere i diversi elementi del paesaggio mediterraneo, la natura, la spiaggia, la luce avvolgente, e di catturare il tempo ozioso della gente che anima l'ambiente meridiano. Nella scena le persone appaiono perfettamente integrate nel contesto naturale entro cui sono collocate: vi si rispecchia quel rapporto armonico tra uomo e natura teorizzato nel pensiero meridiano[9]. La scena ricostruisce infatti lo splendore dell'estate mediterranea[10] descritta da Camus, recuperando quell'«antica bellezza» (156), smarrita nella storia. La bellezza naturale, come quella di Elena[11], è stata esiliata dal mondo: «Noi abbiamo esiliato la bellezza» (Camus 1988 [1954], 137); ma essa viene ritrovata, come è rappresentato in questa scena, in quella mediterraneità che torna a farsi emozione. È infatti soltanto in quel mondo mediterraneo, sospeso tra i contrari, che i confini si sfumano e storia e natura, uomo e paesaggio, ragione e passione si intrecciano.

In particolare, i dettagli del paesaggio meridiano che scopriamo vengono alla luce man mano al passaggio del piccolo Jacques, protagonista della camminata seguita dalla macchina da presa: quasi a suggerire che è solo appropriandoci dello sguardo puro ed innocente di un bambino — qui la coincidenza con *Il ladro di bambini* è assoluta — che si può acquisire una rinnovata visione unitaria e conciliante della realtà e della vita. Il bambino, infatti — proprio come nel precedente film e nel cinema di Amelio in genere — si rivela depositario di quella innocenza e di quell'istanza patetica ed emozionale che permette di gettare uno sguardo autentico sul mondo.

La sequenza si conclude con la corsa del piccolo protagonista verso l'orizzonte: il bambino è ora inquadrato di spalle e davanti a lui si dischiude il mare e quel mondo mediterraneo depositario, secondo il pensiero meridiano, del segreto della natura e della verità. La macchina da presa stacca sul piccolo Jacques che gioca spensie-

---

[9] Cfr. M. Alcaro (1999, 2006).
[10] Cfr. A. Camus (1988 [1954]).
[11] Cfr. «L'esilio di Elena», *ivi*, pp. 137-141.

rato ed ilare sulla spiaggia con lo zio Étienne. La spiaggia permeata da una luce calda e pervasiva richiama la spiaggia assolata di *Lo straniero*, dove «il calore era tale che era una fatica anche restare immobile sotto la pioggia accecante che cadeva dal cielo» (Camus 2009 [1942a], 72. Sono ancora il sole e il Mediterraneo, elementi precipui del paesaggio meridiano, a produrre quel rilassamento sensoriale e a liberare quella dimensione oziosa, in cui il tempo libero si interseca con lo spazio del gioco e con la creatività[12]. In particolare, il mare, quale catalizzatore di passioni, dischiude una relazione autentica tra i due personaggi che, attraverso il gioco e l'ozio, si trovano in assoluta sintonia, superando ogni barriera dovuta alle diverse età e ai diversi ruoli, proprio come era accaduto tra il carabiniere e il bambino nella scena chiave del mare in *Il ladro di bambini*. Entrambi i personaggi, infatti, Jacques in quanto in piena età infantile e lo zio lievemente ritardato, sono accumunati dall'essere depositari di quell'innocenza e di quella dimensione patetica, emozionale ed istintuale, messa in luce dall'attività ludica sulla spiaggia, che li rende le figure più sensibili ed emotive del film.

Dall'ultimo primo piano di Cormery bambino la macchina da presa stacca sul presente della storia. Durante il viaggio del protagonista e la madre verso la casa di riposo dove ora vive il vecchio zio, lei gli rivela teneramente: «Mi piacerebbe vivere qua con te». Si assiste, ancora una volta, ad un'inversione dei ruoli, in quanto la madre, incarnazione della dimensione passionale ed affettiva, pronuncia la battuta che dovrebbe dire il figlio. Lo zio, anche da anziano, racchiude in sé quell'innocenza ed ingenuità che lo avevano caratterizzato da giovane ed accomunato al protagonista bambino. La follia — e qui il pensiero corre al vecchio pazzo Spiro di *Lamerica* — si rivela custode, proprio come l'infanzia, della dimensione emotiva ed istintiva, nonché di un'autentica visione del mondo. Étienne è una persona pura e semplice, che ha sacrificato la sua vita al lavoro per il sostentamento della famiglia e che ora prova un

---

[12] Cfr. D. De Masi.

certo timore reverenziale nei confronti del nipote letterato, a cui dà del "voi" in segno di rispetto e sudditanza. Dopo, all'aperto, campeggia sullo sfondo il paesaggio meridiano: i personaggi sono avvolti dall'atmosfera mediterranea del luogo, con la natura incontaminata, il clima mite e la luce calda che li avvolge.

Ci ritroviamo poi nel 1913, all'episodio della nascita di Jacques, che racchiude la purezza delle origini a cui il protagonista, per ritrovare sé stesso, ha fatto ritorno. In una notte buia e piovosa, il padre giunge con un carro presso un casolare di campagna in cerca di un medico che faccia partorire la compagna gravida. Nel film, a differenza del romanzo, la nascita di Cormery è affidata ad un gruppo di donne arabe — «I dottori che ne sanno? Ci sono le donne per questo», risponde il colono al padre: il protagonista nasce così tra gli arabi, ad indicare l'unità delle due etnie, francese ed araba che condividono la stessa terra, e dunque l'unione tra spirito nordico e cultura mediterranea sostenuto dallo stesso Camus, il cui alter ego proprio in questo contesto conciliante inizia la vita. Mentre la donna partorisce, il padre è fuori, sotto la pioggia; l'intera scena del parto viene guardata invece attraverso gli occhi dei bambini incuriositi, il cui sguardo innocente, ancora una volta, è l'unico in grado di cogliere il segreto della natura e della vita. Il padre infine prende tra le braccia il neonato: eccolo il primo uomo, come recita il titolo del film. Titolo che allude anche alla figura di un uomo ideale, il "primo uomo" appunto, come svela il regista interpretando Camus, «un primo essere che sia davvero padrone di sé stesso e capace di contrastare ciò che la Storia ti dà come condanna» (M. Spagnoli).

Siamo riportati di colpo alla realtà del 1957. Dopo la scena, caratterizzata da un'estrema essenzialità, del funerale di Aziz, che è stato giustiziato, ascoltiamo un discorso di Cormery alla radio, che riassume il senso politico del film. Il discorso, collocato alla fine della pellicola, va letto in stretta connessione con l'altro pronunciato dal protagonista, anch'esso a carattere politico, con cui si è aperto il film, secondo una struttura ciclica dell'opera: i due discorsi ad apertura e chiusura della pellicola, insieme al colloquio centrale con il vecchio maestro, costituiscono la struttura politica del film. Se il primo aveva introdotto la dibattuta posizione politica di Camus, questo ha la funzione di chiarificarla compiutamente. Nella prima parte dell'intervento Cormery-Camus esterna il suo sentimento di vicinanza nei confronti del popolo arabo, dicendo:

> Oggi io mi sento più vicino a lui [il ragazzo arabo ucciso] che a tutti quei francesi che parlano dell'Algeria senza conoscerla. […] Il suo volto è quello del mio Paese. Le vittime del dramma algerino appartengono tutte a una stessa famiglia dannata i cui membri si massacrano in piena notte senza riconoscersi, brancolando nell'oscurità, nelle viscere di uno scontro cieco. L'Algeria non sarà più popolata che di vittime e di assassini, e solo i morti saranno innocenti. Io sono sempre stato e continuo a essere per un'Algeria giusta, dove tutti potranno avere gli stessi diritti […]. Bisogna unire invece di dividere.

Il protagonista, sebbene francese di origine, alla fine del viaggio alla scoperta delle proprie radici e di sé, ha scoperto così di sentirsi algerino. Qui, l'alter ego del filosofo francese esplicita allora l'intimo legame che, seppure rimosso negli scontri attuali che dilaniano il paese, unisce le due etnie che convivono sul suolo algerino. La guerra d'Algeria si configura così come una guerra civile in quanto i due popoli che la combattono si rivelano invero fratelli. Essi condividono infatti al contempo la povertà — comune ai francesi immigrati e agli arabi invasi, gli uni espulsi e gli altri oppressi dall'Europa — e la bellezza naturale della terra meridiana in cui vivono, quello stesso intreccio di miseria, natura e luce che ha dato vita al pensiero meridiano teorizzato da Camus: «La miseria mi impedì di credere che tutto sia bene sotto il sole e nella storia; il sole mi insegnò che la storia non è tutto» (Camus 1988 [1937], 8). Nell'unione consanguinea tra francesi ed arabi, relegata nell'oblio dalla guerra fratricida, si intravede quel legame intrinseco tra spirito e natura, storia e bellezza naturale, ragione nordica e passione mediterranea che il pensiero meridiano intende recuperare e rivitalizzare.

Se da questa prima parte del discorso si evince il motivo dell'ostilità verso Camus da parte di chi voleva che l'Algeria rimanesse francese, collocandosi Cormery-Camus dalla parte degli arabi, nella seconda il protagonista chiarisce la sua posizione contraria tuttavia al terrorismo, si spiega così come il filosofo francese era malaccetto, oltre che dai francesi, anche dagli estremisti arabi:

> Ma così come ho sempre condannato il terrorismo, oggi non posso che condannare quelle azioni compiute dissennatamente nelle strade, che un giorno possono colpire anche qualcuno che ci è caro. Io credo nella giustizia e dico agli arabi: io vi difenderò ad ogni costo, ma mai contro mia madre, perché lei ha subito come voi l'ingiustizia e la sofferenza. E se nella vostra rabbia voi le fate del male, io sarò vostro nemico.

Con questo intervento vengono spiegate anche le celebri parole di Camus, equivocate, rivolte agli arabi: «Tra la giustizia e mia madre scelgo mia madre». Il filosofo francese si dichiara cioè dalla parte degli arabi, algerini come lui, che è disposto a difendere; tuttavia, se le azioni terroristiche colpiscono degli innocenti, come la madre per la quale qui dichiara il suo amore, allora diviene loro nemico. La madre, infatti, spiega Cormery interpretando le parole di Camus, ha vissuto la medesima sofferenza degli arabi. La donna viene così accomunata, come si è visto più volte nel corso del film, al popolo musulmano: entrambi hanno vissuto un'esistenza «a metà strada tra la miseria e il sole» (Cassano 2001, 96) — come dice Cassano a proposito di Camus — all'incrocio tra povertà, ambiente mediterraneo e passione. Sia la figura della madre che il popolo arabo incarnano infatti nel film, come si è visto, quella dimensione passionale ed emozionale, dischiusa dall'ambiente mediterraneo, distante dall'algido temperamento nordico.

Il finale del film è affidato al congedo di Cormery dalla madre. La madre analfabeta è inquadrata mentre impara a scrivere il cognome del figlio copiandolo dal giornale. Nel colloquio tra Jacques e la donna, il figlio le chiede di andare a vivere con lui in Francia, ma la madre risponde: «È bella la Francia, ma non ci sono gli arabi». In questa risposta lapidaria è sintetizzato il senso politico del film: le parole della donna, che nel corso del film è stata vista convivere con gli arabi, a partire dall'esperienza fondamentale del parto in cui è stata assistita dalle loro donne ai momenti di vita quotidiana come fare la spesa nel loro mercato, esprimono il profondo legame che la unisce al popolo musulmano e il senso di appartenenza alla terra algerina. Con gli arabi la donna ha condiviso, come ha rilevato prima anche il figlio alla radio, la sofferenza dovuta alla miseria, ma anche la bellezza del paesaggio mediterraneo dell'Algeria, con la sua natura, il suo mare e il suo sole, e quella particolare sensibilità e pateticità che l'ambiente meridiano dischiude.

Ad una domanda della donna sulla tomba del padre poi, Cormery nega di averla visitata: apprendiamo così che la scena del cimitero che apre il film avviene cronologicamente soltanto dopo gli eventi narrati, anziché prima, come eravamo stati indotti a credere. La visita alla tomba del padre è dunque successiva all'esperienza del viaggio di Cormery in Algeria: il viaggio meridiano allora, dispiegatosi nell'ambiente mediterraneo con i suoi elementi peculiari del mare, della natura e del sole, si è rivelato una ricerca esistenziale che ha condotto il protagonista alla riscoperta delle proprie radici mediterranee, e lo ha spinto dunque alla ricerca del padre. L'intero film così, non soltanto gli episodi della sua infanzia, potrebbe non essere altro che il flusso dei ricordi del protagonista che scaturisce di fronte alla tomba del padre, a partire dagli anni dell'infanzia fino al più recente viaggio meridiano.

Le ultime battute del film sono semplici, pronunciate da madre e figlio che parlano di questioni quotidiane, apparentemente di inezie — come era stato per la battuta finale della bambina di *Il ladro di bambini*: «Magari ci staccano la luce quest'inverno» chiede lei; «No, non credo» risponde Cormery. A sottolineare che è nella dimensione intimistica del rapporto affettivo tra i due personaggi che è racchiuso il senso del film. Il protagonista, partito alla ricerca della memoria del padre, nel viaggio di ritrovamento delle proprie radici ha scoperto invece che la figura che, tacitamente, è stata sempre presente nella sua vita e nella sua crescita è stata quella della madre. Nel viaggio resta insoluta la ricerca del padre, mentre il suo pilastro esistenziale si rivela essere la madre: donna semplice e umile, capace di grandi sacrifici e dotata di fierezza e forza interiore, con cui è legato da un profondo rapporto che non necessita di molte parole, rappresenta per il protagonista il porto sicuro a cui approdare per ritrovare se stesso, ed infatti è quella che rimane. Nell'ultima inquadratura, la madre si trova di fronte alla finestra, della quale alla fine chiude le ante: l'immagine finale del film è quella della donna illuminata dalla luce del sole meridiano dell'Algeria, che considera la sua terra e che non vuole abbandonare, in quanto sente di appartenerle. Nell'ambiente domestico la macchina da presa allora si allontana dalla donna, con un carrello che non segue il movimento del protagonista, come ci si aspetterebbe: rivela al contrario l'assenza del figlio, che è ripartito, lasciando un vuoto nella stanza, nel cuore della madre e nella terra meridiana d'origine.

BIBLIOGRAFIA

Alcaro M. 1999. *Sull'identità meridionale. Forme di una cultura mediterranea*, Bollati Boringhieri, Torino.

Alcaro M. 2001. *Il Mediterraneo di Albert Camus*, in "Ora Locale. Lettere dal Sud", n. 27, dicembre 2001-febbraio.

Alcaro M. 2006. *Filosofie della natura. Naturalismo mediterraneo e pensiero moderno*, Manifesto Libri, Roma.

Cacciatore G. 2007. *Mediterraneo e filosofia dell'interculturalità*, in AA. VV., *Il Mediterraneo. Incontro di culture*, a cura di F. M. Cacciatore, A. Niger, Aracne, Roma.

Camus A. 1937. *L'envers et l'endroit*, Éditions Gallimard, Paris. Tr. it. di S. Morando, *Il rovescio e il diritto*, Bompiani, Milano 1988.

Camus A. 1942a. *L'Étranger*, Éditions Gallimard, Paris. Tr. it. di A. Zevi, *Lo straniero*, Bompiani, Milano 2009.

Camus A. 1942b. *Le mythe de Sisyphe*, Éditions Gallimard, Paris. Tr. it. di A. Borelli, *Il mito di Sisifo*, Bompiani, Milano 2001.

Camus A. 1944a. *Caligula*, Éditions Gallimard, Paris. Tr. it., *Caligola*, Bompiani, Milano 2010.

Camus A. 1944b. *Le Malentendu*, Éditions Gallimard, Paris. Tr. it., *Il malinteso*, in *Tutto il teatro*, Bompiani, Milano 2003.

Camus A. 1951. *L'Homme révolté*, Éditions Gallimard, Paris. Tr. it. di L. Magrini, *L'uomo in rivolta*, Bompiani, Milano 2002.

Camus A. 1962. *Carnets* (1935-1959), Éditions Gallimard, Paris. Tr. it. di E. Capriolo, *Taccuini*, Bompiani, Milano 1992, vol. III.

Camus A. 1954. *L'Été*, Éditions Gallimard, Paris. Tr. it. di S. Morando, *L'estate*, in *Il rovescio e il diritto*, Bompiani, Milano 1988, pp. 99-169.

Cassano F. 2001. *Modernizzare stanca*, Il Mulino, Bologna.

Cassano F. 2011. *Il pensiero meridiano*, Laterza, Roma-Bari.

De Masi D. 2002. *Ozio creativo. Conversazione con Maria Serena Palieri*, Bur, Milano.

Finos A. 2012. *Il primo Uomo. «Nell'Algeria di Camus ho ritrovato me stesso»* (intervista a G. Amelio), in "la Repubblica", 26 marzo.

Masoni T. 2012. *"Il primo uomo" di Gianni Amelio. La differenza e la fedeltà*, in "cineforum", n. 514, maggio.

Spagnoli M. 2012. *"Il primo uomo". Intervista a Gianni Amelio* (intervista a G. Amelio), sul sito "Primissima", 16 aprile. http://www.primissima.it/cinema_news/scheda/il_primo_uomo_-_intervista_a_gianni_amelio/.

Kentoripa:
recuperi architettonici tra forme vernacolari e segni razionali

Giuseppe Scravaglieri
IIS "MARIO RAPISARDI" PATERNÒ (CT)

PREMESSA

Centuripe, anticamente nota come *Kentoripa*, sorge sui crinali dei monti Erei, un rilievo collinare che si estende nella parte centrale della Sicilia (fig.1), comprendendo comuni come Caltagirone, Piazza Armerina, Morgantina, Enna e altri ancora. Centuripe può essere considerata l'ultimo avamposto occidentale di questo sistema, compresa in una posizione tra la valle del Dittaino e quella del Simeto, tale da poter godere di uno spettacolare affaccio verso l'Etna.

Come osservava Leonardo Sciascia, "la maggior parte dei paesi di Sicilia volgono ostentamente le spalle al mare" (1979). Infatti, il paesaggio che caratterizza il territorio di Centuripe è quello tipico dell'entroterra siciliano: arido, con versanti ripidi e scoscesi, segnati da spuntoni di roccia arenaria che affiorano improvvisamente, con rilievi aspri e dal carattere impervio, luoghi antropizzati da una sequenza fitta di terrazzamenti spesso diroccati che rivelano un diffuso stato di abbandono.

Il grafico sottostante (fig.2) mostra come Centuripe, alla stessa stregua di molti altri comuni dell'entroterra siciliano, subisca da decenni un inesorabile spopolamento.

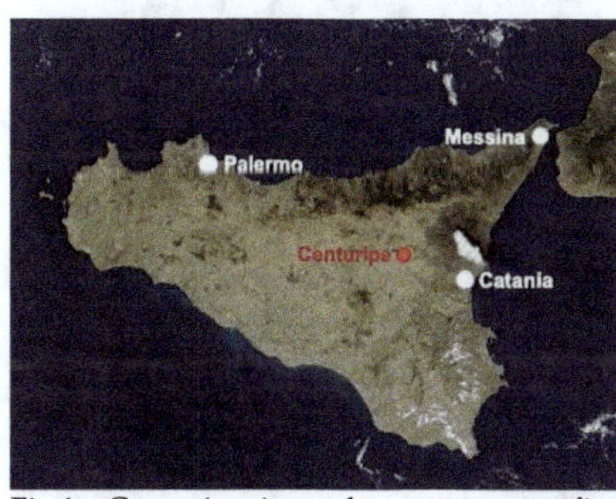

Fig.1 – Centuripe, inquadramento geografico

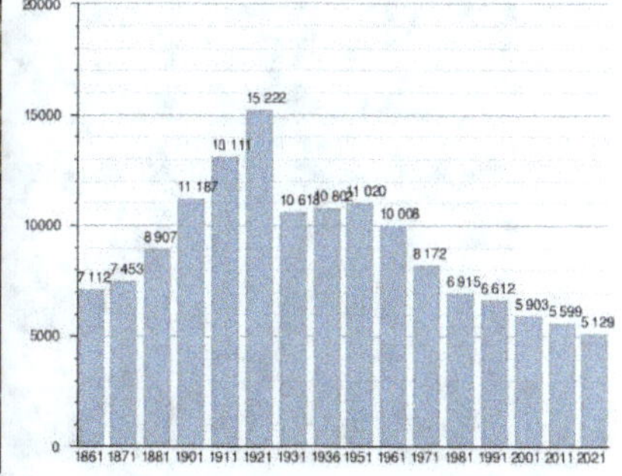

Fig.2 – Centuripe, grafico dell'evoluzione demografica (scaricata da

A tal proposito, la pianificazione urbanistica e la progettazione architettonica sono in grado di svolgere un ruolo significativo. Per tale ragione l'esposizione di alcuni interventi di recupero architettonico condotti nel territorio di Centuripe, possono risultare utili per fornire diversi elementi di riflessione su come l'architettura può valorizzare il paesaggio e, di conseguenza, in che modo favorire lo sviluppo economico e sociale del territorio.

Ciascuno di questi interventi è caratterizzato da uno specifico tema compositivo.

Negli ultimi anni, soprattutto in centro storico, sono state avviate molte iniziative finalizzate al recupero di diversi edifici privati e pubblici. Recentemente è stato riaperto al pubblico l'intero spazio espositivo del museo archeologico che, per la prima volta, era stato inaugurato nell'anno 2000 e che, per ragioni di sicurezza, aveva visto interdetto ai visitatori un'ala espositiva.

Ciò nonostante, l'interesse per il sito archeologico di Centuripe ha avuto un impatto limitato sull'incremento del turismo, con un contributo economico non rilevante.

La città ha raggiunto, tuttavia, una certa notorietà anche attraverso una serie di riprese aeree in cui emerge con estrema chiarezza la singolare impronta dell'insediamento urbano. La forma di Centuripe, suggestiva e *fotogenica*, ricorda una stella marina adagiata sulle colline (fig.3).

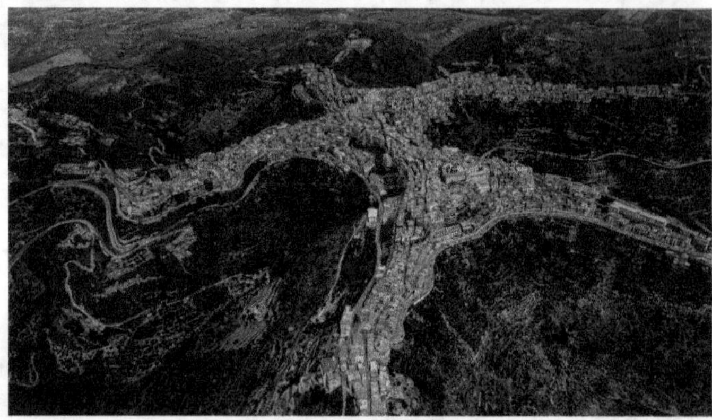

Fig.3 – Centuripe, foto aerea

Questa peculiarità ha attirato numerosi turisti e appassionati di fotografia desiderosi di immortalare il nucleo abitato dall'alto e l'utilizzo di nuove tecnologie, come i droni, ha permesso di ottenere prospettive inedite del centro urbano, contribuendo alla diffusione di immagini spettacolari che sono diventate virali sul web. Non che questo rappresenti una svolta per lo sviluppo economico di Centuripe, ma la rapida diffusione sulla rete delle numerose foto aeree della città e l'influenza sui social, hanno suggerito nuove strategie di marketing turistico utilizzando foto e video.

Ma bisogna ritornare al passato per scoprire che nel 1778 un grande viaggiatore francese, Jean-Pierre Houël, visita Centuripe e intuisce per primo l'importanza della complessa morfologia del luogo. Così, decide di rappresentare una mappa della città (fig.4), disegni che successivamente pubblicherà nei quattro volumi del *Voyage pittoresque des isles de Sicile, de Malta et de Lipari* tra il 1782 e il 1787. La raccolta sarà una delle più importanti opere del XVIII secolo durante il Grand Tour.

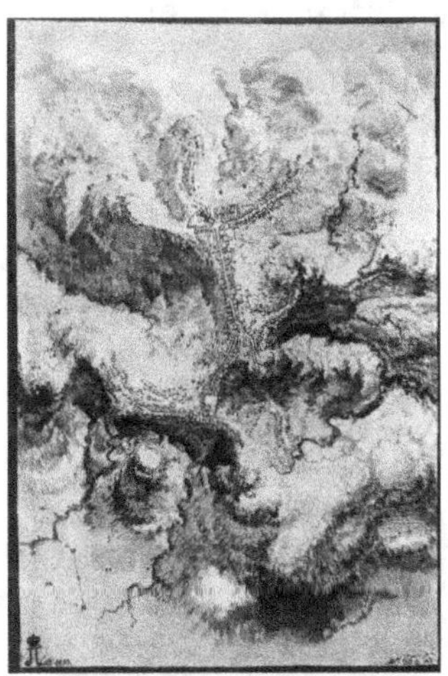

Fig.4 – Pianta della città di Centuripe, Jean-Pierre Houël

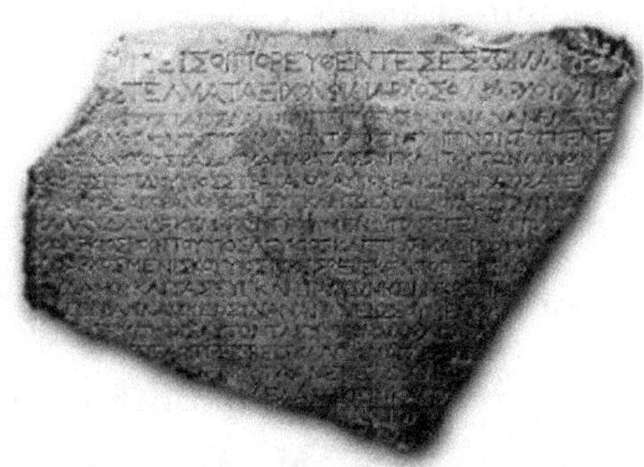

Fig.5 – Lastra che attesta l'antico patto di amicizia tra Centuripe e Lanuvio.
Iscrizione greca in dialetto dorico, ca II sec. a.C., pietra calcarea, 30×41×10 cm

La storia della città è ricca di testimonianze archeologiche e artistiche, provenienti sia dal sito urbano che dalle aree circostanti. Numerose opere d'arte rinvenute a Centuripe sono oggi esposte in musei di tutto il mondo.

Tra le diverse testimonianze artistiche di Centuripe, si segnalano le pitture rupestri del Neolitico, il vaso con la più lunga iscrizione in alfabeto siculo mai rinvenuta, i vasi policromi del periodo ellenistico e le sculture romane, tra cui la celebre testa di Ottaviano Augusto.

Un reperto di particolare interesse, su cui vale la pena soffermarsi per il valore altamente simbolico del contenuto, è una lastra in pietra calcarea che attesta uno dei più antichi patti di amicizia di cui si ha testimonianza (fig.5). L'iscrizione greca in dialetto dorico, risalente al II sec. a.C., racconta che una delegazione Centuripina si è recata presso il Senato della città di Lanuvio, nel Lazio, per il riconoscimento dei vincoli di parentela e amicizia che intercorrevano tra la città di Lanuvio e quella di Centuripe, in virtù di una comune origine. Nel 1974 i sindaci di Centuripe e Lanuvio hanno rinnovato questa antica amicizia con un gemellaggio e oggi, a distanza di cinquant'anni, questo prezioso reperto è esposto nella città di Lanuvio.

Tornando al presente e ai progetti di recupero architettonico, di seguito saranno analizzati i temi affrontati durante la loro realizzazione, con particolare attenzione al rapporto tra una costante, l'architettura, e alcune variabili che sono state accennate in questa premessa, ovvero: la morfologia del luogo, lo sviluppo economico e sociale del territorio, il contesto storico.

PRINCIPIO DI UNA RIGENERAZIONE URBANA

Il primo tema affronta lo studio di fattibilità per un albergo diffuso nel quartiere storico dell'Annunziata (fig.6-7). Il quartiere è collocato nella parte orientale del centro abitato ed è stato distrutto dai bombardamenti degli alleati durante il secondo conflitto mondiale.

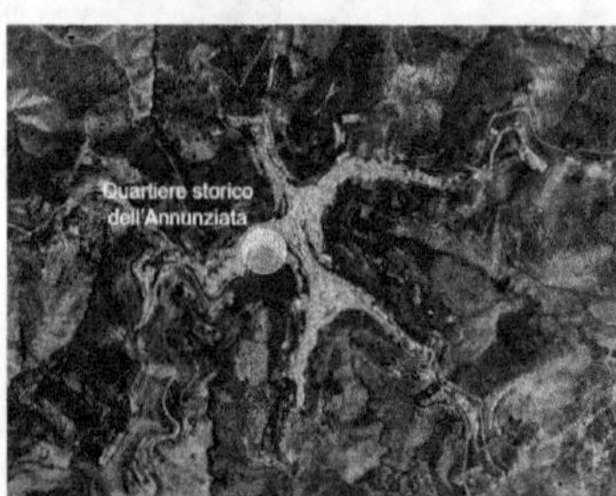

Fig. 6 – Centuripe, quartiere storico dell'Annunziata, ortofoto

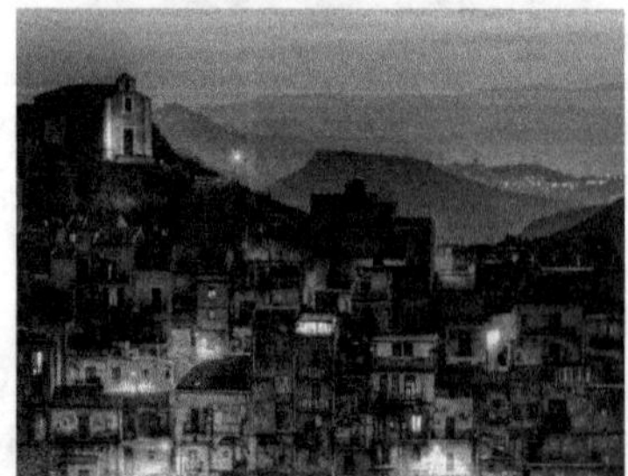

Fig.7 – Centuripe, quartiere storico dell'Annunziata, vista panoramica

Per descrivere quest'intervento e quelli successivi, si farà riferimento al pensiero di alcuni protagonisti del dibattito architettonico del Novecento, così da comprendere l'orientamento culturale che ha determinato l'impostazione progettuale di ciascun lavoro.

> Mai troveremo esempi più perfetti di adeguamento al terreno naturale di quelli offerti dai mille piccoli nuclei abitati sparsi nel territorio. (…) Si tratta di riconoscere quali rapporti legano la struttura edilizia alla comunità che l'ha creata e all'ambiente in cui ha preso insediamento. Un trinomio natura, struttura, comunità che può darci esperienze conclusive. (Samonà 1954)

I legami tra la comunità locale, il terreno naturale e la struttura edilizia, a cui fa riferimento Giuseppe Samonà, rappresentano il fulcro centrale di questo progetto che è stato commissionato dal Comune di Centuripe. Nonostante lo spopolamento, la comunità continua a vivere in questo luogo e a organizzare quelle feste popolari in cui si riconosce, i percorsi pedonali seguono i caratteri orografici del suolo, mentre i fabbricati presentano caratteri tipologici specifici (fig.8-9).

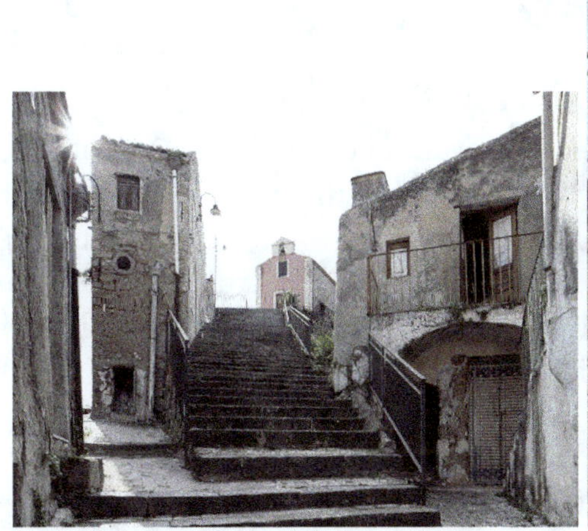

Fig.8 – Quartiere storico dell'Annunziata, scalinata d'accesso

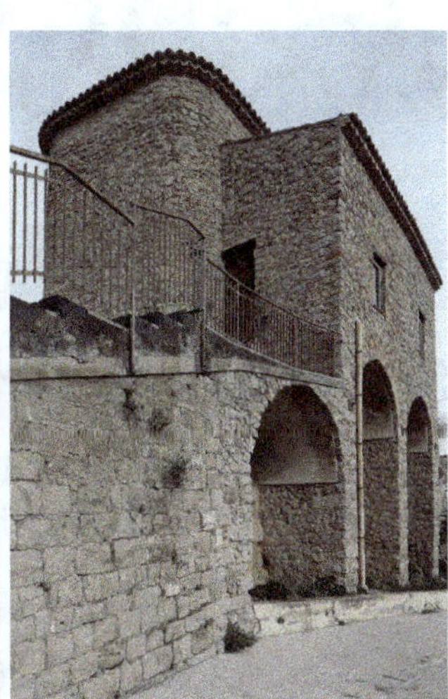

Fig.9 – Chiesa dell'Annunziata

Gli edifici selezionati sono quelli che risultano tra loro adiacenti e disabitati ormai da anni, in modo da essere espropriabili e facilmente adattabili alle trasformazioni richieste da un albergo.

Si mira a valorizzare i caratteri tipologici dei fabbricati esistenti e a integrarli con le esigenze della nuova struttura ricettiva (fig.10-11).

Secondo questi criteri sono stati circoscritti tre isolati coincidenti con diversi organismi edilizi ubicati lungo la scalinata che porta in cima al promontorio, dove si trova la chiesetta dell'Annunziata.

La scalinata è il segno con il carattere identitario più forte presente all'interno del quartiere, attorno alla quale gravitano i fabbricati che saranno adibiti ad albergo diffuso.

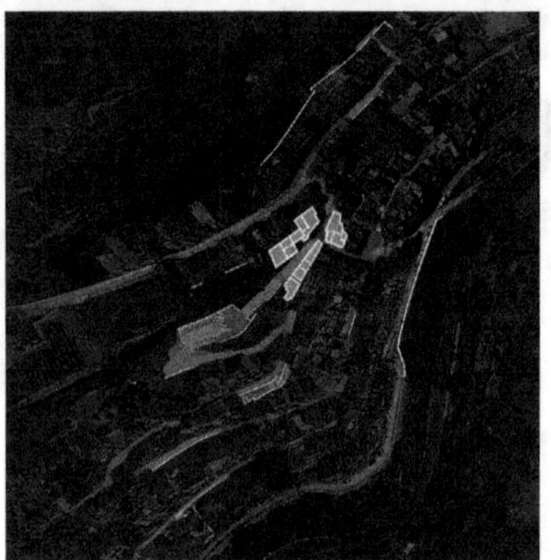

Fig.10 – Quartiere storico dell'Annunziata, planimetria di progetto

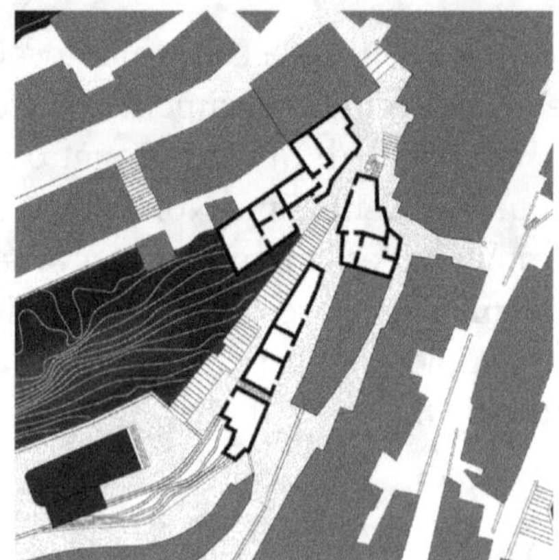

Fig.11 – Quartiere storico dell'Annunziata, planimetria di progetto

Quello della scalinata è una sorta di corpo lamellare, dotato di una simbolica forza architettonica, capace di garantire la sopravvivenza degli spazi interstiziali che si generano tra i meandri di questo tessuto edilizio: si tratta di vuoti urbani, da cui è possibile catturare spettacolari scorci di paesaggio all'interno dei varchi che si aprono tra i frammenti dei sottili corpi di fabbrica, simili a quinte scenografiche.

FORMA E MEMORIA DELL'INCOMPIUTO

Il tema affrontato nel secondo progetto, anche questo commissionato dal Comune di Centuripe, riguarda la ristrutturazione della piazza di Carcaci, un borgo collocato nel territorio comunale lungo la valle del Simeto (fig.12).

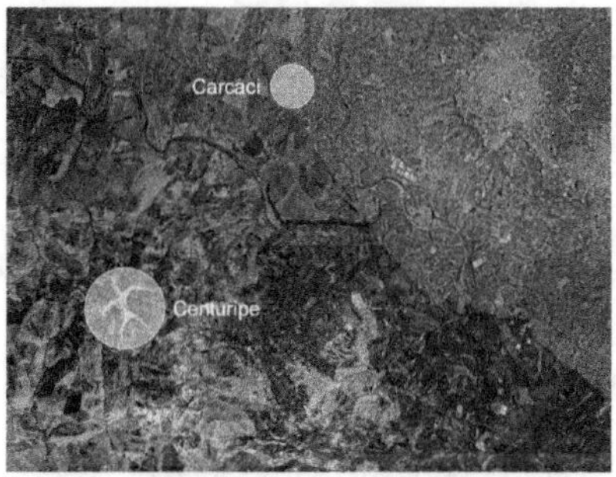

Fig.12 – Centuripe, Borgo di Carcaci, ortofoto

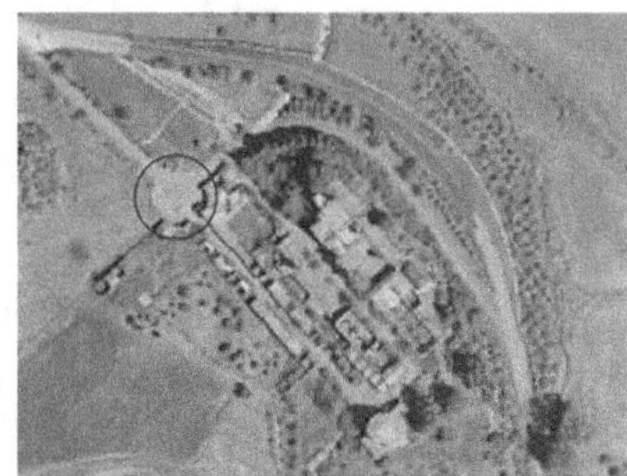

Fig.13 – Borgo di Carcaci, ortofoto

Come sostiene Antonio Monestiroli,

> (…) è nella piazza, più che altrove, che la città manifesta il suo intento rappresentativo, che si rende riconoscibile, che diventa teatro della vita degli uomini. La città non può rinunciare alla piazza, pena il suo decadimento, la perdita della sua identità. Se questo è vero, a noi oggi si pone un problema tecnico: la costruzione della piazza nella città moderna e la ridefinizione del suo significato ma anche delle sue misure, degli elementi che la compongono, delle relazioni tra questi. (2000)

Il borgo di Carcaci è riconoscibile come un tipico impianto urbano del '600. La piazza, di forma ottagonale e riconducibile ai cosiddetti *quattro canti*, è collocata esattamente al centro dei due assi viari principali (fig.13). All'estremità di quello longitudinale è presente una piccola chiesetta, simbolo del potere religioso, all'estremità opposta, invece, avrebbe dovuto trovare posto, con molta probabilità, il palazzo del comune, simbolo del potere civico. Oggi il borgo è rimasto incompiuto, a meno di alcuni fabbricati che accompagnano i due tracciati principali, e nel corso del tempo si sono aggiunte diverse superfetazioni.

Confrontando l'immagine della piazza prima e dopo l'intervento (fig.14-15), si notano subito il volume del bar, il bevaio e il tracciato stradale. Questi elementi hanno modificato la forma del luogo, alterando sensibilmente l'originario contorno ottagonale.

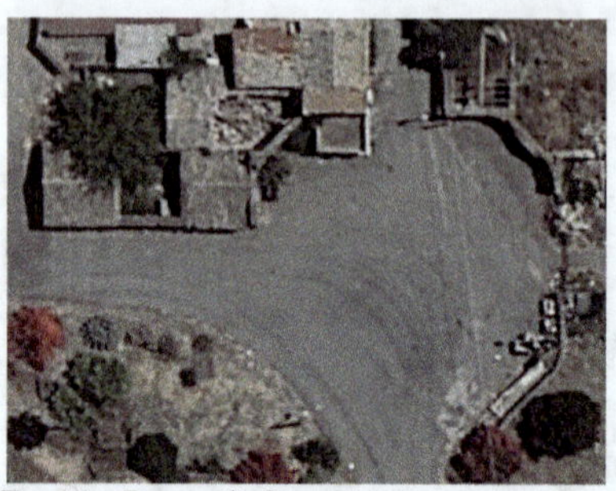

Fig.14 – Borgo di Carcaci, piazza, stato antecedente ai lavori

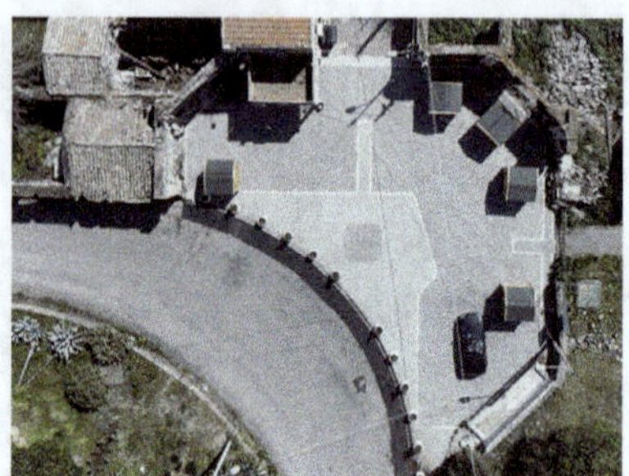

Fig.15 – Borgo di Carcaci, piazza, stato successivo ai lavori

Il progetto ha perseguito la volontà di coniugare, dentro un unico contesto architettonico, tutti i frammenti che compongono la piazza, quelli originari e quelli che si sono aggiunti successivamente. Il significato del sito è stato ridefinito rafforzando l'antica forma ottagonale e creando una sorta di palinsesto archeologico in cui emergono le diverse stratificazioni storiche.

In altre parole, richiamando il pensiero di Antonio Monestiroli, è stato alimentato un nuovo dialogo tra gli elementi che compongono questo spazio: le modanature in pietra calcarea degli apparati decorativi barocchi, il muretto con l'orlatura in basole di pietra lavica del bevaio, espressione di una intensa attività agricola e pastorizia che caratterizza questa area geografica, l'ingombrante ma necessaria presenza del bar che fornisce un ristoro ai lavoratori del luogo e, infine, l'insopprimibile segno del percorso stradale che sottrae un frammento all'ottagono.

Lo schema della pavimentazione, realizzata in monostrato vulcanico, suggerisce l'iniziale forma ottagonale del centro dell'insediamento, ma, come accennato in precedenza, la strada di accesso che attraversa il piazzale non ha permesso di ripristinare l'integrità della figura geometrica.

Il progetto, dunque, è scaturito dalla frizione che si è generata tra la volontà di rendere evidente la matrice compositiva del borgo e l'impossibilità di perseguire questo obbiettivo attraverso un disegno finito nella sua totalità.

Da questo insanabile conflitto è maturata la definitiva forma incompiuta della piazza che simbolicamente evoca lo sviluppo parziale del borgo.

In corrispondenza del centro esatto della piazza è stato inserito un ottagono più piccolo, ridotto di dieci volte, proporzionato come il contorno più grande e messo in rilievo con una diversa finitura del monostrato vulcanico. Questo inserto centrale ha un valore decorativo ma, allo stesso tempo, svela in scala ridotta la forma primigenia della piazza, come fosse il segno embrionale da cui ha avuto origine il processo di sviluppo del progetto (fig.16-17).

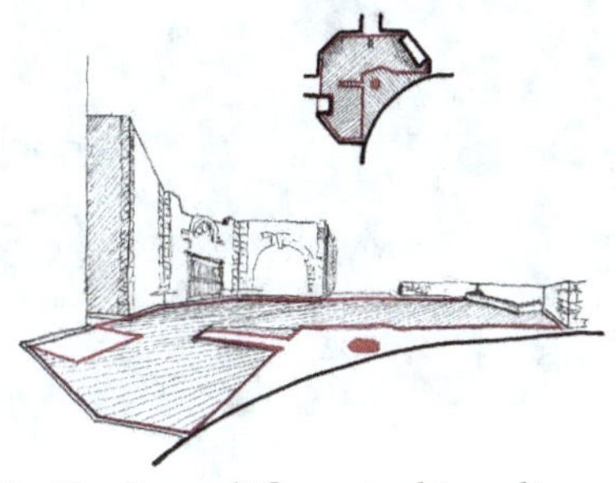

Fig.16 – Borgo di Carcaci, schizzo di progetto della piazza

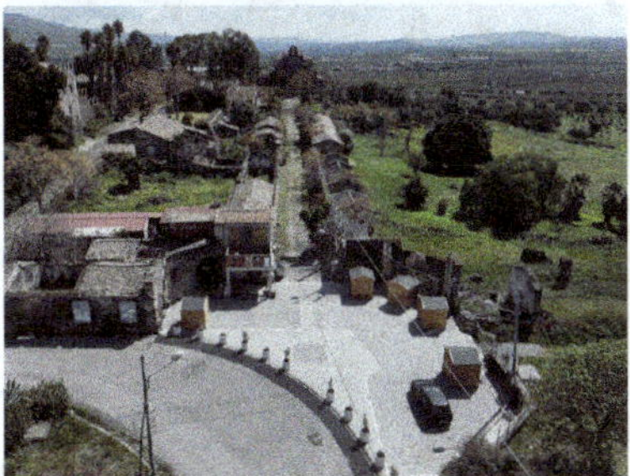

Fig.17 – Borgo di Carcaci, piazza

Il lavatoio e le altre superfetazioni si sovrappongono al disegno della piazza con indifferenza, come a sottolineare la propria estraneità rispetto alla genesi dell'insediamento barocco e, contemporaneamente, a ribadire la propria identità rispetto al riutilizzo del borgo: un dialogo permanente che si colloca fuori da ogni coordinata temporale.

Tracce di un'architettura ipogea

La realizzazione di una struttura ricettiva con un albergo e una sala ricevimenti è l'oggetto del terzo tema:

(…) non si vuol sostenere che l'architettura debba immergersi e quasi disfarsi nel contesto ambientale. Può appartenervi ed incidervi per contrasto. Per fare due esempi: San Miniato al Monte non cerca affatto di mimetizzarsi nel panorama fiorentino, e la Casa sulla cascata di Wright esalta e schiaccia, all'un tempo, la natura; ma sono autentiche opere d'arte…." (Zevi 1996)

Le considerazioni di Bruno Zevi esprimono perfettamente la natura del *Kento Parco Hotel*, un albergo che è stato realizzato, su commissione privata, nella parte orientale del comune di Centuripe, fuori dal centro abitato, all'estremità di un crinale da cui è possibile apprezzare una straordinaria vista panoramica con l'Etna sullo sfondo e il mare all'orizzonte (fig.18-19).

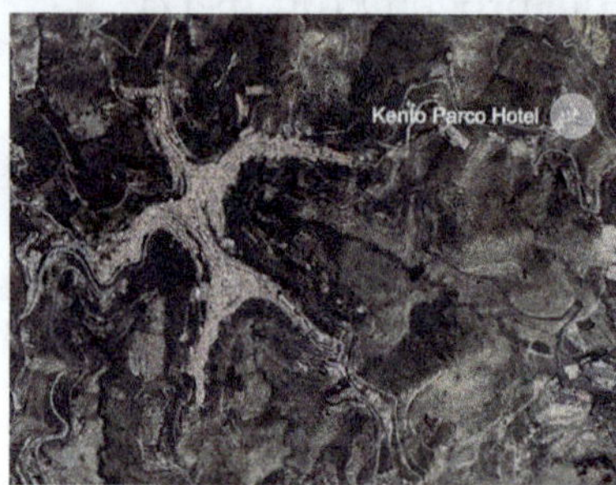

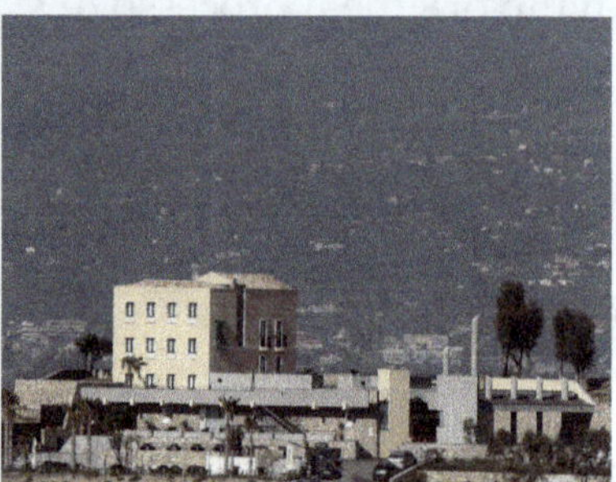

Fig.18 – Centuripe, Kento Parco Hotel, ortofoto

Fig.19 – Kento Parco Hotel, foto panoramica

Le richieste del committente prevedevano di adibire l'originaria casa colonica ad albergo e di realizzare anche una sala ricevimenti. Le camere d'albergo sono state facilmente inserite all'interno del fabbricato originario, mentre la sala ricevimenti, la cucina e la hall d'ingresso, pari complessivamente ad una superficie di oltre 500 mq, non potevano essere contenute all'interno di questo volume; così, è stata avanzata la proposta di realizzare una grande sala ipogea, la cui copertura piana sarebbe stata collocata alla stessa quota del piano di campagna originario e utilizzata come un'ampia terrazza panoramica.

Questa proposta è stata accolta e successivamente sono stati avviati i lavori di sbancamento per costruire un nuovo organismo edilizio senza introdurre ulteriore volumetria e alterare l'originario equilibrio che si era determinato tra il fabbricato esistente e il paesaggio circostante (fig.20-21).

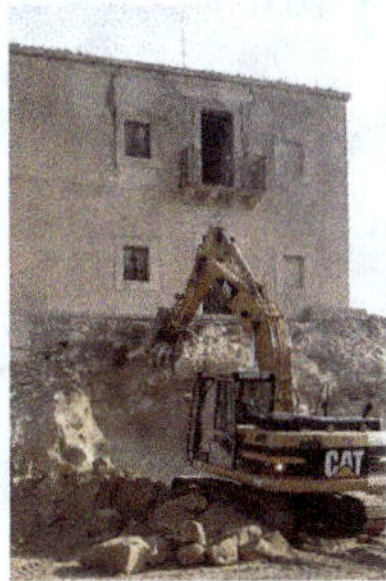

Fig.20 – Kento Parco Hotel, lavori di sbancamento

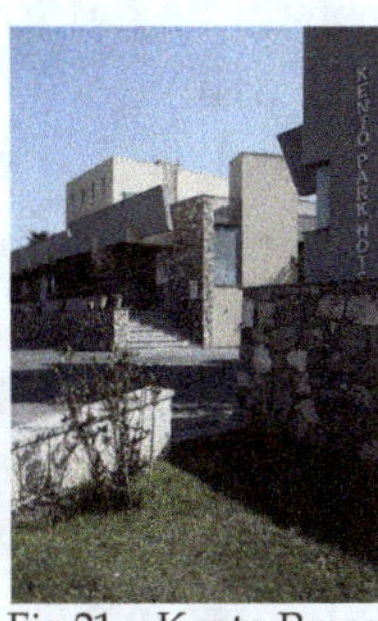

Fig.21 – Kento Parco Hotel, struttura a lavori ultimati

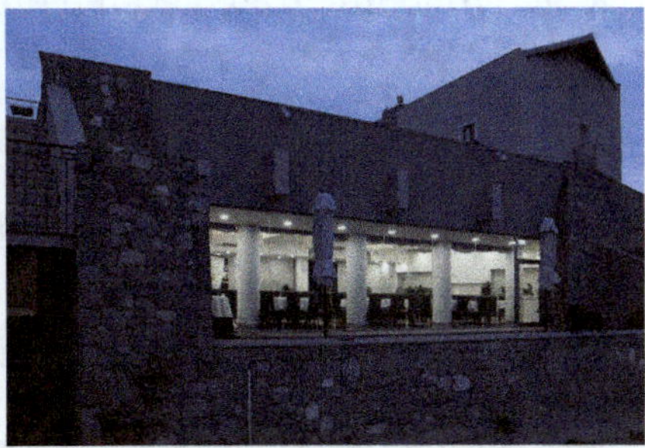

Fig.22 – Kento Parco Hotel, fronte orientale

L'architettura che è stata realizzata non s'immerge nel contesto ambientale, non ricerca una mimesi ma, come ritiene possibile Bruno Zevi, appartiene al paesaggio incidendovi per contrasto: ampie vetrate e inaspettati percorsi proiettati nel vuoto catturano il paesaggio come potenti cannocchiali (fig.22), coniugando i valori della tradizione e della modernità e alternando la concretezza materica dei rivestimenti in pietra e la leggerezza astratta delle superfici intonacate (fig.23).

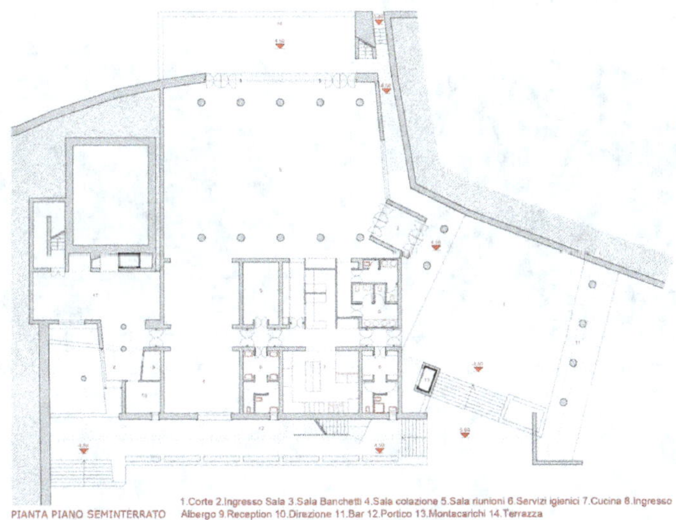

PIANTA PIANO SEMINTERRATO

1.Corte 2.Ingresso Sala 3.Sala Banchetti 4.Sala colazione 5.Sala riunioni 6.Servizi igienici 7.Cucina 8.Ingresso Albergo 9.Reception 10.Direzione 11.Bar 12.Portico 13.Montacarichi 14.Terrazza

SEGMENTI ARCHITETTONICI

L'ultimo intervento riguarda il recupero di due fabbricati rurali dove vengono integrate vecchie preesistenze e nuovi ampliamenti. In questo caso la citazione è di Franco Purini:

L'architettura occidentale si è alimentata a lungo di una meditazione sul rudere come luogo di un confronto tra la nascita e la morte del manufatto. Dalla contemplazione dei resti di un edificio, spesso non più in grado di suggerire la forma che esso aveva all'inizio della sua esistenza e per questo protagonisti di un enigma suggestivo e duraturo, l'architetto ricavava alcune indicazioni determinanti sul carattere ultimo di un manufatto nonché tutta una serie di impressioni figurative. (2000)

Le impressioni figurative che scaturiscono dalla meditazione sul rudere o dalla contemplazione dei resti di fabbricati rurali, di cui parla Franco Purini, in questi due progetti si traducono in nuovi segni architettonici che dialogano con i volumi originari.

Anche in questa circostanza gli edifici sono collocati ai margini dell'agglomerato urbano di Centuripe (fig.24), in posizione tale da dominare il proprio fondo agricolo che si estende lungo il versante scosceso attraverso una serie di terrazzamenti.

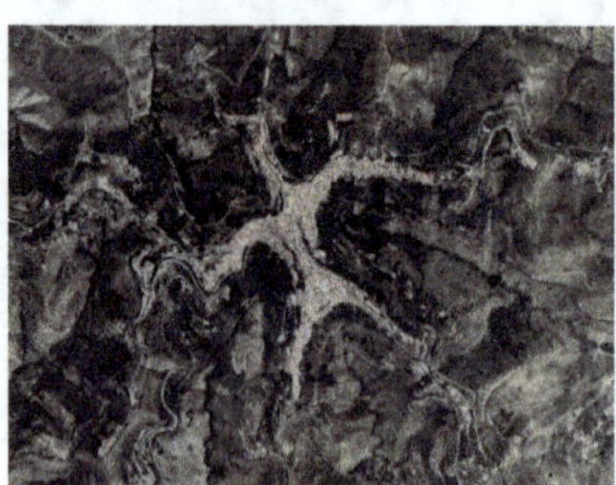

Fig.24 – Centuripe, Casa Catalano, Casa Maccarrone&Milazzo, ortofoto

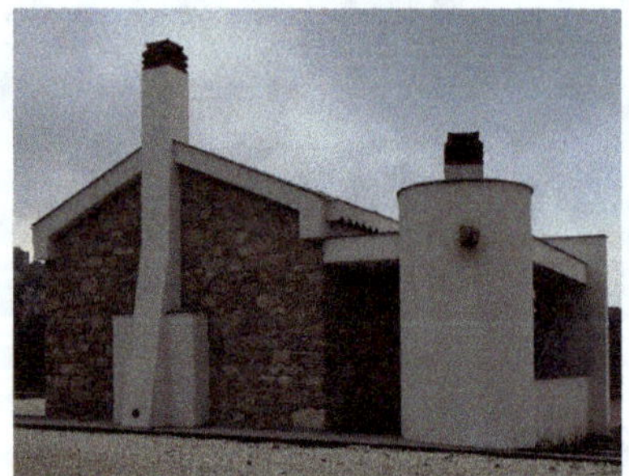

Fig.25 – Casa Maccarrone & Milazzo

In entrambi i casi si tratta della riqualificazione di piccoli fabbricati abbandonati, originariamente costruiti per la conduzione dei rispettivi vigneti.

Sia per quanto riguarda *Casa Maccarrone & Milazzo* (fig.25), sia per *Casa Catalano* (fig.26-27-28-29), la volumetria iniziale è stata leggermente ampliata con alcune appendici, così da garantire le dotazioni minime per un adeguamento funzionale senza alterare i caratteri tipologici dei fabbricati.

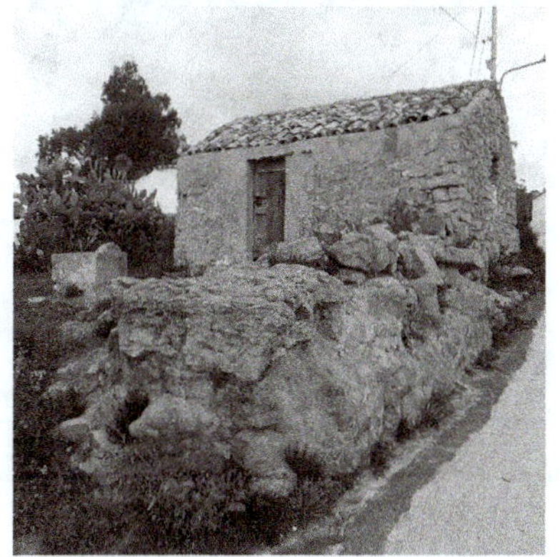

Fig.26 – Casa Catalano, fronte strada, stato antecedente ai lavori

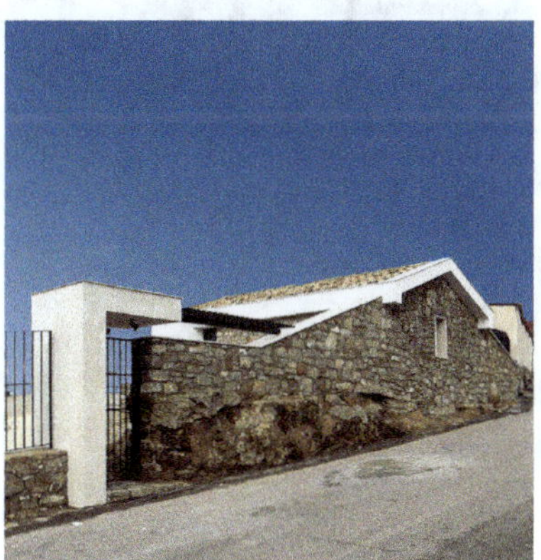

Fig.27 – Casa Catalano, fronte strada, stato successivo ai lavori

Nell'intervento di *Casa Catalano* è avvenuta una totale integrazione tra il prospetto principale della casa e il sistema di recinzione dell'area esterna, attraverso una rinnovata tessitura del materiale lapideo, interamente recuperato, e con la restituzione di un unico fronte stradale (fig.30-31-32) in cui si rafforza il confronto serrato tra i nuovi segmenti architettonici e le vecchie preesistenze.

Il contrasto tra la forma naturale della roccia arenaria e la regolare geometria dei muri in pietra, il rapporto tra l'esaltazione della materia e la concentrazione di pochi segni astratti, evocativi di forme archetipiche, caratterizzano il recupero di queste due case rurali: i nuclei originari e i nuovi volumi introdotti risultano perfettamente riconoscibili ed esprimono la volontà di coniugare passato e presente, pietra e intonaco, volume concreto e superficie astratta, forme vernacolari e segni razionali.

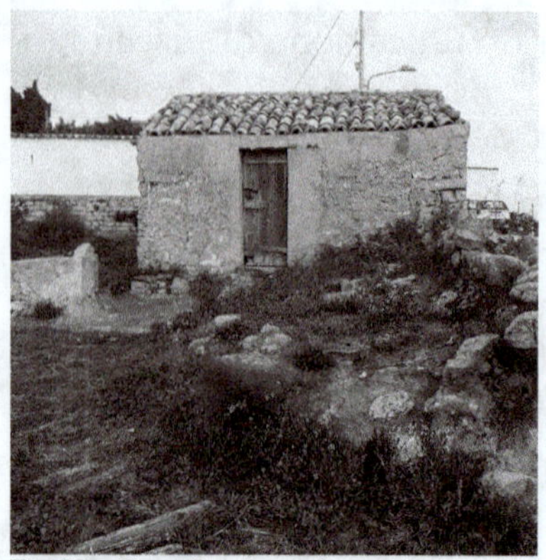

Fig.28 – Casa Catalano, fronte interno,
stato antecedente ai lavori

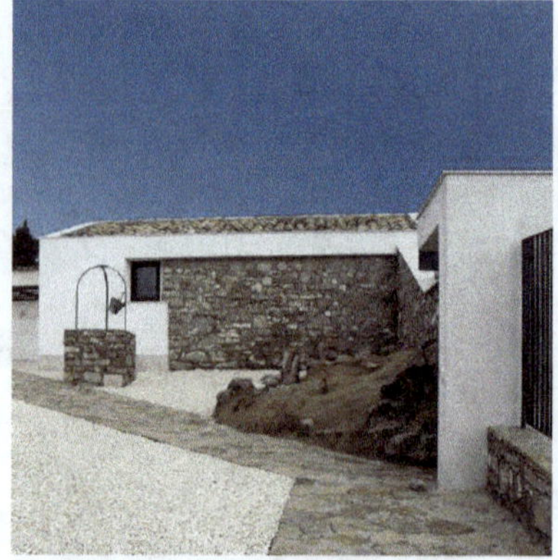

Fig.29 – Casa Catalano, fronte interno,
stato successivo ai lavori

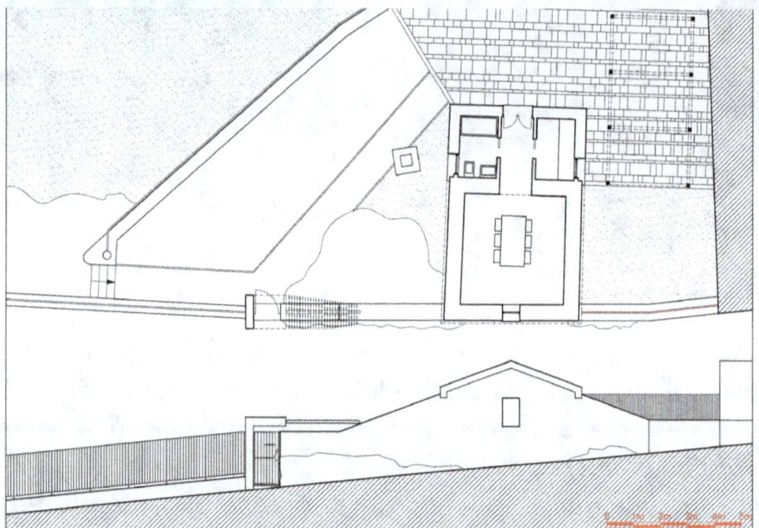

Fig.30 – Casa Catalano, grafici di progetto

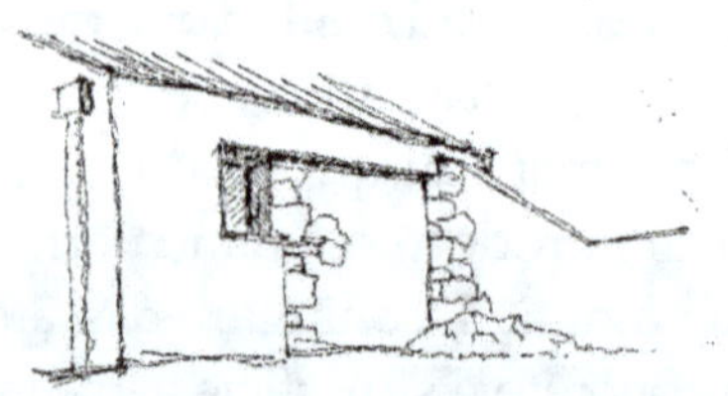

Fig.31 – Casa Catalano, schizzo di progetto

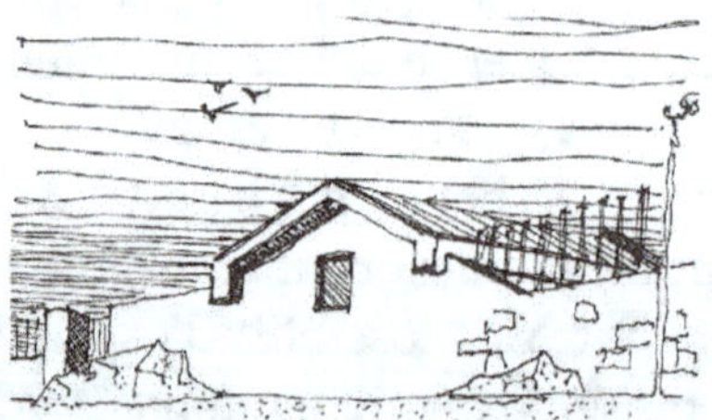

Fig.32 – Casa Catalano, schizzo di progetto

CONCLUSIONI

A proposito del concetto di simultaneità tra passato e presente può essere utile prendere in considerazione un'immagine iconica del rinascimento: *La flagellazione di Cristo* di Piero della Francesca (fig.33).

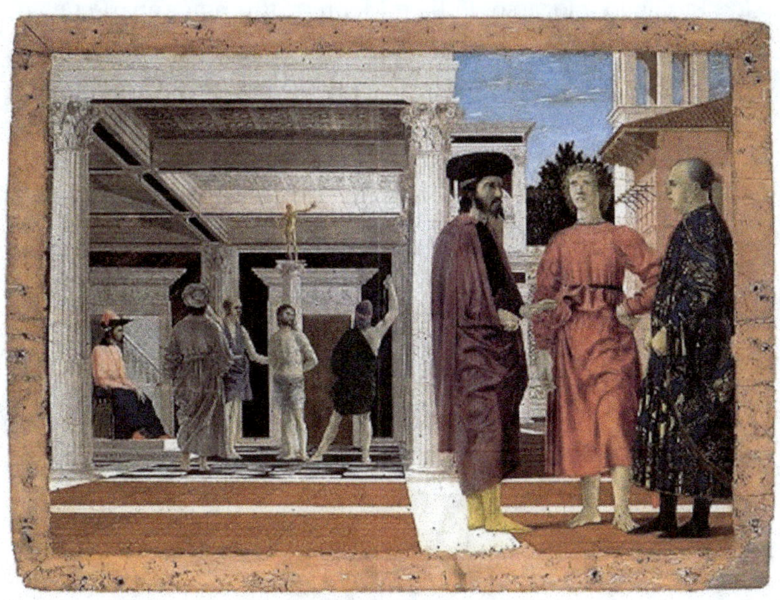

Fig.33 – Piero della Francesca, Flagellazione di Cristo, ca 1459, Tempera e leganti oleosi su tavola, 67,5×91 cm, Urbino, Galleria Nazionale delle Marche

In questo celebre dipinto l'autore riesce a introdurre un equilibrio ideale tra la scena rappresentata in fondo sulla sinistra, in cui tutti i personaggi risultano immobili e immersi in un passato lontano, come se il tempo si fosse fermato al giorno della flagellazione, e la scena dipinta in primo piano sulla destra, in cui le figure enigmatiche, invece, sembrano appartenere al presente, dentro un'atmosfera sospesa.

Un'opera d'arte che annulla ogni distanza tra il tempo trascorso e quello attuale, tra prima e dopo, tra passato e presente.

Un concetto che è stato ripreso anche da Giò Ponti, autorevole architetto del Novecento, in un famoso testo dal titolo *Amate l'architettura, l'architettura è un cristallo*, nel quale l'autore colloca i nostri riferimenti culturali in una dimensione senza tempo, lo stesso concetto che ha guidato l'approccio progettuale (fig.34) degli interventi di recupero presentati in queste pagine:

> Nella nostra cultura sono simultanei, coesistenti, Bach e Stravinsky, Raffaello e Picasso, Fidia e Moore: Saffo non appartiene ad un passato cui non partecipammo, appartiene al presente della nostra conoscenza; apparterrà al futuro. (Ponti 2004)

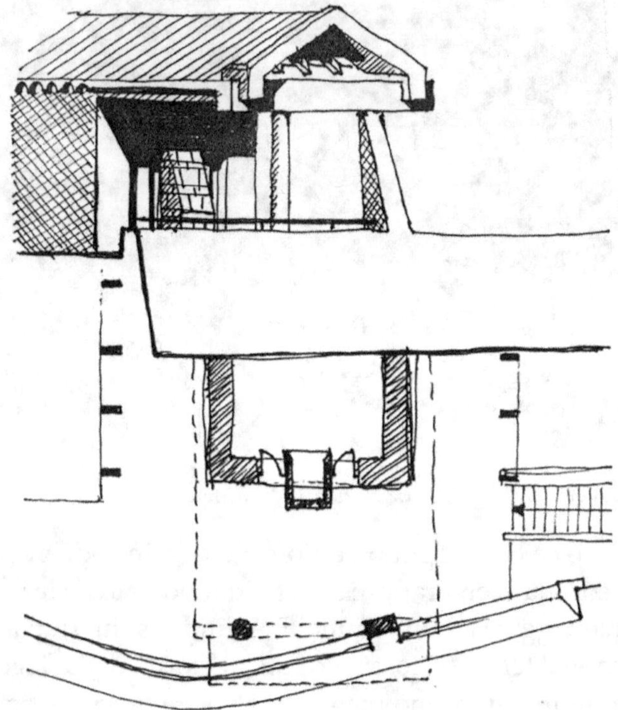

Fig.34 – "Timpano", studi sulle forme archetipiche di Casa Maccarrone & Milazzo

BIBLIOGRAFIA

Sciascia, Leonardo. *La Sicilia come metafora.* Milano: Arnoldo Mondadori Editore, 1979. 17-18.

Samonà, Giuseppe. *Architettura spontanea: documento edilizio fuori dalla storia.* Torino: Urbanistica N.14, 1954 - Anno XXIII.

Monestiroli, Antonio. *La metopa e il triglifo. Nove lezioni di architettura*. Bari: Editori Laterza, 2000. 76.

Purini, Franco. *Comporre l'Architettura*. Bari: Editori Laterza, 2000. X.

Zevi, Bruno. *Controstoria dell'Architettura in Italia – Dialetti architettonici*. Roma: Newton&Compton editori s.r.l., 1996. 72-73.

Ponti, Giò. *Amate l'architettura. L'architettura è un cristallo*. Milano: società editrice cooperativa CUSL, 2004. 93.

SITOLOGIA DELLE FIGURE

Fig.1 – Centuripe, inquadramento geografico (scaricata da https://www.sitr.regione.sici-
lia.it/portal/apps/mapviewer/index.html?layers=06b441f103024
aa4b1b9f966b1e4e3f9geografico)

Fig.2 – Centuripe, grafico dell'evoluzione demografica (scaricata da https://upload.wiki-
media.org/wikipedia/it/timline/q2r1dkzhrykwn6 hfz0vq9rpyfpnyelf.png)

Fig.3 – Centuripe, foto aerea (scaricata da https://i0.wp.com/www.lifebeyond-
thewire.com/wp-content/uploads/2022/05/Centuripe-Sicily-Drone-View-sca-
led.jpg?resize=1024%2C576&ssl=1)

Fig.4 – Pianta della città di Centuripe, Jean-Pierre Houël (scaricata dahttps://blogger.goo-
gleusercontent.com/img/b/R29vZ2xl/AVvXsEiGmJGc8bETOAXG5EFXfTyN2yov-
kgGKkp3dgn_Rd4ETwqvMj_P5TtALnP5INdeqyJ4NoDSrEC0DIv_SL27QU-
qutMn30QhJIHPqIJO6MJVbhY7kmRPBjpgLhyphenhyphenRy_6EaO27mK6hy4WfT-
Brke4/s1600/houel.jpg)

Fig.5 – Lastra che attesta l'antico patto di amicizia tra Centuripe e Lanuvio.
Iscrizione greca in dialetto dorico, ca II sec. a.C., pietra calcarea, 30×41×10 cm (scaricata da
http://www.simmetria.org/images/stories/brex1.jpg)

Fig.6 – Centuripe, quartiere storico dell'Annunziata, ortofoto (scaricata da
https://www.sitr.regione.sicilia.it/portal/apps/mapviewer/in-
dex.html?layers=06b441f103024aa4b1b9f966b1e4e3f9geografico)

Fig.7 – Centuripe, quartiere storico dell'Annunziata, vista panoramica (archivio personale)

Fig.8 – Quartiere storico dell'Annunziata, scalinata d'accesso (archivio personale)

Fig.9 – Chiesa dell'Annunziata (archivio personale)

Fig.10 – Quartiere storico dell'Annunziata, planimetria di progetto (archivio personale)

Fig.11 – Quartiere storico dell'Annunziata, planimetria di progetto (archivio personale)

Fig.12 – Centuripe, Borgo di Carcaci, ortofoto (scaricata da https://www.sitr.regione.sici-
lia.it/portal/apps/mapviewer/in-
dex.html?layers=06b441f103024aa4b1b9f966b1e4e3f9geografico

Fig.13 – Borgo di Carcaci, ortofoto (scaricata da https://www.sitr.regione.sicilia.it/por-
tal/apps/mapviewer/index.html?layers=06b441f103024aa4b1b9f966b1e4e3f9geogra-
fico)

Fig.14 – Borgo di Carcaci, piazza, stato antecedente ai lavori (scaricata da
https://www.sitr.regione.sicilia.it/portal/apps/mapviewer/in-
dex.html?layers=06b441f103024aa4b1b9f966b1e4e3f9geografico)

Fig.15 – Borgo di Carcaci, piazza, stato successivo ai lavori (archivio personale)

Fig.16 – Borgo di Carcaci, schizzo di progetto della piazza (archivio personale)

Fig.17 – Borgo di Carcaci, piazza (archivio personale)

Fig.18 – Centuripe, Kento Parco Hotel, ortofoto (scaricata da https://www.sitr.regione.sici-
lia.it/portal/apps/mapviewer/in-
dex.html?layers=06b441f103024aa4b1b9f966b1e4e3f9geografico)

Fig.19 – Kento Parco Hotel, foto panoramica (archivio personale)
Fig.20 – Kento Parco Hotel, lavori di sbancamento (archivio personale)
Fig.21 – Kento Parco Hotel, struttura a lavori ultimati (archivio personale)
Fig.22 – Kento Parco Hotel, fronte orientale (archivio personale)
Fig. 23 – PIANTA PIANO SEMINTERRATO. 1.Corte 2. Ingresso Sala 3. Sala Banchetti 4. Sala colazione 5. Sala riunioni 6 .Servizi igienici 7. Cucina 8. Ingresso Albergo 9. Reception 10. Direzione 11. Bar 12. Portico 13. Montacarichi 14.Terrazza
Fig.24 – Centuripe, Casa Catalano, Casa Maccarrone&Milazzo, ortofoto (scaricata da https://www.sitr.regione.sicilia.it/portal/apps/map viewer/index.html?layers=06b441f103024aa4b1b9f966b1e4e3f9geografico)
Fig.25 – Casa Maccarrone & Milazzo (archivio personale)
Fig.26 – Casa Catalano, fronte strada, stato antecedente ai lavori (archivio personale)
Fig.27 – Casa Catalano, fronte strada, stato successivo ai lavori (archivio personale)
Fig.28 – Casa Catalano, fronte interno, stato antecedente ai lavori (archivio personale)
Fig.29 – Casa Catalano, fronte interno, stato successivo ai lavori (archivio personale)
Fig.30 – Casa Catalano, grafici di progetto (archivio personale)
Fig.31 – Casa Catalano, schizzo di progetto (archivio personale)
Fig.32 – Casa Catalano, schizzo di progetto (archivio personale)
Fig.33 – Piero della Francesca, Flagellazione di Cristo, ca 1459, Tempera e leganti oleosi su tavola, 67,5×91 cm, Urbino, Galleria Nazionale delle Marche (scaricata dahttps://upload.wikimedia.org/wikipedia/commons/thumb/8/85/Piero%2C_flagellazione_11.jpg/1024px-Piero%2C_flagellazione_11.jpg)
Fig.34 – "Timpano", studi sulle forme archetipiche di Casa Maccarrone & Milazzo (archivio personale)

Il Mediterraneo: tra "Meraviglia" e "Idola"

CARMELINA VACCARO

Interrogarsi sull'interpretazione di un territorio, tenendo in giusta considerazione la percezione che gli abitanti hanno delle sue caratteristiche paesaggistiche, è indispensabile per comprendere gli effetti che a lungo termine esso ha sul temperamento della sua gente, questa sappiamo, attraverso la creativa produzione di idee sensibili "idola", da qualcuno considerate pregiudiziali, ha imparato ad accogliere e ad amare l'ambiente in cui vive sorridendogli. Da qui, nasce una breve speculazione che vuole offrire alcuni contributi, frutto dei diversi periodi storici, sul tema proposto, proponendo la filosofia come chiave di lettura e come percorso pseudo scientifico utile ad accogliere e a realizzare nuovi scenari di conoscenza sull'apporto" informale" che il territorio può donare ai suoi abitanti.

Proprio da questa prospettiva osserviamo l'esperienza di vita della popolazione mediterranea.

Le terre del Mediterraneo possono essere, così, immaginate come luoghi che inducono l'uomo a provare emozioni di ammirazione, in quanto assimilabili per condizioni climatiche, culturali e paesaggistiche a piccoli paradisi terrestri, e non stupisce quindi il fatto che riescano a suscitare sempre un forte senso di "Meraviglia" in coloro che li visitano, ma ancor di più un senso di imprescindibile appartenenza, anche in coloro che li abitano o che li hanno abitati. Gli effetti di questo sentimento di "Meraviglia" sono tracciabili nell'anima anche di quanti per scelta decidono di lasciare questi splendidi luoghi bagnati dal Mar Nostrum, e qui infatti, che la ragione si fa spazio per indagare il concetto di "Meraviglia" che si genera da tutte le cose ed è presente in tanti eventi che valorizzano questa realtà tipizzandola. Essa, è il punto di partenza che tenta di avviare l'indagine sulle cose, che muove il pensiero nell'individuare e nel comprendere le caratteristiche dei fenomeni; essa è, secondo Aristotele, la forza trainante e motrice nella ricerca della conoscenza. Il filosofo sostenne: "Infatti gli uomini hanno cominciato a filosofare, ora come in origine, a causa della *Meraviglia*" (Aristotele I 2, 982 b), di conseguenza è l'affermazione di un'idea in cui tutti gli uomini, inseguono la conoscenza attraverso la *Meraviglia* continua: "tutti gli uomini per natura tendono al sapere" (Aristotele I,1 980 a).

La tensione verso questa ricerca della conoscenza potrebbe apparentemente avere come unico intento quello di soddisfare in maniera semplicistica un atteggiamento curioso e poco significante, ma di fatto a ben guardare il senso delle cose è chiaro; la ricerca creativa del significato di una verità che si presenta con una contingenza specifica, cerca di fissarne sempre il valore simbolico.

Questo processo ci ricorda l'importanza della speculazione filosofia proposta dal filosofo Cartesio atta a superare il concetto di divisione tra i due aspetti dell'esistenza umana, *res cogitans*, ossia ciò che esiste ed è caratterizzato dall'attributo del pensiero e la *res extensa*, la sostanza finita caratterizzata dall'attributo dell'estensione, l'importanza di questo contributo cognitivo stabilisce un ponte tra quello che la realtà oggettiva è, e come essa venga pensata, nell'aspirazione di poter creare un unità tra le parti. Infatti, noi uomini con la parte più sensibile della nostra esistenza ci accostiamo alla meravigliosa realtà naturale e a questa con la nostra conoscenza cerchiamo di dare un valore.

Dunque, la natura, che tanto meraviglia l'uomo, con egli convive in un rapporto di interscambio, da cui entrambi traggono i benefici. L'idea del beneficio che la natura trae dalla presenza dell'uomo, è evidente nell'intento da parte di quest'ultimo di accettarla e viverla, attraverso un sistema non solo di protezione, ma soprattutto di valorizzazione del significato che essa veicola; di contro l'uomo ottiene tanti benefici dalla natura e in termini di sussistenza e in termini pedagogici, dunque, l'uomo impara dalla natura.

Da essa l'uomo trae ispirazione per motivare eventi e i fenomeni climatici, atmosferici, catastrofici che la coinvolgono e per i quali egli tendenzialmente cerca delle cause seppur molto inverosimili certamente con profonde radici culturali dal sapore storico di una conquista del sapere tramandato dai nostri avi. Un esempio dell'espressione tradizionale è il mito, scelta antropologica di un popolo che ha accolto e coltivato la civiltà greco-romana.

Il mito diventa dunque un anello di congiunzione che partendo dal concetto di meraviglia giustifica il rapporto tra l'uomo e il territorio, generando pseudo sistemi di conoscenza, utili agli individui per dominare la realtà circostante, per giustificare l'esistenza di un oggetto, di un evento. In questo stile nel territorio Mediterraneo si pensa a due grandi titani "*U Mari*" (il mare), e "*A Muntagna*" (La montagna); in tal senso particolarmente interessante è la visione dei fenomeni, da essi causati, eruzioni, mareggiate e tempeste, come scatenate, seguendo la ratio con la quale le civiltà antiche hanno giustificato la natura, da divinità creatrici, da queste elaborazioni sensibili nasce il *Mito,* che come vera e propria concretizzazione antropica priva di fondamento scientifico e esclusivo frutto del pensiero creativo e ideativo è direttamente riconducibile e assimilabile a quelle "idee fattizie" di cartesiana memoria.

Le stesse idee diventano nel pensiero di Bacone degli "*Idola*", idee pregiudiziali, che hanno l'ingrato compito di inficiare il processo della conoscenza umana, attraverso false opinioni espresse relativamente alla realtà oggettiva, da osservare non solo dal punto di vista sensibile, ma da accogliere e rielaborare sulla base di un nuovo sistema valoriale, con finalità di arricchimento di chi ne fa parte. Un esempio di creazione mitologica è quella narrata per giustificare l'attività eruttiva, per esempio, dell'Etna, infatti fin dall'antichità il maggiore tra i rilievi presenti sul territorio mediterraneo era considerato come l'effetto di una punizione per colui che aveva offeso l'impareggiabile intelligenza di Zeus; si racconta, che questa fu la sorte del gigante Tifeo che sconfitto ed imprigionato dal re dell'Olimpo, fu condannato a sorreggere la Sicilia per sempre, egli secondo il mito sarebbe quasi crocifisso sotto la Sicilia, più esattamente: i suoi piedi sarebbero sul capo Lillibeo, il suo braccio destro è legato al Capo Faro o Peloro e il braccio sinistro in basso, sul Capo Passero, la sua testa giace sotto L'Etna per ciò, secondo il racconto mitologico, quando il vulcano brontola ed emana fuoco è in realtà il lamento di protesta del colpevole Tifeo. In un altro mito, invece, l'Etna, avrebbe avuto un'altra origine giustificata dal fatto che Efesto scagliato dall'Olimpo dopo aver litigato con Giove, atterrò in malo modo in una bellissima isola, la Sicilia, è cadendo procurò un grosso buco, identificato con la montagna, egli ormai prigioniero, decise di fare di questa immensa cavità sotterranea, la sua officina, dove poter forgiare tutte le armi utilizzate nelle battaglie dai greci, questo secondo il mito è il motivo per il quale, spesso dall'Etna fuoriescono dei lapilli di fuoco.

Nella medesima ottica mitologica si considerano le mareggiate motivate, questa volta, dalla furia di Poseidone, figlio di Crono e Rea, signore delle profondità oceaniche, dotato di grande forza, e pertanto in grado di scatenare tempeste e maremoti. Il suo carattere magnanimo e capriccioso al tempo stesso, lo rende capace di grandi doni, come far sgorgare sorgenti in terre aride e isole dalle profondità del mare, ma a causa del suo carattere mutevole e capriccioso, stesso carattere in cui le popolazioni mediterranee si riconoscono, è anche responsabile di catastrofi oltre che di elargizioni.

Ancora altri miti hanno come protagonista il Mediterraneo, è il caso dei miti di Ulisse e di Enea entrambi compiono un lungo viaggio per mare, in questo vivranno tante avventure e avranno tante peripezie, saranno confusi, approderanno su isole, lotteranno rischiando anche la loro vita, ma manterranno sempre come unico obiettivo quello di riuscire a riprendere la strada di casa e raggiungere attraverso le acque la loro meta, il mediterraneo, luogo accogliente e caloroso, spazio per ritrovare se stessi; ancora oggi e proprio dal mare, giunge il canto della nostalgia che con la forza della memoria attraversa il mito per insegnarci con maggiore pregnanza che, la determinazione e la resilienza sono delle caratteristiche che storicamente hanno accompagnato gli uomini venuti dal mare.

Dunque, l'uomo attraverso il mito, tenta di osservare la realtà indagandone le cause, ma al contempo si accosta ad essa in un'ottica utilitaristica. Non stupisce, quindi, che la vita di ogni individuo grazie alla realtà territoriale circostante, ha un significato diverso, il convivere con essa, non è una reazione legata al concetto di abitudine, ma d'integrazione con la stessa, in un'unità imprescindibile ed indispensabile tra le parti. Si tratta di quello che gli antropologi chiamano prospettiva olistica, dal termine greco *"olos"* che significa "intero". Adottare una prospettiva olistica nello studio dell'ambiente significa avere chiaro che i modelli condivisi da un gruppo costituiscono un complesso tendenzialmente integrato. Di ciò si ha testimonianza già nelle prime manifestazioni culturali del mondo greco, esattamente tra la fine del V e l'inizio del IV secolo a.C., il fondatore della medicina scientifica Ippocrate ha ipotizzato, in un atteggiamento di grande modernità, che il giudizio dell'uomo nel suo complesso, sulla base del luogo in cui è naturalmente inserito, ossia nel contesto di tutte le coordinate che costituiscono l'ambiente in cui vive: le stagioni, i loro mutamenti e i loro influssi, le acque, le caratteristiche dei luoghi e le loro proprietà, le posizioni dei luoghi e il tipo di vita degli abitanti. Infatti, la natura dei luoghi e di ciò che li caratterizza incide sulla costituzione e sull'aspetto degli uomini e quindi sulla loro salute.

Queste affermazioni propongono, dunque, l'idea che l'uomo dalla natura tragga anche gli elementi caratterizzanti e il proprio carattere, sulla base di un principio universale, che vede l'influenza dell'ambiente circostante sulla crescita, sulla formazione, ma fondamentalmente sull'aspetto emotivo.

Altro contributo storico sociologico che si orienta in questa direzione è quello offerto da Montesquieu in un saggio, in esso l'autore sostiene:

Queste cause si rivelano meno arbitrarie man mano che hanno un effetto più generale. Cosicché, noi conosciamo meglio ciò che dà un particolare carattere ad una nazione, di ciò che conferisce un certo spirito ad un individuo; ciò che modifica un sesso, di ciò che esercita un'azione su un uomo; ciò che forma il genio delle società che hanno abbracciato un determinato stile di vita, che non quello di una persona singola. (Montesquieu, 37)

[...]

Da questi differenti bisogni relativi a differenti climi hanno avuto origine le differenti maniere di vivere e conseguentemente, i diversi costumi e caratteri che vi si osservano. (Montesquieu 45)

Domenico Felice continua la sua analisi con la considerazione che, il messaggio ultimo proposto nel testo montesquieuiano, è che pensando alla nostra realtà, ossia tutto ciò che ci circonda, in qualche modo, esso ci riguarda e ci condiziona:

… le variazioni della temperatura atmosferica e il tipo di persone che frequentiamo; l'aria che respiriamo e i viaggi che intraprendiamo; le proprietà chimico-fisiche dei luoghi dove risiediamo e lo stile di vita che abbiamo adottato o che ci siamo autoimposto; la qualità dei cibi che mangiamo, in una parola, tutto ciò che appartiene, o si riferisce, al mondo tanto naturale quanto storico-culturale entro cui la sorte ci ha collocati, o che abbiamo scelto come nostra dimora. (Felice, 33)

Su questa linea di pensiero, successivamente in un periodo più moderno in ambito antropologico Pierre Bourdieu sociologo francese parlò di "habitus" come un sistema di disposizioni che tendono a farci agire e pensare istintivamente in un modo piuttosto che in un altro in presenza di certe circostanze. L'habitus, di cui ci parla non è unico per tutti gli individui, ma esso ha la facoltà di cambiare sulla base dei modelli culturali condivisi e anche in relazione al "posto" che l'individuo occupa. Sulla base di quanto fin qui detto, sembrerebbe utile, fare riferimento al contatto tra l'uomo e la natura anche dal punto di vista della psicopedagogia degli ultimi decenni, come ricerca di un contatto significativo e significante di quello che è il territorio, che circonda l'uomo; su questo aspetto si salda la riflessione di Gardner, il quale annoverò all'interno di una serie di intelligenze umane, esattamente nove, "un'intelligenza naturalistica" (pag. 56); essa rappresenta esattamente la capacità che l'uomo ha di accostarsi alla natura per conoscerla, ma soprattutto per utilizzarla nel suo sistema di crescita, come già anticipato da Rousseau con un idea semplicistica ma potenzialmente valida, quanto affermava che il presupposto di una buona educazione doveva essere il contatto del bambino con la natura. In questa visione è chiaro l'effetto di condizionamento che la natura ha sull'uomo, sulla formazione dell'uomo come entità creativa e resiliente.

Questo pensiero trova una declinazione nei sistemi di vita mediterranei dove convivere con due grandi titani come il mare e la montagna diventa un'impresa ardua per gli abitanti che sanno di poter vivere in qualsiasi momento le esperienze di un terremoto, di un' eruzione vulcanica di lapilli e/o cenere, allo stesso modo si potrebbero creare sentimenti di angoscia negli abitanti dei territori costieri a causa di tempeste, mareggiate, sbarchi, eventi questi, che nonostante possano far parte di una realtà abitudinaria producono spesso un effetto ansiogeno. Però al di là del comune immaginario, questi non sono i sentimenti che caratterizzano i popoli del mediterraneo, che al contrario sono sempre felici di condurre la loro vita in un territorio selvaggio che insegna il coraggio, la capacità di resistere agli urti progettando nuove imprese, come l'orientamento psicologico contemporaneo ci insegna, l'uomo vive di *insight*, termine proposto da uno psicologo della Gestalt secondo cui l'individuo, di fronte ad una determinata situazione ambientale, percepisce, oltre che gli elementi presenti nel campo visivo, anche le loro relazioni funzionali e spaziali o, in una parola, una gestalt (forma o situazione di campo), egli propone il concetto di insight, intuizione per il quale l'individuo ingegna la propria mente a trovare delle soluzioni insolite, nuove prospettive di vita, magari intraprendendo nuovi progetti e nuove scelte con lo scopo di sfruttare in un'ottica possibilmente ecologica ciò che il territorio offre. Pertanto, dalle eruzioni o dalle catastrofi l'uomo impara a rialzarsi a vedere nuovamente la luce della certezza di riuscita; la nostra realtà ha temprato l'animo attraverso il coraggio, la temerarietà, tutto il popolo mediterraneo ha imparato a cadere e a rialzarsi, è riuscito a sopravvivere a tutte le tempeste trovando nuove strade, grazie alla caratteristica determinazione che rende unica la gente del mediterraneo. La capacità di resilienza, di resistere alle catastrofi, ai cambiamenti è propria di una popolazione che non si ferma di fronte all'ostacolo, ma al contrario, vede in esso una nuova opportunità.

Dunque, la problematicità degli eventi funge da stimolo esterno utile ad attivare una forte capacità cognitiva, che ha alla base una capacità creativa, una forte predisposizione a quello che veniva indicato da De Bono, un *pensiero divergente*, ossia inusuale o alternativo che proprio per sua natura ha la capacità di individuare nuove possibilità non precedentemente vagliate. Non si hanno dunque idee preconcette, il pensiero è caratterizzato da un'estrema produttività, non si muove verso un'unica direzione, ma intravede nuovi panorami. In una breve sintesi si potrà quindi dire che la ricerca dell'uomo verso la conoscenza si attiva, grazie al sentimento di meraviglia che la natura stimola nello stesso ma allo stesso tempo attraverso il contatto costante con essa, l'essere umano cerca di identificarla per scoprire una strategia nuova di vita che abbia come obiettivo ultimo, quello di amare il proprio territorio tanto da lasciarsi coinvolgere e condizionare da questo, come accade ai popoli che vivono il mare e la montagna, i due grandi titani che, quasi in tutto il territorio Mediterraneo, si prendono la scena e con la loro maestosità guidano l'uomo verso scelte di carattere, condizionandolo come attraverso una matrice genetica.

BIBLIOGRAFIA

Aristotele. *La Metafisica*, vol. primo, trad. int. a cura di Reale Giovanni. Napoli: Luigi Loffredo, 1968.

Anolli, Luigi e Paolo Legrenzi. *Psicologia generale*. Bologna: Il Mulino, 2012.

Bourdieu, Pierre. *Per una teoria della pratica*, Milano: Franco Angeli, 1972.

Felice, Domenico, "Introduzione." In Montesquieu, *Saggio sulle cause che possono agire sugli spiriti e sui caratteri*, a cura di Domenico Felice, Pisa: Edizioni ETS, 2004. 9-33.

Gardner, Howard. *Formae mentis*, trad. L. Sosio, Milano: Feltrinelli, 1987.

Gentile, Gianni, Ronga Luigi e Bertelli Mario. *Il Portico dipinto, dalle origini alla fine della scolastica*, Torino: Il Capitello, 2022.

Gentile, Gianni, Ronga Luigi e Bertelli Mario. *Il Portico dipinto, dal positivismo ad oggi*, Torino: Il Capitello, 2022.

Ippocrate. *Opere*, tr.it. a cura di Vegetti Matteo, Torino: Utet, 1965.

Köhler, Wolfgang. *L'intelligenza nelle scimmie antropoidi*, Firenze: Giunti Editore 2009.

Montesquieu. *Saggio sulle cause che possono agire sugli spiriti e sui caratteri*, a cura di Domenico Felice, Pisa: Edizioni ETS, 2004.

La Ragazza Perduta di D.H. Lawrence come inno alla semplicità e alla bellezza del mondo naturale

Maria Rosaria Vitti-Alexander

NAZARETH UNIVERSITY

Viaggiare fu certamente uno degli interessi più grandi di D.H. Lawrence, e l'Italia uno dei paesi da lui più amati, e *La ragazza perduta*, rivela questo suo amore viscerale per l'Italia, paese che aveva visitato a lungo da nord a sud. Durante una sua visita a Napoli, Lawrence si ferma in Ciociaria, a Settefrati per essere precisi, dove soggiorna per un certo periodo. Oggi il palazzo che ospitò lo scrittore porta ancora un'indicazione del suo soggiorno. Ed è durante questa visita che nasce la bellissima e commovente storia di Alvina la "ragazza perduta," giovane ribelle che lascia la sua Inghilterra per seguire l'amore, e con esso scopre il mondo primitivo ed arcaico di questo angolo di Val Comino. Un luogo che ha ammaliato lo scrittore che ne ha colto fino in fondo le sue caratteristiche; un pezzettino di mondo nascosto tra montagne e burroni, luogo che accoglie e respinge, che si ama e si odia, perché di una bellezza che conquista e che difficilmente la si puo' dimenticare: "Era un mondo incantato, con la luna sulle vette nevose e, sotto, il letto pallido del torrente con l'acqua scrosciante e tutto intorno le macchie d'alberi dai rami fitti e sottili. Incantevole..." (390).

Per meglio cogliere il significato di "perduta" che D.H. Lawrence dà alla protagonista del romanzo Alvina Houghton, è necessario conoscere non solo la provenienza della giovane donna ma coglierne fino in fondo il carattere e la sua indomita personalità. Alvina nasce in una tranquilla, ricca e acculturata cittadina del Midlands inglese, Woodhouse, nell'anno 1920. Una società ben organizzata quella di Woodhouse, con le sue classi sociali distinte, con famiglie che vivono in una certa agiatezza o pretendono di averla, ma soprattutto vivono nel rispetto assoluto del proprio posto in società. Alvina Houghton cresce nella Manchester House, nel benessere e circondata dall'amore dei suoi. Figlia unica può avere qualunque cosa, adorata dai genitori e dalla governante, sembra una ragazza come le altre, felice di far parte di un mondo facile," si esercitava al pianoforte, passeggiava, e come espressione di vita sociale frequentava la cappella congregazionista e tutte le funzioni inerenti" (24). La vita parrocchiale le offre una vita sociale abbastanza interessante, e tramite la ben fornita biblioteca locale, Alvina cresce acculturata. Per vent'anni la giovane rimane una creatura composta, raffinata, che segue nel rispetto assoluto il posto assegnatole in società. Ma qualcosa si rompe nell'animo della giovane, e l'eroina di Lawrence dà inizio a una serie di ribellioni che faranno scoppiare quella bolla di rispettabilità e di regole della società inglese del tempo. Anche se inconsciamente, Alvina dà inizio a una corsa per uscire dalle ipocrisie, dalle regole, da un certo comportamento che la società invece esige da lei. Ad un matrimonio

doveroso suggeritole per restare nel suo rango sociale Alvina decide di voler studiare. Vuole farsi infermiera pediatrica Alvina, non per vero interesse ma piuttosto semplicemente per poter asserire la propria volontà. In famiglia nessuno sembra capirne la scelta, ne sono tutti piuttosto "scandalizzati". Per una ragazza della sua classe sociale è un buon matrimonio a regolare ogni cosa. Eppure, una decisione del genere è semplicemente "ripugnante" per la giovane. Impossibile sposarsi come esige la società. Inaccettabile Il dover assoggettarsi alla volontà maschile. Non soggetta all'uomo ma a lui uguale, ecco la visione che la giovane ha del suo futuro, e suo è il compito di strappare la ragnatela di ipocrisie che ricopre il mondo in cui vive. E dunque eccola chiamata per la prima volta "ragazza perduta" perché ribelle ormai alle regole del suo mondo, perché alla ricerca di un qualcos'altro da sostituire al posto assegnatole dalla società. Alvina si sente vivere solamente nella ribellione, nello scegliere per se stessa il suo modo di agire.

Altre scelte, altre ribellioni seguono. Alvina si allontana dalla sua città per farsi allevatrice di bambini, si unisce ad un gruppo di artisti, si fa pianista per una compagnia di varietà, i Natcha-Kee-Tawara. Ed è con questo nuovo gruppo che viene a conoscere Ciccio, Francesco Marasco, e tutto cambia per la giovane donna. Ciccio è diverso dagli uomini finora conosciuti, come diverso è il suono dello strumento che il giovane suona. È un mandolino lo strumento di Ciccio, e lamentoso e nasale ne è il suono. Ed è con il mandolino che Ciccio conquista Alvina: "Torn'a Surrientu, famme campa' ", canta Ciccio e "faceva gemere le corde del mandolino e sonava appassionate canzoni napoletane che Alvina non conosceva." Alvina è completamente conquistata dal giovane, da "quella sua misteriosa diversità, il carattere meridionale, quel che di vellutato e di oscuro." Da subito Alvina si sente attratta da Ciccio, diverso dai tanti che ha conosciuto nel suo girovagare. È diverso Ciccio, "con le sue folte ciglia scure, ...un sorriso speciale metà sciocco, metà altero e beffardo." C'è qualcosa che incuriosisce Alvina che "sentiva emanare da lui un'istintiva benevolenza e che la sua alterigia e la riservatezza derivavano dal fatto che lei non sapeva seguire il linguaggio dei suoi gesti" (320). Gesticola Ciccio ed è questo suo modo di comunicare che soprattutto stimola l'interesse della giovane.

"Di dove venite?" gli chiede.
"Dall'Italia" rispose lui.
"Da quale parte dell'Italia?" insistette.
"Da Napoli" E la guardò di traverso interrogativamente." (323)

Alvina che aveva finora visto soprattutto il lato negativo degli uomini, legge qualcosa d'altro nello sguardo del giovane "...si sentiva certa della profonda bontà di quell'uomo. Le appariva anzi come l'unico uomo appassionatamente buono che avesse mai conosciuto. Rimaneva a osservarlo vagamente, con una strana e vaga fiducia, un'implicita fede in lui. In lui ..In chi dunque?" Questa giovane donna acculturata e di una certa classe sociale, e che finora non aveva fatto altro che ribellarsi al suo mondo, che aveva classificato i giovani di Woodhouse poco interessanti con la loro "aria scialba e superficiale", si trova ora ad un altro incrocio. Ciccio ha qualcosa di diverso dagli uomini conosciuti finora e se ne innamora. Il volto del giovane appare "strano e bellissimo", "Ignota" la sua bellezza. "...Era su lei l'incantesimo di quel mistero, di quella insondabile bellezza." Ed è il canto di Ciccio accompagnato dal suono del mandolino a catturare la sua immaginazione. È una finestra che si apre su un mondo sconosciuto ma inconsciamente sognato da sempre. È di nuovo chiamata "ragazza perduta" Alvina quando sposa Ciccio e con lui si avventura a conoscere un mondo totalmente diverso da quello della sua Inghilterra (332).

Nella seconda parte del romanzo accompagniamo Alvina e Ciccio nel loro lungo viaggio verso le montagne della Ciociaria, un viaggio intessuto di paura, di speranza, di scoperta di un mondo totalmente diverso da quello vissuto finora dalla giovane. Per Alvina l'arrivo al paese o meglio alla casa di famiglia di Ciccio è a dir poco scioccante. La casa che si presenta agli occhi di Alvina è priva di qualunque conforto, pavimenti di terra battuta, stanze senza finestre, manca di tutto finanche di una povera camera da letto. Totalmente inesistente è la cucina e non ci sono né piatti né bicchieri, solo una tazza e una padella. Pescocalascio ed Ossona, paesini in Ciociaria ai confini con l'Abruzzo, sono un mondo povero dove si lotta con il freddo, la neve e soprattutto con la miseria, eppure è un mondo di bellezza unico dove Alvina scopre qualcosa che non aveva mai visto nella sua pur ricca Inghilterra. "Cosi, senza alcuna luce all'infuori di quella delle stelle, il carro s'avviò rapido e strepitoso lungo la strada chiara,... Il vento era pungente e le stelle luccicavano vivide. ...sotto le rocce a picco, entrò la tenebra densa. ...Alvina intravvedeva montagne, rocce e stelle. ...Tutto era così meraviglioso e fantastico. ...Ella trovava magnifiche le stelle così lucenti, e terribilmente grandiosa e incantata la scoscesa impotenza delle montagne" (363)

Alvina inizia a sentire la diversità di questo mondo con quello lasciatosi alle spalle e viene chiamata per la seconda volta "ragazza perduta. ...Era uscita dal mondo ne aveva varcato i confini entrando nel mistero. Era perduta per Woodhouse, per Lancaster, per l'Inghilterra. Peduta per tutti."

Eppure, in questo posto sperduto in mezzo alle montagne Alvina coglie una grazia particolare che avvolge le persone del posto sia gli uomini che le donne del luogo. Scopre un incanto di natura unico e irripetibile, la bellezza del luogo stordisce nel suo splendore. Di sicuro sono le stesse sensazioni che avevano affascinato D.H. Lawrence quando si era fermato a vivere nel piccolo paese di Settefrati, e la seconda metà del romanzo si fa inno ad un ritorno alla semplicità e alla bellezza di un mondo naturale.

Ogni luogo di queste montagne è unico e indescrivibilmente affascinante: "le montagne color verde cupo e malva e rosa, e il terreno duro di gelo." Ogni paesino sembra stato costruito apposta nei posti più impensati: "Il villaggio era meraviglioso, costruito sul ciglio di un'altura nel mezzo dell'ampia vallata. ...Sotto la strada maestra si stendeva la valle con le sue colline accavallate e i due fiumi chiusi tra le pareti delle montagne..." I posti sembrano un sogno e "la neve luccicava al sole.... molti villaggi si aggrappavano alle pendici lontane, o stavano appollaiati sulle colline sottostanti." Il mercato settimanale di Pescocalascio si fa inno alla vita dei luoghi. Alvina rimane affascinata dalla folla "di robusti montanari, tutti contadini e quasi tutti in costume, con cappelli e acconciature di ogni foggia... I contadini, in costume di gala, coi sandali di pelle ai piedi." Anche dover camminare per spostarsi da un posto ad un altro rappresenta qualcosa di memorabile per Alvina, a piedi tra querce e cespugli di ginestre, in mezzo ai fiori. Per non parlare poi delle donne che addirittura la conquistano: "Alvina contemplò l'incantevole spettacolo degli abiti variopinti delle contadine" (350), e vorrebbe essere come loro, le invidia ed è durante questo giorno trascorso al mercato che Alvina capisce di aspettare un bambino, e guardò Ciccio con amore: "con quella sua pelle scura e gli occhi dorati, così vicino, così indissolutalmente unito a lei ... gli occhi fulvi di lui la fissavano, ravvolgendola tutta" (381)

Ed è durante uno di qesti mercati che Alvina formalizza la vera anima italiana di queste persone e di Ciccio in particolare: "Sul conto di Ciccio incominciava a comprendere una cosa, e cioè che non possedeva il senso della casa e della vita domestica come lo possiede l'inglese. La casa di Ciccio non sarebbe mai stata il suo castello. Il suo castello era la piazza di Pescocalascio. La casa per lui non sarebbe mai stata più di una proprietà e di un rifugio per dormire. Quando in lui si destava la vera natura italiana, la sua vera casa diventava la piazza di Pescocalascio, quella specie di piccola piazza del mercato, ... dove gli uomini s'intrattenevano a gruppi e non smettevano di parlare. Quelle le cose alle quali Ciccio apparteneva.... La mascolinità della sua mente e della sua intelligenza viveva nella piccola piazza pubblica del paese." Quando Alvina cerca di farlo parlare e discutere anche con lei non ci riesce, "inutilmente. Una oscura ostinazione gli impediva di tenere con lei una conversazione sul genere di quelle che teneva con gli uomini." Quando Alvina cerca di iniziare una conversazione da uomo a uomo, lui si rifiutava "le si chiudeva contro, ostinato come un bambino.... Istintivamente egli la tagliava fuori da ogni conversazione maschile.... In politica era un po' socialista, e in religione un pò libero pensatore. Ma in tutto questo Alvina non aveva voce in capitolo. Non voleva mai discutere con lei in inglese" (369).

È per la terza volta D.H. Lawrence chiama Alvina "ragazza perduta." "Senza alcun dubbio, Alvina era una ragazza perduta, tagliata fuori dal mondo al quale apparteneva.... A quel che pare, ogni paese ha i suoi centri potentemente negativi, località che rifiutano vittorioamente ogni vita culturale. E Alvina era capitata proprio in una di quelle località, lì, ai confini dell'Abbruzzo" (373). La giovane è entrata in un mondo lontano da quello finora conosciuto, un mondo dove tutti cercavano una certa istruzione, raffinatezza e benessere, a tutti i costi fino anche a doverla fingere. Qui invece Alvina si ritrova in un luogo dove tutti mostrano senza importanza la loro povertà, la loro ignoranza. Questo altro mondo è il mondo "scomparso" che probabilmente era stato una volta l'altro, quello inglese contro il quale la giovane si era ribellata, "È una felicità impetuosa e terribile s'impadroniva di lei.... Era uscita dal mondo per entrare nel mondo primitivo, aveva riaperto le porte dell'eternità antica." Alvina ha capito di non dover più fuggire, cercare altrove, è finalmente a casa.

Si avvicina Natale e Ciccio ed Alvina lavorano alacramente con un mucchio di pannocchie quando arriva il suono delle zampogne, "musica selvaggia ... il suono d'una zampogna e una voce acuta d'uomo che per metà cantava e per metà gridava una breve strofa, al termine della quale si levava lo squillo lacerante di un altro strumento di canna." Una musica non bella conclude Alvina ma "magica" che con quel suono particolar "evocava il passato di un indomabile paganesimo!" Quello delle zampogne è un suono che affascina e che nasce da strumenti primitivi che la riportano a pensare alla sua condizione strana, in un luogo come questo. Lei ragazza di una Inghilterra pretenziosa ed artificiale si ritrova ora in un luogo che non conosce ma che l'affascina e segue quasi in trance "quel suono strano, acuto e meraviglioso, e si sentì afferrare ancora una volta da una nostalgia misteriosa, e comprese che si poteva impazzire, la, nel velato silenzio di quelle montagne, nella grande vallata collinosa tagliata fuori dal resto del mondo" (385).

Ha paura di non farcela Alvina, eppure la natura che la circonda sembra sufficiente a renderla felice. "È un mondo incantato, con la luna sulle vette nevose, ... le macchie d'alberi dai rami fitti e sottili. Incantevole...." Eppure, l'incanto è sempre accompagnato da un "ma", da un "eppure". Il luogo dove Alvina è entrata è un luogo arcaico, rimasto fermo nel passato, regolato da ferree leggi patriarcali.

È un mondo dove si lotta per la sopravvivenza, contro il freddo, la mancanza di igiene, contro tutto. Ma è tutto ciò a far riscoprire ad Alvina la semplicità e la bellezza della vita. Questo minuscolo angolo di terre nascosto tra le montagne ha conquistato la giovane donna. Alvina esce nei giorni di sole a cogliere i fiori che crescono in mezzo alla neve, narcisi selvatici, con il loro profumo magico, l'ellebero verde, una pianta piena di fascino, il ciclamino roseo. Con l'arrivo di febbraio sono i mandorli a fiorire, e le violette bianche le riempiono la camera di colore. Sono i fiori a destare nella giovane un attaccamento appassionato per i luoghi e per lunghe passeggiate solitarie lontana dagli altri.

È lo scoppio della guerra e la partenza al fronte di Ciccio che portano allo scoperto la forza di Alvina e l'amore che lega i due giovani. Ciccio, impaurito a dover partire si dichiara sconfitto, impaurito, senza speranza.: "Sono senza speranza" disse con voce atona e ostinata." E qui riaffiora l'Alvina impavida di una volta, la ribelle che ha voluto a tutti i costi portare avanti le proprie scelte. Si rivolge con risoluzione a Ciccio: "Ma si che hai speranze, non fare scene." E al lamento di Ciccio "Non posso ritornare..." riappare l'anima indomita di Alvina di una volta. Gli fa capire invece che sarà di ritorno, deve tornare a lei per il bambino che nascerà tra poco. "Ragazza perduta" l'ha chiamata D.H. Lawrence per la terza volta, eppure è l'Alvina forte e indomabile di una volta che si riaffaccia, che si risveglia nella giovane donna che impone a Ciccio il giuramento: "Se decidi di ritornare, ritornerai. Ognuno e' padrone del proprio destino.... Se non ritornerai è perché' non avrai voluto." Al che Ciccio risponde "Ritonero' Allaye..... Ritornero' ed andremo in America." Ad Alvina non interessa dove andranno, è lui, Ciccio, che lei vuole, il padre del suo piccolo, "Ritornerai a me.... Per dove sarebbero partiti poi, non la riguardava, purchè egli ritornasse a lei" (390).

Ma anche Alvina ha finalmente capito, aveva già iniziato a comprendere di aver fatto la scelta giusta quando era in treno, in viaggio per il paesino di Ciccio, "comprese per la prima volta che cosa significa sfuggire alla minuscola perfezione dell'Inghilterra per immergersi nella grandiosa imperfezione di un grande continente." Il viaggio lungo e faticoso che ha portato Alvina fuori dal suo mondo, vede la giovane donna entrare in un'altra realta', completamente opposta a quella in cui lei era cresciuta, dunque "ragazza perduta" perché lontana da tutto quel mondo a lei familiare. Ma è appunto in questa nuova realtà che Alvina scopre di aver vinto la battaglia della sua liberazione. In questo nuovo mondo fatto di fatica, di pazienza e di rassegnazione Alvina scopre finalmente le sue capacità, e nella bellezza della natura circostante la sua vera forza.

BIBLIOGRAFIA

Lawrence, D. H. *La ragazza perduta*. Traduzione di Carlo Izzo. Roma: Eliot Edizioni, 2004.

Il deserto come luogo di incontri in *The Band's Visit*

David Winkler, PhD

THE FRISCH SCHOOL

Il seguente saggio si occuperà del film del regista israeliano Eran Kolirin *The Band's Visit*, uscito nel 2007. Il film di Kolirin ha ricevuto acclamazioni internazionali, tra cui il premio Un Certain Regard Jury Coup de Coeur al Festival di Cannes nel 2007, la scoperta europea dell'anno agli European Film Awards nello stesso anno e il miglior film agli Israeli Ophir Awards. Roger Ebert, Kenneth Turan e Stephen Holden lo hanno inserito tra i loro film preferiti del 2007, e il film vanta un tasso di approvazione del 98% su Rotten Tomatoes. Sosterrò che i riconoscimenti del film sono ben meritati, considerando che la sua sobrietà, umiltà e ritmo lento— tutte virtù mediterranee secondo la visione del grande Franco Cassano— ci indicano magistralmente un luogo dove potrebbe trovarsi una comprensione e una condivisione costruttiva tra le culture israeliane e arabe. Lo fa in modo né banale né ovvio, e per questo merita il nostro rispetto e attenzione.

La mia tesi per questo intervento sarà che, secondo questo film, il luogo di speranza per tale comprensione e condivisione costruttiva non si trova nel mare, ma nel deserto vicino. La retorica implicita del film suggerisce che quando attori di questi gruppi storicamente ostili si incontrano in un luogo rimosso dalle loro rispettive culture — in un luogo dove abbondano il silenzio, l'inerzia e vasti spazi vuoti, le influenze tossiche della superstruttura svaniscono. E da quei silenzi vasti e profondi, i personaggi si rendono conto che l'esistenza umana è segnata dagli stessi tipi di problemi per tutte le persone, indipendentemente dalla cultura o dalla politica. Attraverso questa realizzazione, i personaggi egiziani e israeliani si connettono; e attraverso questa connessione, successivamente si muovono oltre il torpore di quei problemi, riscoprendo la gioia, la bellezza e la grandezza della vita che si cela sotto.

Presumerò che il film non sia stato visto dalla maggior parte dei lettori; quindi, fornirò una breve sinossi della trama prima di offrire un'analisi.

The Band's Visit racconta la storia del soggiorno notturno dell'Orchestra di Polizia di Alessandria nella desolata e isolata cittadina fittizia di Bet Hatikva nel deserto del Negev. Un errore di viaggio li porta qui, poiché dovevano effettivamente suonare per l'inaugurazione di un Centro Culturale Arabo nella cittadina omonima Petah Tikvah. Isolati e incapaci di trovare trasporti per la loro destinazione corretta, la band viene ospitata dai residenti locali per la notte. Tra questi residenti c'è Dina, una ristoratrice libera e bella ma solitaria, che ospita due membri della band egiziana: Tewfiq, il leader rigido, formale e malinconico, e Khaled, il trombettista affascinante e disordinato con uno spirito romantico e un occhio errante per le belle donne. Gli altri musicisti sono sistemati in un appartamento con la famiglia di Itzik, l'amico disoccupato di Dina che trascorre le sue giornate seduto davanti al suo ristorante. Nel corso del lento e umile ritmo del film, assistiamo alla trasformazione della iniziale diffidenza e vaga ostilità tra i personaggi israeliani ed egiziani in una riconoscenza dei dolori e delle sfide condivisi, e, sotto questo, gioie, speranze e sogni, che si riscoprono grazie alle loro interazioni con gli estranei.

L'estetica dell'apertura del film chiarisce che la desolata cittadina del deserto di Bet Hatikvah è un protagonista chiave della storia. I lunghi piani di stabilizzazione della città mostrano diversi angoli di una singola strada vuota contro un'ampia distesa di sabbia ventosa. Vecchie auto squallide si muovono di tanto in tanto su strade solitarie, e un cartello con il nome della città scricchiola nel vento. In diverse inquadrature, l'unico suono che si sente oltre al vento è il rotolare dei bagagli dei musicisti bloccati mentre si dirigono verso un ristorante fatiscente. Quando chiedono a Dina indicazioni per il Centro Culturale Arabo, lei risponde che "non c'è cultura. Non cultura israeliana, non araba, nessuna cultura."

È nei profondi silenzi di questo deserto a-culturale che i protagonisti si libereranno dalle identità condizionate dalle loro culture d'origine.

Lo vediamo in modo più evidente con Tewfiq, il leader della band serio, silenzioso e malinconico. È guidato da un certo machismo sottotono, evidenziato dal suo rifiuto di chiamare l'ambasciata egiziana per chiedere aiuto quando la band è persa, dal suo rifiuto di delegare responsabilità di leadership ai membri senior della band che lo chiedono, e, soprattutto, dal suo severo trattamento nei confronti del disordinato e sognante Khaled. Diverse volte all'inizio del film, Tewfiq rimprovera Khaled come un padre severo e autoritario. In una di queste sequenze, un uomo chiede di fare una foto ai membri della band in uniforme all'aeroporto. Tewfiq segnala a Khaled di sistemare un bottone sulla giacca con un linguaggio del corpo severo e disapprovante, mentre una melodia di pianoforte solitaria ma giocosa suona in sottofondo. Mentre l'uomo si prepara a scattare la foto, un custode completamente indifferente spinge il suo secchio tra il fotografo e la band. La sequenza iniziale suggerisce già che il distacco del deserto a-culturale dai codici di paternalismo e machismo porterà Tewfiq a distaccarsi da tali comportamenti.

Che il deserto alienerà Tewfiq dalla sua persona macho diventa più chiaro quando la band è bloccata per la prima volta all'esterno di Bet Hatikvah. Orgoglioso e severo, Tewfiq guida la band lungo l'unica strada del deserto che porta fuori città, riluttante ad ammettere ai suoi subordinati che non hanno mezzi per viaggiare verso il Centro Culturale Arabo. Quando Khaled annuncia di avere fame, Tewfiq rompe la formazione della band, gonfia il petto, si avvicina al suo sottoposto e gli chiede minacciosamente di ripetere ciò che ha appena detto. Inalterato, Khaled lo fa. Tewfiq chiede minacciosamente agli altri se si sentono come Khaled, a cui rispondono timidamente di sì. Tewfiq è quindi costretto ad abbandonare la sua aura di intimidazione e autorità. Si dirige verso Bet Hatikvah e chiede a Dina di fornire un pasto alla sua squadra. Quando si rende conto che la cittadina desolata non ha hotel, deve anche accettare la sua offerta di fornire loro alloggio nella sua casa, nella casa di Itzik e nel ristorante, nonostante il suo orgoglio.

Nella pesante silenziosa dell'umile appartamento di Dina, si forma una conversazione lenta e imbarazzante tra lei, Tewfiq e Khaled. La libera e vagamente malinconica Dina è seduta informalmente, appoggiando un piede nudo sul tavolino accanto a Tewfiq, che siede rigido e scomodo su una poltrona vicina. Dal profondo silenzio dell'appartamento, Khaled chiede a Dina se le piace vivere in un luogo così isolato nel deserto. "È la mia vita," risponde Dina, "ci ho fatto l'abitudine." Poi aggiunge con una triste malinconia che a volte pensa di poter [andare da qualche parte di meglio, fare qualcosa di più]. Khaled le chiede perché non l'abbia già fatto e la telecamera si sposta su un ritratto di Dina appeso al muro, in cui appare più giovane, glamour, bellissima e vibrante. Sullo sfondo sentiamo la sua risposta: "Ho incontrato il mio primo marito." L'implicazione, ovviamente, è che la visibilmente single Dina ha attraversato almeno due matrimoni falliti, che hanno estinto il fuoco che una volta aveva, lasciandola senza energia e forse senza mezzi finanziari per cercare una vita più adatta a una donna della sua bellezza e personalità. Dina poi chiede a Tewfiq se ha una moglie e dei figli a casa. Con un'espressione indimenticabile di dolore e tristezza, lui risponde semplicemente 'no', ma è chiaro che la storia delle difficoltà di Dina sta riportando in superficie il ricordo del suo passato doloroso. Questa sarà la prima di diverse istanze in cui una storia comune di sofferenza umana emergerà dai silenzi di quel deserto, costringendo i personaggi culturalmente disparati a legarsi attorno all'universalità della sofferenza.

Dina poi convince Tewfiq a uscire e a provare la modesta vita notturna della città. In un ristorante prevedibilmente vuoto e silenzioso, Dina chiede a Tewfiq di dirle qualcosa in arabo, "solo per sentire la musica di queste parole." Tewfiq condivide il proverbio: "In inverno, prendi un ombrello; in estate, metti un cappello; in autunno, resta a casa." La fiducia, l'intimità e la connessione tra i due continuano a formarsi contro l'affermazione di Tewfiq riguardo all'inevitabile durezza della vita, un'affermazione che emerge nei silenzi e negli spazi di questo solitario contesto desertico. Continuano a legarsi sul fatto che i pochi clienti nel ristorante squallido li stanno osservando, Tewfiq perché è un arabo e Dina perché, nella sua solitudine, ha dormito con locali poco raccomandabili, ed è così conosciuta in città come una sgualdrina.

Da questo luogo di difficoltà condivise, inizia a prendere forma qualcosa di più profondo e essenziale: l'ispirazione e la grandezza spirituale che si celano sotto l'esaurimento e la disillusione di quelle difficoltà. Inizia quando Dina chiede a Tewfiq perché un'Orchestra di Polizia suoni musica classica araba piuttosto che marce militari. La risposta di Tewfiq è sottilmente splendida e poetica: "è come chiedere perché un uomo ha bisogno di un'anima."

Più tardi, i due sono seduti in un parco desolato, sempre nella quiete e nella vastità del deserto notturno che li circonda. Qui, l'anima poetica di Tewfiq continua a aprirsi, mentre spiega a Dina perché la pesca sia la cosa più importante al mondo:

È il suono dell'acqua e delle onde e dei bambini lontani che giocano sulla spiaggia, e il suono dell'esca che cade in acqua. Nelle prime ore in mare puoi sentire tutto il mondo, come … come una sinfonia.

Da qui, Tewfiq è sufficientemente a suo agio da cominciare a abbassare la guardia. Condivide con Dina che sua moglie è morta, insieme al loro unico figlio. Dina lo guarda con attenzione, il suo volto mostra una straordinaria mescolanza di empatia e interesse romantico.

Quando ritornano a casa di Dina e stanno per salire le scale, lei gli racconta che da ragazza guardava film arabi; che lei e le sue amiche erano tutte innamorate di Omar Sharif, e che sente che in quella notte, "potremmo rivivere tutto … un grande amore in grandi parole arabe." Il ferito e guardingo Tewfiq guarda in basso con umiltà, e condivide il profondo dolore che ha chiaramente tenuto nascosto sotto la facciata del suo machismo militare per così tanto tempo:

> È morta a causa mia. Avevamo un figlio brillante e bello. Ha commesso degli errori. Sono stato duro con lui. Non l'ho capito. Era gentile, fragile, come lei. Non l'ho capito. Si è tolto la vita. Questo ha spezzato il suo cuore.

In lacrime, le chiede se ha figli, e la donna sola risponde che non ne ha perché "quando poteva, era troppo occupata con sciocchezze; quando voleva, non poteva."

Più la loro sofferenza comune li unisce, più cresce e si svela la bellezza nascosta che essa porta con sé. I due salgono al piano di sopra e trovano Khaled. Tewfiq si scusa, posa una mano sulla spalla di Khaled e gli dice, "vai pure, figlio," con il tono di un padre amorevole. La tossicità maschile della superstruttura che lo aveva spinto a rimproverare e vergognare il suo sensibile e apparentemente omosessuale figlio era la stessa spinta che aveva determinato il suo trattamento severo di Khaled all'inizio del film. Avendo stabilito una connessione con il dolore umano condiviso di un altro culturale nel silenzio a-culturale del deserto, ha superato quella tossicità.

La mattina dopo, Tewfiq trova Khaled e Dina in un abbraccio post-coitale nel suo letto. Guarda via con un'espressione di profondo e bellissimo dolore.

Poco dopo arriva l'indimenticabile sequenza finale. Prima vediamo una serie di riprese della silenziosa città desertica di Bet Hatikvah, con la voce di Tewfiq che canta malinconicamente in arabo le parole "Oh, mia notte." Poi la musica cambia improvvisamente tempo e tagliamo al centro culturale arabo a Petah Tikvah. Circondato da bandiere egiziane e israeliane intrecciate, un Tewfiq raggiante canta con profonda gioia e ispirazione, una vivacità e un'energia di movimento che non abbiamo mai visto in lui:

Il mio spirito si rallegra. Giorni sotto le tue ali / sotto il sole eterno dell'estate, i nostri giorni dimenticati si raccolgono. / Memorie di giorni passati, giorni di dolce solitudine. Se dovessi vivere la mia vita di nuovo, non cambierei un istante.

BIBLIOGRAFIA

The Band's Visit. Eran Kolirin, Dir. Sony Pictures Classics. 2007.

Franzese, Michael 108, 111
Frattini, Davide 95, 96, 98, 124

Galasso, Giuseppe 57
Galli Della Loggia, Ernesto 94,
    95, 98
Gallini, Clara 40, 57
Gardaphé, Fred 112
Gardner, Howard 172, 174
Geertz, Clifford 36, 57
Gentile, Gianni 174
Gilmore, David D. 44, 45, 56, 58
Giordano, Cristian 44, 45, 50, 58
Giusti, Sonia 38, 40, 48, 49, 56, 58
Gramsci, Antonio 36, 40, 47, 48,
    58, 59
Gravano, Alan J. 111
Griffin, C. C. M. 44, 45, 56
Guagnini, Elio 74, 86

Halliday, Michael A.K. 101, 112
Harari, Yuval Noah 22
Horden, Peregrine 56, 58

Ippocrate 170, 174

Kinoshita, Sharon 56, 58
Köhler, Wolfgang 174
Kozloff, Sarah 101, 112

La Capria, Raffaele 63, 71
La Repubblica 92, 124, 127, 154
La Stampa 95, 124, 125, 127
Lawrence, D. H. 182-190
Lawton, Ben 112
Legrenzi, Paolo 174
Leogrande, Alessandro 74, 75,
    86
LexisNexis 88, 98

Mansell, Jill 108, 112
Marrone, G. 119, 127
Masoni, T 130, 154

Massenzio, Marcello 49, 52-53,
    58
Matvejević, Predrag 50, 51, 58
McLucas, Bryan 112
Messenger, Christian K. 112
Monestiroli, Antonio 161, 162,
    171
Montesquieu 170, 171, 174
Musté, Marcello 40, 58

Neihardt, John G. 83, 86
Nicasio, Antonio 104, 112

O'Connell, D. 116, 127

Padiglione, Vincenzo 44, 45, 56
Paragamian, Vaughn Louis 109,
    112
Parini, Ilaria 101, 102, 103, 112,
    113, 114
Pasolini, Pier Paolo 61, 62, 68,
    71, 83, 126,
Pastina, Roberto 40, 58
Pescioli, Idana 23
Pettazzoni, Raffaele 40, 58
Pitt-Rivers, Julian 44, 45, 56, 59
Pizza, Giovanni 40, 59
Pizzi, Luca 23
Platone 27-35, 37, 59
Ponti, Giò 125, 169, 170, 171
Privitera, D. 119, 121, 127, 128
Purini, Franco 166, 171
Puzo, Mario 112, 114

Rea, Domenico 27, 32
Rea, Ermanno 27-29, 35, 169,
Recalcati, Massimo 2, 23
Renga, Dana 114
Riva, G. 124, 128
Ronga, Luigi 174

Samonà, Giuseppe 159, 170
Scalia, Rosario G. 104, 112
Schimtt, C. 128

DIASPORA

As "diaspora" is the dispersion or spread of people from their original homeland, this book series takes its name in the intellectual spirit of willful dispersion of subject matter and thought. It is dedicated to publishing those studies and creative works that in various and sundry ways speak to or offer new methods of analysis and/or articulations of the Italian diaspora.

Carmelo Fucarino. *Two Italian Geniuses in New York: Broken American Dreams.* ISBN 978-1-955995-05-4. 2023

Anthony Julian Tamburri, ed. *Re-Thinking* The Godfather *50 Years Later.* ISBN 978-1-955995-06-1. 2024

Anthony Socci. *United We Stand. Pre WW II-Chronicles of the Italian Colony of Stamford.* ISBN 978-1-955995-07-8. 2024

Antonio D'Alfonso. *I Could Have Been a Contender. (On Five Films).* ISBN 978-1-955995-09-2. 2024

Antonio Vitti and Anthony Julian Tamburri, eds. *Studi mediterranei: bellezze e misteri. Mediterranean Studies: Beauty and Mystery.* ISBN 978-1-955995-10-8. 2024

Luigi Fontanella. *Bertgang. Fanatasia onirica.* Translation by Michael Palma. ISBN 978-1-955995-11-05. 2025. Poetry

Mark Saba. *The Shoemaker.* ISBN 978-1-955995-12-2. 2025. Fiction

Anthony Julian Tamburri, ed. *Living Biculturalism, Writing Transculturalism: Essays in Honor of Luigi Fontanella.* ISBN 978-1-955995-13-9.

CASA LAGO PRESS EDITORIAL GROUP

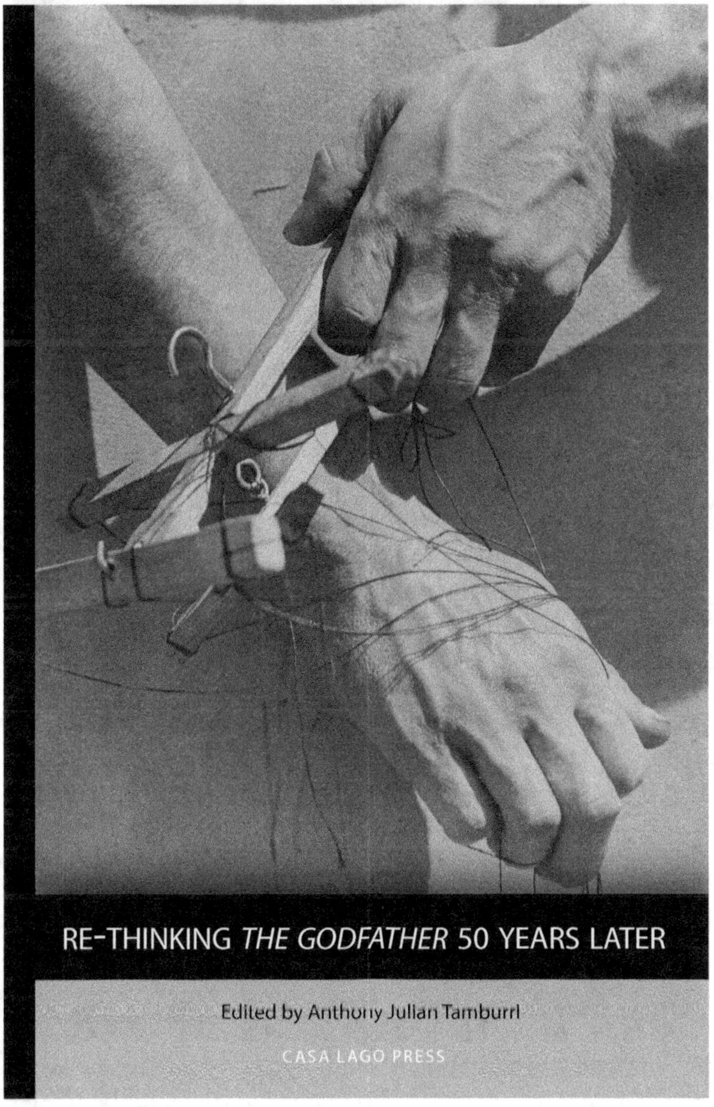

Anthony Julian Tamburri, ed. *Re-Thinking* The Godfather *50 Years Later*. ISBN 978-1-955995-06-1. 2024

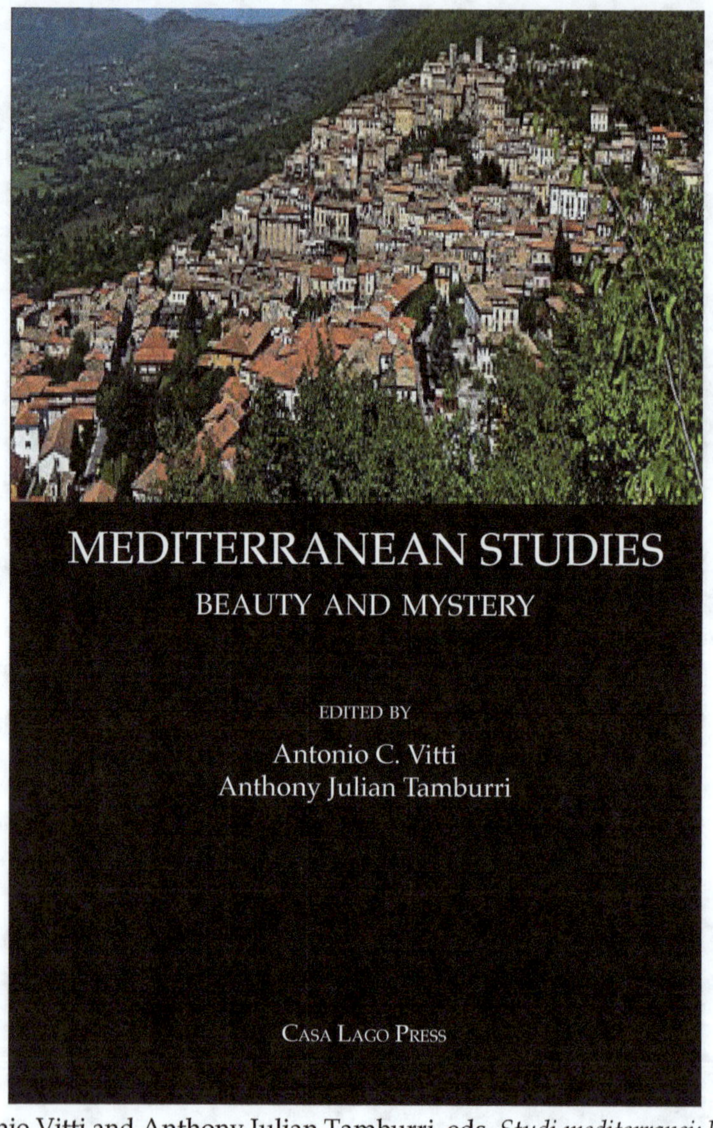

Antonio Vitti and Anthony Julian Tamburri, eds. *Studi mediterranei: bellezze e misteri. Mediterranean Studies: Beauty and Mystery.* ISBN 978-1-955995-10-8. 2024

Luigi Fontanella

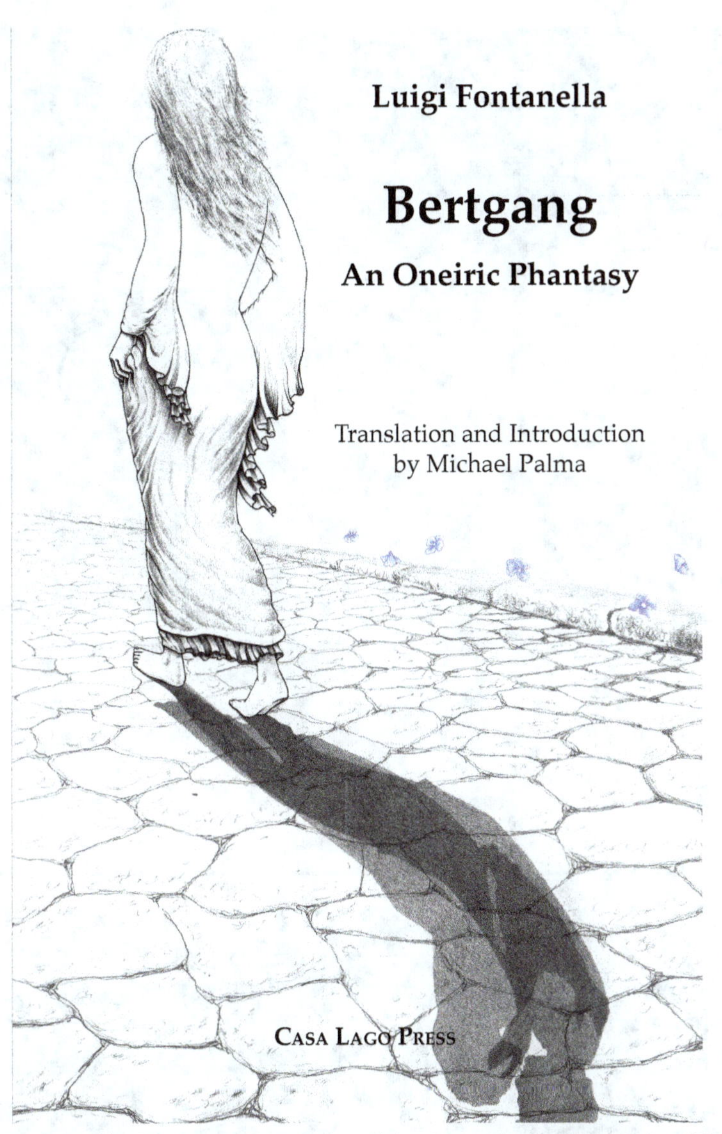

Bertgang

An Oneiric Phantasy

Translation and Introduction
by Michael Palma

CASA LAGO PRESS

Luigi Fontanella. *Bertgang*. *Fanatasia onirica*. Translation by Michael Palma. ISBN 978-1-955995-11-05. 2025. Poetry

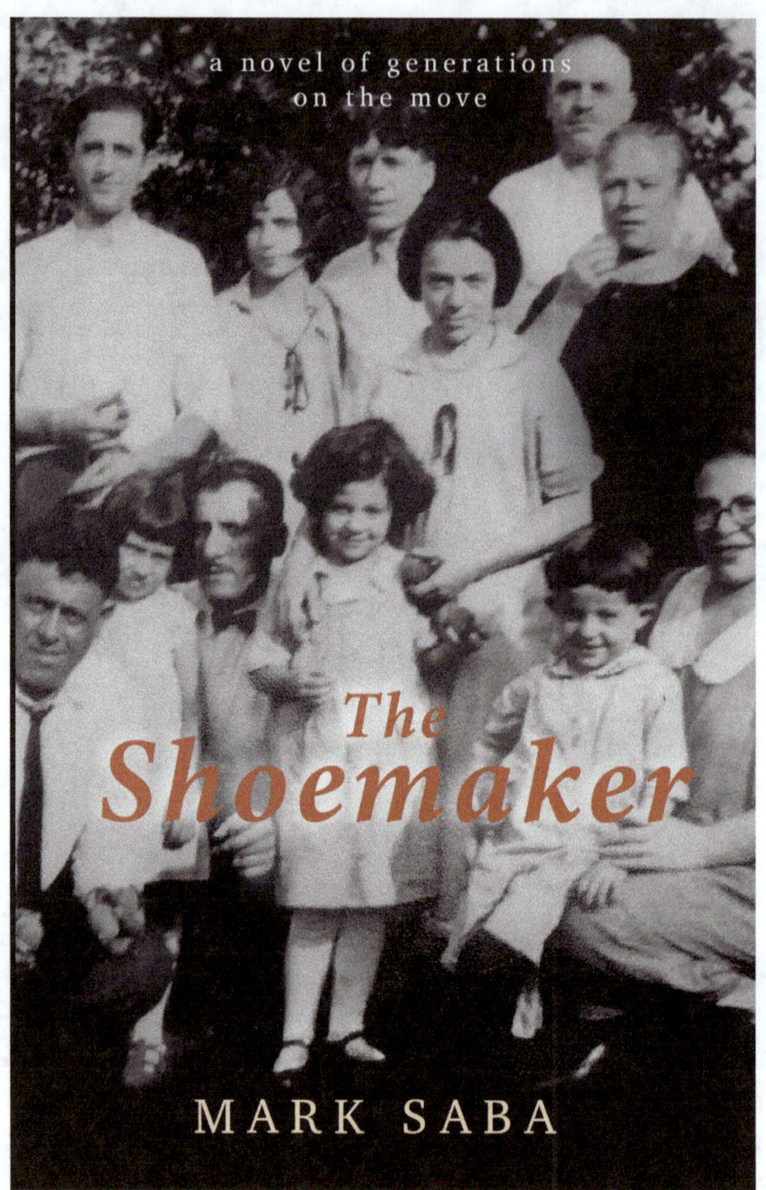

Mark Saba. *The Shoemaker*. ISBN 978-1-955995-12-2. 2025. Fiction